THE FATHER:

Historical, Psychological and Cultural Perspectives

父性

（第二版）

[意]鲁格·肇嘉（Luigi Zoja） 著

世界图书出版公司

北京·广州·上海·西安

图书在版编目（CIP）数据

父性：第二版 /（意）鲁格·肇嘉（Luigi Zoja）著；张敏，王锦霞，米卫文译. —2版. —北京：世界图书出版有限公司北京分公司，2018.9

书名原文：The Father：Historical，Psychological and Cultural Perspectives

ISBN 978-7-5192-5126-0

Ⅰ. ①父… Ⅱ. ①鲁… ②张… ③王… ④米… Ⅲ. ①权—研究 Ⅳ. ①K11

中国版本图书馆CIP数据核字（2018）第212054号

书　　名　父　性（第二版）
　　　　　FUXING

著　　者　［意］鲁格·肇嘉
译　　者　张　敏　王锦霞　米卫文
策划编辑　邢雨竹
责任编辑　邢雨竹　于　彬　曹　文
装帧设计　蔡　彬

出版发行　世界图书出版有限公司北京分公司
地　　址　北京市东城区朝内大街137号
邮　　编　100010
电　　话　010-64038355（发行）　64037380（客服）　64033507（总编室）
网　　址　http://www.wpcbj.com.cn
邮　　箱　wpcbjst@vip.163.com
销　　售　新华书店
印　　刷　北京博图彩色印刷有限公司
开　　本　880mm × 1230mm　1/32
印　　张　13.5
字　　数　280千字
版　　次　2019年1月第2版
印　　次　2019年1月第1次印刷
国际书号　ISBN 978-7-5192-5126-0
定　　价　59.80元

导 言

弗洛伊德揭示的普遍原理——其无意识的犹太人反宗教倾向是这一发现的部分根源——是西方人在父亲意象（父权制）上的心理意义……弗洛伊德对犹太教父亲原型的英雄式抗争……既不是弗洛伊德个人的事情，也不单纯是犹太人的问题。西方文化（宗教信仰、社会和伦理道德）主要被这种父亲意象构造，而个体的心理结构正被这种文化部分地伤害着。

——诺伊曼（《弗洛伊德与他的父亲》，
E.Neumann, *Freud and das Vaterbild*，1956）

雅各布·弗洛伊德是一个布匹商人，他因为是西格蒙德·弗洛伊德的父亲而被历史记住。某个星期六，他穿戴整齐，戴着一顶新的皮礼帽，在弗莱贝格市的街道上散步。刚拐进一个转角时，有一个男人挡住了他的去路。当时的情形十分尴尬，那个时代的人行道通常是一条狭窄的小径，以使步行者能避开大街上的泥泞。雅各布·弗洛伊德开始向前迈步，却有点胆怯，因为他发现要求或准许获得优先权与荣誉或原则无关。但那个男人比他更快，并急切地维护他的优越感：他把雅各布·弗洛伊德头上的帽子击落到烂泥中，吼道："从人行道上滚下去，你这个犹太人！"

在向儿子讲述这件事情的时候，雅各布·弗洛伊德在这个地方停顿了下来。但小西格蒙德希望听到更多，因为对他来说，这才是故事变得有趣的地方。他问道："那么，你是怎么做的？"

父亲十分平静地回答道："我走下人行道，然后捡起帽子。"

据西格蒙德·弗洛伊德的第一位传记作者厄内斯特·琼斯（Ernest Jones）认为，在这位精神分析创立者的性格形成过程中，这件事是最重要的事件之一。在这个他以前视为绝对和完美榜样的男人身上，这种英雄主义完全缺失，这件事像一根大棒砸落在他的心灵上，从而也决定了其未来的道路。

如果没有这样的一段插曲发生，精神分析或许会以其他不同的方式发展。弗洛伊德也不会想到把儿子作为父亲必然的对手，他也不会去批评一神教及其上帝天父的制度。

在此后的某一天，弗洛伊德会读到维吉尔（Virgil）的《埃涅伊德》（*Aeneid*）并最终理解：他的父亲发现自己站在与埃涅阿斯（Aeneas）逃离特洛伊时所面临的相同分岔口上。与敌人遭遇时需要做一个决定：是为个人荣誉而战并冒着死亡的风险，还是将思路转到未来与自己的民众和家人继续生活？弗洛伊德是如此感激《埃涅伊德》，以至于在他的《梦的解析》（1900）一书的前面加上了《埃涅伊德》中的一句诗文（VII, 312）：Flectere si nequeo Superos

Acheronta movebo（假如我不能让天堂之神屈服，我会使地狱之神感动）。我们会在本书后面的部分章节里对埃涅阿斯这位特洛伊战争中的勇士给予关注，现在也暂时抛开弗洛伊德不谈，单单看看他幻想的破灭。

这个故事列出了一个中心问题：孩子对他们的父亲有什么期待？在以这个故事为象征的父权制的传统中，这和他们对母亲的期待有很大不同。

在正常的情境中，所有的孩子都爱他们的母亲。但当一位母亲被恶劣地对待或蒙受羞辱时，情况会变得怎样？她的孩子会继续爱她，或者会尝试去同情她。

孩子通常都会爱他们的父亲吗？当然如此。不过当一位父亲成为不公正行为的牺牲品时，事情会变得比母亲处于同样境遇时复杂得多，因为父子关系在很大程度上被周围的环境制约。母子关系，首先在它的最早阶段具有排他性特征，以至于这种关系几乎与任何其他世界分离。孩子与父亲的情形却大不相同：从一开始，我们对父子关系的习惯意象是在至少由三个人所组成的群体背景下来看的。从一开始，它就是社会关系的一部分。实际上，父亲的角色被期待成教导孩子与社会发生关联的技巧的导师，就像母亲教导孩子如何处理与他们身体有关的事情一样。

如果一位母亲屈从于屈辱行为，孩子的反应可能完全是负面的。但我们的文学作品并没有母亲被抛弃的记录，孩子宣称“你不是一个真正的母亲”的机会是不多的。然而一位轻易忍受冒犯的父亲，却有听到孩子谴责他的举止不像一个父亲的风险。孩子们对这个观点的执着告诉我们，他们想要的安慰不独源自父亲的爱和正直，他们还期望父亲是强大的。他们部分地意识到，社会关系的功能不仅在于爱，也不仅在于正直，还在于纯粹的、赤裸裸的权力。

孩子们希望他们的父亲是强大的，是一位胜利者。如果一位父亲是一个胜利者，同时也是一个好人，公正且满怀慈爱，是再好不过的了。但最重要的是，父亲通常代表一个知道如何取得胜利的男人意象，他是否将善良摆在了次要的位置。我们的传统屡屡认为，一位行为公正但未能在外界取得成功的父亲，远不及那些不公正却胜利加顶的父亲。例如，莎士比亚就以这种似是而非的论点闻名：《李尔王》给了我们一位父亲的原型，这位父亲权力和威望的丧失导致他遭到抛弃。

但我们的传统偏爱的父亲并不仅仅冒着采纳贫乏的道德标准之风险，把重要性归结于权力也与有限的情感生活密不可分。这种自我的局限性成为他人际关系的标记，并建立起一个别人可能以牙还牙的恶性循环：小西格蒙德显然不能理解父亲的软弱。

两次世界大战及随后的越南战争的破坏性已与父亲的攻击性结合在一起，对这种关系的感性认识，导致非攻击性父亲的数量已在稳步上升。但这个进化的过程也伴随着退化：比以往任何时候都多的男性青少年现在完全把他们自己托付给同辈人组成的团伙，用该团伙的头领来取代父亲。不可否认，对所有孩子来说，父辈的攻击性的衰减是一种积极的发展，但许多男孩仍与持温和态度的父亲保持一定距离，觉得他软弱，而把他们的赞赏直接投向一些威胁社区的暴力恶棍，选择他做养父。

当然，这样的阶段可能只是步向成年的极其艰难的道路的一部分。然而，类似的情形变得越来越显而易见。今天的世界似乎令成年男性很难识别这样的道路通向何方。这些年轻人遵循着匹诺曹（Pinocchio，《木偶奇遇记》的主人公。——译注）的模式，很快就厌倦了他的父亲盖比特——他其实并不迟钝，只是很诚实，受人尊敬——并抛弃了他，跟随着鲁西格鲁鲁这位傲慢自大、离经叛道的同学，仅仅因为后者能做自己喜欢做的事情，并为此感到无比骄傲。这个来自意大利的，依然有些泥土气息的古老故事，在今天看来还不过时，也许就解释了它至今仍享有盛誉的原因。

显而易见，孩子们期望父亲能表现出一种爱与关怀，这种爱与关怀与他们从母亲身上接收到的爱相似。但他们还要求别的东西。“对我要好，”孩子坚持要求，“公正且公平。要爱我。但是对其他人，首先就要强大，即便过于暴力，即便牺牲了公正。”

你也可以反对这一点，因为我们的出发点是一个有着父性传统的西方世界，是19世纪的一个片段，而在当今孩子们的眼中，母亲与父亲之间的共同点比以前多得多。心理学家对父子二人组合进行了研究，最新的研究结论表明，在生命的第一个月，父亲与孩子就已经有了他们自己独特的关系。然而，我们倾向于避免父亲与家庭、与社会、与周围文化的分离：我们基本的假设仍然是，父亲之为人父者的特殊性首先恰恰存在于这些功能的复杂性中；这一假设也植根于荣格的分析心理学，它没有把个体的维度与集体的维度区分开来。父亲的权威屈从于民主的准则，他的力量在很多方面已经衰退；但我们的无意识不会在几个世纪内就会消除占据主导地位已近千年的东西。尽管失去了父亲，甚至尽管现在可能正朝着一个新的不同的局面过渡，至少在无意识层面，西方社会依然是父权制的。

父母常常在充满矛盾指令与教导的情境中抚养子女，因而使孩子们脆弱、不安全，并且在最严重的案例中，使他们预先处在心理分裂的危境——精神分裂之中，关于这些我们说得已经够多了。但是，孩子们也通过他们的期望对父母施加了有力的影响（与父母对孩子的影响不同，因为它并不是主要的，但由于每天都在进行，因此加深了其效果）。期望与投射共同起作用，使我们变成其他人想要我们成为的人。由于年幼的儿童认为父母是好的、成熟的，且是绝对可以信赖的，他们也确实会帮助父母变得更相信自己，能探索慷慨大方的满足感，因而变得更成熟。

但是在一个父权制社会，这一规律主要是对母亲有效的。对父亲而言，事情就复杂得多了，因为孩子的期望也更加自相矛盾了：这一矛盾并不是一个例外，而是一个规律。这一矛盾也并不是发生在不同的时刻，而是同时出现的。在家庭内部，父亲必须遵循一个道德正直的准则；但在社会上，他的行为首先必须与力量的法则相符，或者，更确切地说，有点类似达尔文的进化规律，也就是适者生存规律，“好的”就是“最合适”的，在这层意义上，就是能显示最强大的能力，能保证他们自己及后代的生存。

然而，父亲也是单一的个体，他不能也不允许将自己分裂成两半。于是，为了在这一引起分裂的力量中找到自己，他在两种法则中不断转换，因而变得不安全起来。父亲们曾经能够将这种与他们的角色极不相容的不安全感隐藏起来，而孩子们既没有权利来评价父亲的道德与成功，也没有任何方法来这样做。这样的方法在今天已经司空见惯，甚至达到了一个更高的层次。

这一情形必须牢记于心，因为它构成了我们所称的“父亲的悖论”。可以这样简单地描述该悖论：衡量母亲履行义务到了何种程度，通常基于她怎样与孩子进行互动，这确实是一巨大的挑战，但它很清晰，容易识别；父亲的境遇却完全不同，除依据他怎样与孩子互动来判断以外，还有赖于他怎样与社会进行互动，而这两个不同的领域所遵守的法则是不相同的。

“父亲的悖论”不仅是个体的、心理的，而且独立于任何特定时期的社会规范之外，同时也是公众的和历史的。欧洲父权制文明的核心——已经传播到了世界各地，起先是由于殖民主义，现在却是由于全球化——也蕴涵着第二个悖论，也正是第一个悖论的集体面目。这一文明在基督教信仰中找到了其教义，然而与此同时它又“达尔文式”地传播着，通过运用力量的方式：通过战争的方式；通过掠夺和毁灭自然的方式；通过镇压和剥削那些弱者或仅仅是更爱和平的人们的方式；通过系统化地在全球范围内招摇着“尔等不得杀戮”“尔等不得偷盗”“尔等不得觊觎邻家的屋舍……或任何属于邻家的东西”这些命令的方式。在这层意义上，欧洲文化的核心，那些在地球上四处传播的理性准则，其本身却是如此深刻地非理性。就像作为个体的父亲一样，这种父权制也在遵守爱的法则和力量的法则之间摇摆，离两者的调和相距甚远。

一位为左翼政治团体工作的年轻女性，于20世纪60年代末70年代初上了大学。当时，学生的抗议运动达到了狂热的巅峰。她的父亲是一个企业家。他的整个事业都危机四伏，其家族公司更是处于严重的困境中，因为他缺少进攻性，也缺少争斗的意愿。

她头脑敏捷，精通辩论技巧，由于学的是哲学，她又参加了政治辩论，其天分得到了进一步的加强。面对父亲，她就像一位雄辩家。而反过来，父亲有点笨拙地接受了她的挑战，参与到她的讨论中去，并且完全没有意识到他这样做只是为了更好地与女儿交流。在讨论中，他的辩词更加显得笨拙。女儿游刃有余地施展着她的聪慧，总是赢的一方。然而，她的满足感总是不长久。父亲比她软弱，既没有她自己正在追求的知识与智慧，也没有情感上的独立，这一切使她的胜利有点苦涩。

父亲极爱她，而且他在事业上并不是一个唯利是图的投机者，在家庭中也不是一个独揽大权的暴君。因此，是什么使女儿感觉他就像一个陌生人，并不存在于她的理念中？这是一个关于情感的更深层的问题，并且受到更非理性的情感波动影响。那个男人身着失败者的心理外衣，就像内萨斯[①]的衬衣不能被脱去。然而，痛苦与难过还没有达到顶点。

---

① 希腊神话：德伊阿尼拉是大力神赫拉克勒斯的妻子。她被内萨斯（半人半马的怪兽）抢走。赫拉克勒斯曾经杀死九头蛇许德拉，他用沾有九头蛇许德拉的毒血的箭，射死了抢掠德伊阿尼拉的半人马内萨斯。内萨斯临死前，欺骗德伊阿尼拉说：自己的血可以使变心的男人回心转意。于是，德伊阿尼拉留下了半人马内萨斯的毒血：这其实正是九头蛇的毒血。后来，赫拉克勒斯向美女罗乐求婚，德伊阿尼拉就给了赫拉克勒斯一件沾有半人马内萨斯毒血的衬衣，即著名的内萨斯衬衣。赫拉克勒斯穿上这件衬衣后，中毒死去。——编注

她渐渐意识到家庭已经步入经济上的困境，而这主要是个人的原因。她的朋友都是企业家的女儿，都过着舒适的生活。她对父亲的鄙视与日俱增。父亲也变得总是遭人拒绝，被人打败，同时身体也患了疾病，检查发现得了癌症，已经时日不多。

女儿努力想对父亲表示同情，然而她内心反叛了。除了他的大脑日渐迷糊，失败已经在他身上扎下了可怕的根。女儿感觉父亲的出现比任何时候都令她难以忍受：他引发一种非理性的反感，在身体上和审美上都挥之不去，就像她在被单上发现一条讨厌的蠕虫一样。

父亲尝试迫使女儿与他聊天，让她陪在自己身边，命令她待在家中，不得和朋友们外出。他想方设法所做的给他带来的是更大的嘲笑与奚落。在回想那段时光时，女儿还记得门是怎样“砰”的一声被关在了身后，她抛弃了躁动不安的父亲，照样出去了。父亲死去了，饱受身体与灵魂的折磨。有一段时间，女儿觉得已彻底解放。

许多年以后，女儿进行了心理分析，尝试着与父亲的形象进行和解，并就他不可避免地遗留给她的那种罪恶感做工作。她对于父亲的感觉——那种鲜明的反感，甚至在他死去后，依然持续了相当长的一段时间。为了克服这种反感，她不得不无数次回想起他的经历，回忆起他的容颜。慢慢地，她不再为他如此与自己接近而生厌；她几乎体验到了与之相反的情感，有点类似忧伤的思念，她再一次觉得非常同情他；到最后，她觉得很爱他。这一工作进展得如此缓慢，让人觉得永远都没有尽头。她已能接受父亲在世时已经了解的一些事实，但在以前，这些了解都是理性的：之前她无法将它们转变成发自内心的信念而在她的心灵中占据重要位置。

“我的父亲在事业上没有成功，就像他的疾病，使他变得弱小；但并不是不好的，因此也并不是不值得被人爱。我的价值观从未以身体的勇猛与经济上的成功为中心。我对这个过度竞争的社会感到十分厌恶，这个社会奖赏残酷无情，却沉重压迫弱小。我想要站在弱者一边。但这不是容易的事，尤其是当弱者如此令人害怕地与你接近，让你觉得一个人的弱点正在威胁你，就像传染病一样。基本上，我为自己有这样的感觉而感到更加毛骨悚然，这太不公平了；但要克服面对那些被打败的人时的那种反感非常困难，特别是当失败与自尊的丧失结伴而行时。”

“在我的内心，我在对着父亲叫喊：‘既然你已经选择了一个你应当觉得羞耻的职业，你至少应该把钱赚回来！不要那样面无人色地躺在床上！起来，到你的办公室去！为什么你不能与癌症做斗争？你在让它获得胜利，只是为了刁难我。’”

* * *

在20世纪40年代的意大利，一个男孩成长在一个大家庭中，这个家庭包括祖父母、叔叔、姨妈以及其他各种亲戚。当时，这个国家对第二次世界大战，还有接下来的法西斯分子与反法西斯战士之间的内战，依然记忆犹新，而另一场更伟大的斗争正在形成，就在将要决定战后的意大利是实行君主制度还是共和制度的公民投票中进行。这是一个书香门第，属于中上阶层，可以容忍并尊重各种不同的观点及视角，而且谁都不需要提高嗓门说话。男孩还记得家里人围绕着政治进行讨论的气氛：讨论的语气总是礼貌而有教养的，充满激情，总是活力十足，打动人心，能够给人留下深深的烙印。

男孩的父亲偏向于共和制，家庭中的一些成员也表示赞同。其他人赞成保留国王，也许是因为担心共和制是走向共产主义的第一步。只有一个叔叔是真正狂热的保皇党。家庭中的成员没有把他太当一回事，但他的拜访次数频繁，足以让男孩有这样的发现：自己早期的记忆之一——从幼儿园时期到开始读初中——是成为一个狂热的保皇主义者。

作为一个成人来进行心理分析，他说起这些保皇主义的情感，认为是对他父亲的一种背叛。

“但是，作为一个孩子，”分析师说道，“你当时年纪那么小，你能够为一种背叛负责吗？”

“我并不这样认为。我当时已经了解了足够多的东西，能够做出正确的结论了。我的父亲话很少，全身心地投入到他的职责中，而我的叔叔高傲自大，十分肤浅，什么也做不好：他真正感兴趣的是过一种轻松而舒适的生活。”

“你不是说你是后来才做出这些判断的吗？你和叔叔之间都谈论些什么？”

“我问他关于战争的情形。实际上，他并没有见到太多的军事行动，因为他被分配到供应线上。但有一个故事我不断地要求他一遍又一遍地讲。他曾经受阻于一个路障，他的卡车受到攻击。他派人找来一辆坦克，把路障以及在背后射击的人全部摧毁了：那些人正在保卫着自己的国家。

“当我记起那个故事时，我觉得有点头昏脑涨：今天我好像从一个很高的地方再次看见了那一场景，似乎在努力超越它。但听到叔叔回忆这个故事时我极其兴奋，毕竟那个有着这样感觉的男孩，就是我。”

“你有没有和父亲谈论过战争？”

“从来没有。他对此一无所知。他是后备军官，从未被召上战场，因为他作为一个工程师的某些特长被认为是更重要的，如建造炸弹躲避处等。很明显他也乐于做这些事，因为避免了危险，也因为做的是一些有用的事而不是他反感的事。但我觉得他是在逃避，因为躲避处事实上就是躲避的地方，看起来他甚至有点双重逃避。我的父亲比叔叔年老，也没有他那么强壮，一切似乎都在宣告，他不适合战斗。我还观察他们早晨刮胡子。父亲用的是电动剃须刀，而叔叔用的是折叠式剃刀。那个电动剃刀似乎让我想起了我在厨房里的女佣手上见到的第一件电器：这是男人应当感到羞耻的事情。但对这两种不同类型的男人之间对比的真正总结还是公民复决投票——根据喜欢君主制还是共和制来投票。”

“你和父亲讨论过公民复决投票吗？”

“他将自己局限在一些本质的要点上。他会说：‘你看，意大利的情况与德国不同。正是国王任命墨索里尼来执政。因此，光我们自己废除独裁专政是不够的，我们还要废除国王。’然后我想他还会加上一句，似乎在自言自语：‘即使是一个共和国，也会有出现一个无能的总统的危险，但是当大家罢黜他后，就不必忍受某个同样无能的儿子了。’”

“最荒谬的事情是，当时我已经明白他是对的，但我拒绝给予他那种被赞同的满足感。”

“你与叔叔谈论过这些事吗？”

“事情的症结就在这一点上。叔叔根本就没有任何想法。他只会大呼小叫：‘共和国？那是什么意思？你难道不知道共和国的总统是一个老朽的老人而已？’我甚至还认为他给我看了一个老人的照片。也许是在后来，当共和国已经建立起来之后，但我的记忆将所有这些关键的意象都归结于属于一个单独的时刻。‘国王，’他会说，‘年轻、强健而英俊：看一看他。’他会指着照片中的一个人，穿着华丽的制服，被一群骑兵官员簇拥着。我还年轻，而且正在发展的思维功能还很麻木。外貌是一切，理性看似无足轻重。我将国王认同为叔叔，而将疲惫的年老总统认同为父亲。我偏爱那个我认为更强壮、更激动人心的形象，这个形象充满了更有力的稳定感，一个不需要被其他任何人选择的人物：毕竟，国王生来就是国王。”

“这个时期也正是祖父母给我讲匹诺曹的故事的时期。也许我就像那个木偶儿子，他知道父亲盖比特是对的，却与野性十足的鲁西格鲁鲁一起离家出走了，因为他觉得只有鲁西格鲁鲁才能为他带来新的体验和新的玩乐方式。在一个过于有教养的家庭，也许叔叔是唯一让我感到有一种简单而本能的男性人格存在迹象的人，而这个阶段你如果没有实际体验，就不能将它跳过。”

“我的父亲也有值得批评的地方。为什么他不能与我分享他的想法？为什么他不解释建造躲避处来提供免受武器伤害的保护比使用武器更好？而建造躲避处就是另外一种形式的力量？在这种意义上，我真的很需要他，但我没有感到他在我身边。因为他没有告诉我他是怎样思考的，而不是因为他从未讲过有关战争的故事。”

* * *

我们确实生活在父亲缺位的时代吗？大量的研究都已经敲响了警钟，宣告父亲的缺失是一种史无前例的弊病。

但是，粗暴地得出结论说西方现代社会的不稳定在于父亲权威的逐渐削弱，是错误的，因为这种减弱本身只是它的另一种表现而已。同样地，如果我们认为父亲危机完全是一个近几代或者只是20世纪才出现的现象，就会严重束缚我们的思想；我们会发现，在西方世界中，父亲的潜在意象是受希腊神话和罗马法则的深刻影响而形成的，尽管后来它被基督的降临改变，然后又受到法国大革命和工业革命的影响而发生了变化。在20世纪70年代、80年代和90年代所发生的改变当然也是很重要的，但相对于历史的汹涌波涛，它们也只是浪尖上的泡沫而已。

只关注当今时代和当前形势，就相当于向大众媒体文化致敬：一种立即满足食欲的快餐文化。对于这种文化，瞬息的食欲满足比任何随着时间的推移而慢慢展开的长期计划都重要。如果这就是许多研究的秘密指南，那么它们最终会背离自己：它们在言语上为好父亲的缺失而悲伤，但实际上增加了某些事物的活力，包括那些集体意象所赋予的诸如与好父亲的持重、坚定与责任心相对立的事物。兜售当前所发生的事件纪实，就像叫卖快餐：有大量的卡路里，质量低劣，但消费者人数众多。而且如果事实就是如此——正如我们所担心的——调查研究局限在当今已知的事实当中，这使得它有着电视慢慢谋杀书本这样的罪恶：正是那些书本提供了这些调查研究的推广形式。

毋庸置疑，我们所生活的时代已经导致在集体心理层面所发生的变化有着令人眩晕的加速度。然而我们也必须记住，我们能直接看见的变化，总是将我们置于对其评价过高的危险之下：从一个波浪的浪尖向下看到波谷，我们得出结论说它们之间的高度就是海洋的深度。可靠的研究告诉我们，在美国，大多数人广泛持有并大致赞同的父亲意象，已经在短短几代的时间内从“一家之主”变成了“共同父母”（父亲也分担母亲的职责）。然而，美国的父亲和孩子之间真正的牵连从实质上来说是没有什么改变的。事实上他们的牵连程度与母亲和孩子之间的牵连程度相比非常之低，而且也是微不足道的。

与我们的真实行为相比，调查研究所揭示的通常与我们在意识头脑中所保存的信念更相关：它们揭示出我们心中父亲的意象，或者说父亲所想象的，他们自己相信的理想形象。与在我们内心深处漫无目的地转悠着的，沉重而悲惨的原型不同，这种意识的价值会迅速改变，特别是在这样一个依赖抛售更新的价值而不断交流的时代。销售自身的过程使大众交流不断推进并加速表面的变化。新异事物以最快的速度，按照时装业的可笑模式出售：时装业通过每年不断地翻新产品来创造人们的需求。这并不是人类心理的深层发生了变化的标志。心理分析的实践使它变得更加清晰，例如，公开的讨论及先前不为人知的寻欢作乐之场所的遍地开花，导致在过去一代人的时间内，意大利人的性观念的改变要比过去整个世纪都大。然而，无意识的压抑却没有得到同等程度的放松，而且与性有关的领域的整体形态，也没有任何有意义的改变。人们的头脑已经现代化了，双脚却牢牢地扎根在天主教的千年岁月当中。

我们知道，对于父亲的讨论不存在绝对真理。历史事实——特别是在当今世界，男人角色与女人角色之间的距离快速缩短——展示了无穷的演变进程。有的母亲是一家之主，她们有自己的事业，而她们的孩子通过复杂的期待来看待她们：因此，母亲也同样陷入了“父亲的悖论”当中，并且伴随着更大程度的复杂性，因为孩子不会放弃，如果有这样的母亲，也会很享受对传统母亲贤惠与奉献的期待。

不过，出现这个情况的原因很明显。因为这样的女人是一个现代的“一元化父母”，她在其人格中增加了一个类似父亲的形象。在将父亲作为一个心理学原则，而不仅是一个物质的人来对待时，我们必须也关注一下类似案例。我们所感兴趣的是这一形象的基本特征——在父亲的原型中——而且不仅关注其变化，当然也不仅只关注他们当中的几个：我们所关心的是“父亲，不论其性别为何”。因此，我们还可以加上一句，不论其来自哪个国家或属于哪个时代。

既然我们的兴趣点是心理的，我们想探讨一个父亲的集体意象，包括在无意识中发现的，也包括在我们所浸润的文化中所发现的。即使所指的人是实际存在过的，我们探讨他也是鉴于其有特别的能力，能够概括这一更普遍意象的特征。在我们讨论过程的不同时刻，这一形象在女性当中，就像在男性当中一样；在团体当中，就像在个体当中一样，都得到了具体体现。我们的兴趣集中于一种心理原则，而且为了简便起见，我们继续称之为“父亲”，没有更进一步的形容词来修饰。

因此，我们对于“父亲”的研究将开始于我们所能发现的最遥远的起源。许多价值很高的文献已经对“父亲”的历史有所关注，但并没有关注其在岁月长河中的心理进化。实质上，在这里采用的“心理”一词可以用来指那些分析师关注的各种事物：那些围绕着父亲的理智信念和社会标准——而且已经是看得见的——引不起我们太大的兴趣，我们更感兴趣的是位于更深层面的意象与模式。尽管通常是无意识的，且已被忘记，但它们依然强健有力，并出人意料地存在着。

这些意图也是本书如此构成的原因。

我们不会一个世纪接一个世纪地追溯父亲的历史，而是集中在其关键的心理阶段：首先是父亲的史前阶段，然后是希腊、罗马、基督的降临、法国大革命和工业革命，最后是世界大战和“家庭的革命”，而后两者揭示了父亲与孩子的分离。

我们将把注意力转向没有留下历史痕迹的过去，更多地关注古老年代的规诫与神话，而不是现今还保存着，至少是正式地保存着的强有力的宗教信仰与习俗。后者对于形成今天对父亲的理解也有极其重要的作用，但是分析师主要关注的是事物不被人看见的那些层面，那些弗洛伊德向维吉尔借用的“地狱”。深度心理学喜欢去了解：为什么在今天的父亲身上、在西装革履和衬衫领带的包裹下，尤利西斯与埃涅阿斯的胳膊依然能够找到。①

虽然意识到不得不依赖对一个极不确定的领域进行推测，但我们对于父亲意象的研究将引领我们穿越历史的围墙。本书的第一部分将注意力投向史前时代，投向通往人类父亲的动物发展进程。

事实上我们会看到，父亲身份的起源沿着自然与文化的接缝之处延伸。这一断言是站得住脚的，因为一夫一妻制的父权制家庭，在所有的历史社会中都占主导地位，它是文化的产物，似乎并不存在于自然世界（例如，在类人猿中）。就更明显的方面来说，它也是站得住脚的：母亲以清楚、显而易见的方式为后代赋予生命并提供滋养；而与母亲不同的是，男性为了感知到他对生殖行为中的参与——因而将自身转化为一个父亲——必须首先获得某种推理能力。最后，最重要的是，当我们从反向的观点来看自然与文化之间的关系时，这一断言依然是适用的。除考虑文化给了我们父亲之外，我们还必须提出一种或然性——至少是可能性——就是父亲的出现本身对文化的诞生负有责任（诚然，是与其他新发展一起，诸

① 日常生活中，如果我们仔细倾听孩子之间的谈话，其中一定不乏关于自己父亲是何等英雄而伟大的言论。孩子对自己父亲英雄行为的赞美，昭示出我们每个人心中其实从小就含有对英雄主义父亲的天然渴望。因此，古老的胜利而权威的父亲并不是真的已经消失，而是在现代文明的强势镇压下转入了一种无意识的心理运行状态。无意识里，我们每个人其实仍旧非常希望自己的父亲是强大甚至无所不能的，只是制度和规范的约束织成了一个复杂迷宫让原始父亲不得不囚禁在幼年孩子的心底。今天的社会虽然保存着传统父权制的完好种子，却不能提供给权威父亲生根发芽的土地和养料。——编注

如技术的革新等）：对人类最终从其原始的生存状态中退出因而也就从动物行列中退出，负有责任。本书的第一部分试图重现这一过程。

父亲是一种建构、一种技巧。他以此而有别于母亲，母亲为人类的生活世界带来一种已完全在动物生活中得到确定的、无处不在的、生存的先决条件。

父亲是一种程序，也许是最早的程序。他属于一个意志与意图的世界。（父亲的出现与意志的发明也许是同义的？）父亲的身份是自我强加的。作为一种人为创造的身份，还有其经验的缺乏——考虑到他是“新近”诞生的——父亲不可避免地成了缺点的源头，像极了虫子为祸苹果，或者玫瑰天生带刺。尽管表面上是由父权制文化所强加的，与母亲所体验到的不安全感相比，父亲带着一种更不安全的感觉在体验着他的身份。

即使我们将注意力局限在最新进化的动物——哺乳动物身上，在动物学的范畴里，雌性与母亲一直是同一个事物。雌性明白如何表现得像一个母亲。而另一方面，雄性哺乳动物几乎一直以来都只是雄性而已，没有其他更多的意义，根本就没有成为父亲。在亿万年的动物历史中，只有在人类种族中——而且也仅是在最后的几万年或几十万年的时间内，人们才能辨认出父亲的身份。他的建构没有接受来自过去或相应本能的帮助。

最终，雄性接受了父亲身份，其理由对于动物进化的整个进程而言完全是外在的：理由仅仅存在于历史里（在广义上也应当包括史前时代）和心理生活当中。与雌性对待母亲身份的方式相比，雄性带着更多的刻板、差异与很强的攻击性来拥抱父亲这一身份，也更少发自内心地去拥抱。因为如果历史可以单独地将父亲身份给予他，历史同样也可以收回。因为它是所有雄性不会从自然中接受，而必须在生命进程中去学习的东西；而在他的生命进程中，他也冒着再一次忘记它的风险。这种遗忘的可能性恰恰是他必须去面对的。

不仅在通常意义上，而且在对待孩子的问题上，父亲比母亲更为刻板或有攻击性，这与某些特定父亲的个人弱点并没有太大的关系，甚至与某些特定时代的退化发展——例如资产阶级父权制的兴起——也没有太大的关系。这些特质是他真实而原始的状态的一个结构性部分。若不是父亲的天性恰恰存在于跨过我们通常认为天性应当属于的边界的话，人们可以把它们称为其天性的一部分。

随之而来的是，父亲——正如希腊神话深切意识到的，也正如我们从荷马史诗中读到的——总是身着盔甲，既是有进攻性的，又是有防御性的；即使在拥抱自己的孩子时。显而易见，这是一个冷漠的拥抱，而他的孩子带着惊奇与恐惧来回应就不足为怪了。这不过是事情通常的样子。

因此，我们在父亲的内心发现了一种无法坦诚的不安全感和一种矛盾的情绪。这是一种外部矛盾的相应反应——他的孩子所怀有的矛盾期待——就是我们所指的“父亲的悖论”。

本书第二部分将探讨希腊和罗马时代的典型父亲形象。事实上，古希腊人通过反转事物的表面（但仅仅是其表面，而不是深层的不安全感）来回应父亲基本的不安全感。他们发明了父亲比母亲优越的概念，他们不仅把它当作其神话基础，而且当作他们进行科学观察的最初尝试的基础。对古希腊人来说，父亲独自就可担负起养育孩子的责任。母亲的功能，甚至在怀孕期，就被排除在对孩子的滋养之外。这些错误观念一直持续着，而且直到现代开始，都不乏追随者。作为西方文明的起源，希腊人还创立了一个把父亲的地位——与母亲相比——提高到了极致的社会。

罗马人在此问题上更进了一步：他们把父亲的地位——与孩子相比——又提高到了无与伦比的位置。但是罗马法律还包含一种观念，对于所有时代的父亲来说都是有效的：即使是合法生子的情形，父亲也必须履行一个公开的行为，通过这一行为他可以确认他愿意成为孩子父亲的意图。尽管这是为了在合法与不合法的孩子之间画一条界线而制定的，这一准则成了每个父亲之状态的无意识隐喻。为了成为一个父亲——不像母亲的情形，正如我们将不断重复强调的——养育一个孩子是不够的，父亲身份还要求有一种特定的意志行为。父亲身份总是一种决定，而且总是隐含着一种收养，尽管这个孩子是父亲合法的、生理上的后代。

所有这些都重申了我们的基本推断：父亲身份是一种心理和文化的事实；而生理的父亲身份并不足以保证其存在。即使由罗马法律所规定的仪式在今天被撤销，在某种意义上，当今一个男人成为其婚生孩子的亲生父亲已经被认为是理所当然的，这也并不能豁免父亲精心准备着同样的步骤：父亲身份必须被宣告和创立，而不是在孩子出生的那一刻得到展示，它必须在父亲和孩子建立关系的过程中一步一步被揭示出来。

在查理·卓别林的一部经典影片中，我们可以发现这一观点的清晰梗概。在《孩子》（*The Kid*）的开始部分，卓别林走过一条黑暗的小巷，上面的窗口随时都有垃圾扔下来。他碰到了一个他以前从未见过的孩子，而这个孩子触动了他内心的某种东西，引发了他以前作为一个小男孩时从未了解的情感。卓别林抬起头来，想要看看这个孩子是不是也像垃圾一样从天而降。

这个男孩被错误地绑架，然后被两个歹徒抛弃了。但是将要成为他养父的主人公，对这些过去的事件并不知情，也不关心。似乎孩子生理父母的身份并不重要，或者，更确切地说，似乎这个孩子只是在被抛弃后又被主人公碰到的那一刻才开始存在。歹徒、阴沉的巷子，还有野蛮的垃圾雨，也许可以视为父亲和父亲身份起源的未开化状态的一种叙事总和。使一个男人成为父亲与血亲生殖的事实或血亲生殖的缺失没有太大的关系：父亲身份首先在于同孩子的相遇——这种相遇在任何情形下都是突如其来、未曾期待的，甚至在血亲生殖在先的事实面前也是如此，因为它与生殖行为是不同的——然后在于接下来的抚养过程，最后在于从野蛮的状况中退出，在于由对另一个生命担负责任而产生的社会萌芽，这又与前社会的母子共生关系不同，他是自愿而不是本能地扛起父亲身份的。

随着男主人公与孩子互相发现对方的陈述，然后是他们之间关系的逐渐建立，影片既对每个个体的父亲身份之诞生进行了浮光掠影的描绘，也对父亲身份整个状态的历史进行了简略展示。

男主人公是一个流浪汉、无家可归者，就像史前时代“发明”了家庭的狩猎者仍然是游牧民一样。在他尝试着去了解男孩的身世时，他想象孩子不是从地上或物质世界冒出来的，而是从天上降落的，来自心理的世界、观念的世界和意识的世界。孩子立刻利用了成年人对自己的保护，但也回报了某些东西：男孩使男主人公能以全新的、不同的视角来看这个世界，从而打开了他通向一种男人的天性所不具有的智慧之路，因为在动物世界里只有雌性能够向后代学习，关于这点我们很快就要详细探讨。接下来，男主人公所表现的一个又一个瞬间的接受行为，是父亲身份独特心态的准确的象征性描绘。

关于相遇的分量，父亲是否是严格意义上的养父或事实上的血亲父亲，并没有太大的不同。即使在后来，父亲将孩子的孕育完全托付给了母亲：因此他最终见到的生灵对他而言是全新的。同时，当母亲体验到新生婴儿正是那个她装在子宫里的孩子时，父亲却把他的精子和那个由此带来的生命看成完全不同的两件东西。彼得·汉克（Peter Handke）描述了他在产房第一次见到女儿的情形："那块窗玻璃之后的只是一个'新生儿'，而不是一个'女儿'。"

我们的目标是从父亲的角度来看待父亲。直到现在，这一目标还很难达到。对母亲的研究不仅数目众多，而且从母亲或孩子的角度进行了更均衡的划分。另一方面，对父亲的研究却给我们留下很大的努力空间。

由于我们的探讨主要针对希腊、罗马和欧洲，因此我们的研究可以被称为"以欧洲为中心的研究"；由于其关注点也主要是在欧洲文明的起源上，因此，甚至可以更确切地说是地中海中心的。

这些也都是我自己亲身体验过的地方，再加上去探索整个世界是不可能的，因此我就自然而然地沿着这些轮廓线去试着重建一个我们今天所熟知的父亲。地中海文化在欧洲其余地方的扩张，也是后来见证欧洲自己将版图扩张到世界其他地方这一过程的开始。对于我们在整个西方世界所了解的父亲的“发明”，南欧做出了十分重要的贡献。本书第三部分对父亲身份在几个方面被基督的降临、新教改革、法国和美国的革命以及两次世界大战影响进行了探讨。在这里，我还特别关注了意大利人的观点。

最后，关于有疑问的父亲、消极的父亲已经说得和写得够多了。与母亲相比，父亲事实上是更频繁地处于病态的，他既是心神不安的，又让他人心神不安，正如通常男性与女性相比一样。与反父权的母亲相比，反父权的父亲更容易产生。

论及一个畸态的母亲本身也接近于畸态。这样的一个主题实际上是异常的。对畸态父亲的探讨相当正常，但是单独沿着这一路径前行，就有失去对父亲身份真正理解的风险。

我们没有采用病理学作为出发点。我们主要对正常的父亲感兴趣。我们知道这样的父亲是存在的——尽管正常父亲的百分比要比正常母亲的百分比低一些——而且我们也真正了解他们，在说过和做过所有一切之后，他们继续构成了不正常的大多数。

去回应那些反对声音是很容易的，他们认为没有必要谈论正常的、功能适宜且工作秩序良好的事情。事实上，在没有人为的、严格的以及没有自相矛盾和自我折磨的情况下，父亲的功能无法运行。因此，正常的父亲也可以说是体验着、遭受着很大程度的病态

（在“遭受痛苦”一词的最初的、词源学的意义上来说），以证明很多研究都是正确的。本书第四部分将关注日常生活中父亲的现状。

如果考虑到刻画父亲特征的矛盾——单纯而简单的父亲，不仅是有问题的父亲——和代表欧洲文化爆炸性的公开矛盾之间的本质联系——不断地在哲学-宗教的宽宏大量与军事-经济的巧取豪夺之间摇摆，已经将其父权制的摇摆不定扩展到了全世界，人们也许对历史的某些章节被证明是罪恶的事实并不会感到太惊奇，让他们惊讶不已的是，历史与文明竟然能竭尽全力存在到现在。

这一观念有揭示的力量，是一种乐观的揭示。基本上，它是令人惊讶的，它似乎证实了这一概念，也就是尽管他们本质上有不安全感，值得信赖的父亲（即那些“足够好”的父亲）依然维持着相当大的数量。不论好坏，他们默不作声地构成了形塑人类历史的主力军。他们是历史上背负重担的动物。

CONTENTS

目　录

第一部分 | 史前史阶段

第一章　哺乳动物：父性的退却……003

第二章　大类人猿的性活动……011

第三章　父亲的史前地平线……017

第四章　父性的革命……024

第五章　露茜长大了……040

第二部分 | 神话和古典时期

第六章　父权制和母权制……059

第七章　父亲的历史地平线……074

第八章　父亲的神话起源……081

第九章　赫克托耳……089

第十章　尤利西斯……113

第十一章　父亲作为唯一始祖的神话……139
第十二章　埃涅阿斯……158

第三部分 | 走向现代与颓废

第十三章　从罗马时代的父亲到儿子，
再到法国大革命……203
第十四章　从法国大革命到工业革命……226
第十五章　对战争的祛魅……236
第十六章　公共父亲的颠覆……253
第十七章　乔德一家的旅行……270

第四部分 | 今天的父亲

第十八章　父性的枯竭……293
第十九章　父性的退却：逃往过去……308
第二十章　父性的退却：逃往未来……319
第二十一章　举高的消失……338
第二十二章　作为养家糊口者的父亲……356
第二十三章　寻找父亲……368

第五部分 | 最后的反思

第二十四章　最后的反思……385

第一部分

史前史阶段

第一章 哺乳动物：父性的退却

就其本性而言，是文化的一种创造……

——阿诺尔德·盖伦（A. Gehlen）

父性从何时、何地开始萌发？或者说，父亲最初是在何时、何地被找到的？

当我们不断地沿着时间的河流往上追溯时，所有发现父性起源的希望令我们首先不得不前往一片沼泽。在那片沼泽之中，自然与文化混合在一起；而在类似的地方，研究工作所能做的仅仅是提出问题，而不是提供答案。父亲的行为中哪一部分是本能的，或者是内在的呈现而不需要学习和被教导的？另一方面，它的哪一部分源于社会的发明，或源于人类选来管理自身的规则？太始之初，又是在何时，人类开始有了类似为人之父的行为？

传统上，大自然被看成是阴性的，然而，同样古老的常识都认为文化是阳性的。在这里，再一次，也总是如此，旧习就是大脑惰性的部分表达，与此同时，它又包含着真实的成分。

父性与母性一样，应当被视为一种连续不断的行为，没有哪个时刻可以终止。它不仅仅存在于简单的生殖行为中。是什么使一个人成为父亲，与担负起一个持久的伴随孩子成长的角色之间，有着非常大的联系。但在父性与母性之间又有一个基本的不同，因为在孩子出生以后，母性很明显是阴性的父母一方，是在自己体内怀孕并产出孩子这一状况的延续：这两个事件接踵而来，不管是在人种的进化历程中，还是在作为个体的母亲的生命中，都是如此。而对于男人来说，事情的走向就完全不同了。自人类还没有记忆的时代，生殖这一身体行为，与做父亲这个过程总是截然分开，而且是不能混为一谈的事情。

与母亲身份不同，父亲身份不能与一种身体行为模式联系起来，而且它也不能通过延伸并完善生理的事实来构建，或者用社会所接受的方式来加工。父亲身份意味着彻底而永久地与纯动物的生活准则分离。除了注意到父亲在孩子生活中的作用——与传统教育一致——始于一个比母亲要晚的时期之外，更重要的是，要强调父亲身份制度出现在人类历史进程中非常晚近的时期。它暗含了一种最初的反思能力，正如文明的开始。它确实是文明出现的主要原因——而这也是我们将要探讨的话题之一。

在文明到来之前的自然界，时间的跨度是如此巨大，而文明的弧度又是如此不成比例地微小，这引领我们不得不以想象的方式来看待它们，尽管这并不是什么别出心裁的做法。母亲身份和父亲身份在周期上的不一致能够帮助我们理解为什么这一现象依然很普遍，尽管在社会中和心理层面代价巨大：母性是以温暖与和谐的行为模式为特征的，然而，父性通常以较难预测也更少自发的行为方式来表达。

地球的寿命已经大约有45亿年。如果我们将这一似乎无止境的时间当作单个太阳年来看待，哺乳动物一直到了12月的中期才出现。原始人首次出现在画面中是在12月31日晚上的9点；早期智人大约在午夜的前10分钟到来；有着类似我们身体特征的现代智人几乎是在这一年将要结束的前3分钟出现的；而新石器时代的文明就在最后1分钟产生了。像苏格拉底、基督和其他任何我们认为属于古代的人物，都挤在最后的几秒钟内。

在这一时间跨度中，绝大部分时候没有人类存在，甚至看不到有生殖行为。仅在这一太阳年的春天，我们才看到了有机体生命的开始。从单细胞生物体，发展到简单的多细胞生物体，再到其他复杂的生物体——不能通过分裂几个细胞来限制繁殖，而是不同性别的个体进行交配，这是一个漫长的过程。无性繁殖所产生的后代总是在基因上与其父或母完全相同，因此不利于进化或适应环境的变化。另一方面，通过两种性别的交配，每个生殖事件都引发一种全新而独特的基因组合。这种形式的生命极大地增强了自我防御与生存的可能性，而在同时，又不可避免地引发了问题，这一问题延伸至现在。生命，从此永远地分成了雄性和雌性的形式。

就在这种复制最初发生以来，当进化的阶梯一节一节地爬升至人类这一层时，雌性的角色一直比雄性的角色更稳定，也更清晰。有一句广为人知的谚语："mater semper certa, pater numquam"——母亲总是确定的，而父亲却从不确定——道出的不仅是那些想要了解谁是其双亲的孩子的两难处境。它也说明了父母是怎样与后代建立联系的。在高级动物当中，母亲总是知道谁是其后代，而父亲却不知道。

我们知道进化的过程中有着大量的、自然而然的曲径，总是不断地发生着无数的改变。但它在最近的阶段建立了一种不可逆转的性别区分，从此不仅在生物学上，而且在人类社会和文明进程中发挥着影响。

在使生命更加完美的同时，进化严格限制了父亲在其中所扮演的角色。

各种鱼类中，总有一定数量的鱼类交给雄性照顾受精鱼卵的任务。然而，在这些鱼类的生活中，这只是被视为一种交配行为的简单延伸。雌鱼散子，由于它是最先完成其使命的，它也可以最先退出舞台。雄性继续履行在鱼卵上射精的任务， 因此它也承担从此照顾后代的任务，这也是很“自然”的。

当生命离开海洋，开始在干燥的陆地居住时，大自然对于“自然化”的观点却完全颠倒了。这种全新形式的生命不再依赖水这一媒介来交付其卵子与精子，而是发明了内部受精。由于这一新的交配形式，雄性先结束了其繁殖活动，因此很可能退出舞台，而雌性有其他需要继续履行的职责。

这一生理上伟大而全新的进展，存在一种隐秘的困难，这一困难将极大地规定雄性的行为，并挡住其成为父亲的道路。内部受精使所有关键事件在一个阴暗而神秘的隐蔽之处发生：雌性的身体将卵子与精子围封起来，使它们没有任何可能处于雄性的掌控之下。大自然使从交配行为到后代出生的时间比以往更长，这导致了一种新的不确定：实际上发生了什么？雄性被剥夺了所有对这一新生命是否与其有关的了解。

父母将自己的基因传递给数目尽可能多的后代的驱力，应当是所有调节动物行为的驱力中最有力的一个。既然其后裔有可能被其他人播种，雄性也极少有理由停留在雌性身边直到后代出生。毫无疑问，从雄性的角度来看，利用受精至后代出生这段时间来让其他雌性受精，是明智之举。这样可以增加传递基因的可能性。

当大自然独自控制着生殖行为时，每一物种的雄性都纯粹只有数量上的功能。他们中的每一个都不断地生产出几百万甚至上亿的精子。在理论上，只有极少数量的雄性有能力在地球上生活。然而实际上，已经证明，通过更多数量的不忠实的雄性——富有竞争力、诱惑力，并在性欲上十分“强悍”，自然选择的动力可以运行得更好，因为他们中的优胜者可以更好地装备起来，以便将他们的基因传递给更多的后代。反过来，这些后代——多亏其遗传的基因——也将倾向于更有诱惑力，更富竞争力，同时身体也更强壮，因此设定了一个能更有效地使种族永存的模式。

雌性有着质量上的功能。她能够生育的后代数量是高度受限的。如果雌性堕落得像有诱惑力的雄性一样，表现出同样的行为——马上抛弃其后代——将会受到自然选择进程的惩罚：其后代的数量不仅不会增长，反而会减少，因为他们存活的机会会变得更加渺茫。与雄性不同，她不能通过马上生育其他后代来弥补损失：继续生产卵子需要时间，妊娠期也是漫长而持久的过程。而遗传了其特征的后代——假如其在缺少母亲照料的情况下设法活了下来——也会再一次表现出同样的行为，反过来也会将其后代暴露在危险之中，这就形成了一个不断缩小的螺旋形。

简而言之，母亲，除了成为好母亲，不能让自己成为其他任何事物；雄性则完全相反，可以允许自己根本不必成为父亲。动物学已经证实，生存的前道德法则已经引导动物王国的雌性迈向更稳定的家庭道德，这一道德在人类社会得以延续并将她们与雄性分开。

让我们将前进的脚步挪回到进化的过程中。

当爬行动物通常抛弃子女、不承担父母的职责时，大多数鸟类却形成了稳定的配偶关系，雄性和雌性一起共同承担筑巢与生育、抚养子女的任务。在大多数鸵鸟和企鹅中，雄性甚至被委托了孵蛋的任务。鸟类行为的某些其他方面更是令人称奇，因为这些行为与其说是自然的，倒不如说是史前文化的。有一些鸟类，其叫声——一种雄性的特权——并不是天生的，而是要通过父亲的教习才能学会的。因此，在地理分布区稍稍不同的地域，同种鸟类以不同的方式鸣叫，这些鸟类当中任何一个特定群体的叫声都是一种“方言”，有着自己当地的音调；它不是来自本能指示，而属于一种独特的传统：由父亲的嗓音来诠释并保留下来。

就在创造生物需要更多复杂的妊娠与生长过程的同时，进化也将走上延长子女与母亲共生现象的道路，在子女出生之前将其放入母亲体内，而在子女出生之后，又将其延伸至母亲自身的新陈代谢中。

在约2亿至2.5亿年前，哺乳动物开始出现。母亲的重要性跃至更高级的水平上，因为她发现自己要为后代成长的更长时间负责。后代完全依赖于她，因为她在很长一段时期内还承担着作为后代唯一营养来源的职责。

大约在7,000万年前出现的灵长类动物，其婴儿完全不能自理。母亲与孩子的二人组合变得更加特殊，达到了形成互补的程度，将其余的世界排除在外。类人猿的社会生活现在履行的不再完全是生理上的功能；它已经滋养了一种文化的萌芽，其中母性是唯一的工具。除了保证其后代的成长，类人猿的长期哺乳还有助于史前文化发育。在出生之后依然被母猿带在身边较长一段时间，幼猿与人类的生活方式没有太大不同，它们通过眼睛来观察这个世界。当幼猿能够自理以后，它身上所装备的不仅是本能，还已经拥有了习得的行为模式，例如它看到母亲操作工具，也许学会了使用数量有限的工具，这些与它所赖以生存的生活模式一样，也是必不可少的。

所有的类人猿都有通过观察而学习的能力。显而易见，年幼的类人猿比成年猿的学习能力更强。而成年母猿比成年公猿学得更多这一事实，看起来应当源自它们不断重复的与幼猿的共生时期，而不是源自天生的优越性。除了教习后代，母亲还向它们学习。母猿与幼猿之间的关系标志着最初的不再源自自然的行为模式的开始：来自文化织物上的第一根丝线将被编织，并且同时上下编织。

对于雄性而言，事情走向了完全不同的一面。已经证实，雄性在攀登进化的阶梯时，所做的贡献比以前更少。高级的雄性类人猿继续提供的只是轻飘而不稳定的液体——精液，没有别的。

类人猿中的雄性优哉游哉地坐在动物进化之梯最顶端的梯级上：几乎和一个不太愚笨的人类一样聪明（它们有关计算的智商轻易就能超过80），但它们是无可救药的缺席父亲、一夫多妻的伴侣。雄性大猩猩和黑猩猩在动物中总是有着异乎寻常的力量和特别有效的攻击性手臂，对它们的小家伙总是非常关心且温柔。它们甚至还与小家伙一起游戏。它们保卫领地，因此间接地保护了雌性与群体中的未成年成员。但是，它们认不出自己的后代，不会为后代准备窝来保护其安全。它们也不会喂养后代。它们所能分享的唯一食物是体形庞大的猎物的肉，因为捕获这些猎物需要组成群体来行动，而且也有可能是它们不得不分配食物，因为不可能一次将猎物的肉全部吃光，而肉又很快会腐烂。

到目前为止，我们还没有提及心理学。我们在追寻父性之生理基础的形成。进化已经前进到很快接近人类的地域，父性却退回到了比鱼类更低的水平。

第二章　大类人猿的性活动

文化并不是建立在虚空之上的；
它以过去的灵长目动物前社会文化的错综复杂性为支撑。
——埃德加·莫兰（《迷失的范式》，
E. Morin, *Le paradigme perdu*）

当人类开始使自身成为一个物种，并与其他四足动物分离时，世界对于我们今天所了解的类人猿物种还一无所知。情况就是如此。在通向人类的路上，是马匹与响尾蛇，而不是黑猩猩或大猩猩，进化怎会被迫沿着如此多的歧路前行？在人类的起源时期，我们现在最亲近的动物亲戚——类人猿，同样也和今天我们所看到的形式完全不同，不为人了解。然而，没有一个研究远古人类的人可以抵御这样一种诱惑，即将这些大类人猿看成一种可能的定位点。

最主要的大类人猿（猩猩科类人猿：猩猩、黑猩猩、倭黑猩猩和大猩猩）在20世纪是很容易渐渐灭绝的，而它们的消失几乎不会引起普遍的惊慌。它们的一线生机系于我们自身对人类起源——在西方世界——的极度好奇。作为前人类的活化石，它们获得了继续生活的一纸契约，以便更好地让我们这些后动物们，能够体验有一面观察我们自身之镜子的兴奋。

在身体上，这些大类人猿与我们高度相似；但作为雄性和雌性的角色，它们与那些更简单的哺乳动物更类似，尽管它们之间也极少有类似之处。这也暗示着，在经过漫长的岁月进化到当前的样子之前，它们的角色已经维持得相当稳定了，而这反过来又使这样的假设是合理的：今天类人猿的雄性和雌性角色与我们的共同祖先仅有些微的不同。所有的一切都让我们相信，雄性和雌性行为模式的巨大变革都是近期发生的，特别是在人类的发展中。当然，用今天的大类人猿作为尝试重构从动物到人的性活动之过渡的基础，有着不精确的风险，但这一风险水平看起来是可以容忍的。化石不能告诉我们已长久灭亡的动物的情形，或者史前人类性活动的任何情况。类人猿使得我们能在活着的动物身上观察其行为模式。

所有种类的类人猿，其雄性和雌性的数量是相等的。这种均衡也许可以引导我们想象，一夫一妻制是自然而普遍的，或者说大自然倾向于为每一个雄性配上一个雌性，为每一个雌性配上一个雄性。然而，这样的奇思妙想极大可能表达了一种无意识的尝试，要在文明法则（一夫一妻制）上赋予动物法则（生物学）地位，而文明事实上与其毫不相干，因为它初次出现的时间已经相当靠后了。在哺乳动物中，只有很少的部分（3%）是一夫一妻制。

在人类中，规则是由每对一夫一妻的夫妇生育孩子。对类人猿而言，情况就完全不同了。几乎所有的母猿都生育后代。但在公猿中，生殖的特权全部掌握在强者手中，或者更确切地说，掌握在它们的睾丸中。各种不同种类的雄性类人猿都擅长你争我斗，因此保证了其体力的强健和每代新生幼猿的生存能力，因为它们总是胜利者的后代。

然而，我们不能就此得出结论，认为雄性的竞争就是自然选择过程中唯一的显著特征。进化并不是完全由雄性特征所支配的，而身体的强壮也并不总是决定性的因素。即使在类人猿当中，也有各种不同的因素来缓和并与力量抗衡。即使最强壮的公猿，也不能使超过一定数目的“后宫”中的母猿团结一致，一如他不能掌控超过一定范围的领地。雌性也有相当的能力去主张其对性伴侣的选择权，而这一事实也使得猩猩类社会与人类社会有点接近。此外，在倭猩猩社会——这一最鲜为人知的大类人猿社会——竞争程度看起来是相当低的。

但是，如果不是为了避免过度概括化，那么仍可说，雄性竞争仍然是类人猿社会中占主导地位的结构力量。在包含了各种公猿的群体中，这种情形是时常发生的；这种竞争也出现在由单个公猿及一群母猿所构成的“妻妾”群体中，尽管较少见到。争斗很简单就结束了，且全部发生在群体形成之前。这事实上决定了在一定数量的公猿中，哪一个将唯一有权组织家庭。那些被打败且蒙羞的公猿被驱逐出群体，结合成全部由雄性组成的一伙，它们一边游荡在“妻妾”群体的侧翼，一边等待着，像时常发生的那样，那个年老的头领被推翻，从而为年轻的公猿腾出空间，使得队伍中的其他公猿有前进一两步的希望。但也有可能有的公猿永远都轮不到这样的机会：那些生活在全部由雄性组成的团伙中的公猿，也许会在为组织自己的家庭而必须打赢的战斗中被打败；那些属于由一定数目的公猿和母猿组成的混合团体里的公猿，也许会被更强壮的兄弟阻挡，永远都不能成功交配。自然法则已经注定了雄性作为个体的可有可无性。它是否与人类一样聪明并不会有什么不同；它依然像树上的叶子一样，注定要掉落。

我们有时候会倾向于不公正地对待类人猿，用属于人类文明的情感来评判它们的生活。我们认为，如果自然选择的力量允许多余数量的无用公猿幸存下来，那么理所当然它们必须有一种社会功能，并能对群体起一定的作用。但是，不管雄性大类人猿会扮演什么社会角色，都不应给予过高的评价。我们已经注意到，它们在极其有限的程度上分享食物，它们也几乎不照看幼猿。此外，不论雄性的还是雌性的类人猿，都力大无穷且敏捷灵活，它们的天敌很少：也就是说，既然生活在群体当中，母猿已经完全能够保护好自己，尽管它们不得不依靠数目相当少的公猿。

这些简单的观察引发了一个重要的领悟，且从其自身的立场来看，这一领悟带点悲剧色彩，那就是雄性的哺乳动物中，甚至与人类非常接近的雄性就是这个样子的。而雌性的存在已在其作为个体的功能方面得到了证实——因为它们每一个一般都有自己的后代——并最终表现出个体心理学的萌芽。我们已经了解到，类人猿中的母亲身份也已经不单纯是遵循本能的问题，而雄性的存在只是在其作为群体的功能中才有意义。雄性仅仅是为生育下一代做准备的基因池而已。

正如射出的精液当中大多数的精子最后以徒劳无功而告终，大多数雄性类人猿的出生也是没有进一步结果的事件。它们的存在只会导致被抛弃，被认为是物种生命道路上最盲目的小巷。它们什么都不是，只是梯子中的梯级而已，那梯子只有最强壮的公猿才能爬上去，当它们在繁殖的竞技赛中赢得竞争时一级接一级地爬上去。除了胜利者，所有这些汹涌澎湃的雄性的性能力就如同其精子海洋一样，都是无用的。

灵长目动物的雌性通常只维持很短一段时间的发情期，而这几天就是唯一的一段雄性可以与之进行性活动的时间。在发情期，它们一只接一只地与公猿交配，或不断地跟同一只公猿交配。发情期结束，它们极有可能会怀孕。直到幼猿断奶后，它们才会准备好再次交配。在这样严格的节律下，物种上与我们最接近的雌性黑猩猩的交配时间被严格控制在其生命周期的1%。来自其他来源的计算没有这么极端，但也表明了追求期与性活动期极端不相称。只有我们对之了解甚少的倭猩猩类人猿似乎与这一模式有一定的差距。

而在雄性一方，情况就大不相同了。所有类人猿中的所有雄性都总是在追寻性关系。因此，即使有数量多达100只的公猿，至少在理论上来说，都会准备好并等待着每一只能追到手的母猿。因此很容易推测，对雄性类人猿来说，它们终年不断的、将其吞没的性躁狂，是原始文明火焰之外的黑暗残存物，而这火焰是由雌性类人猿点燃的。如果我们不了解，自然法则总是而且只是在起作用，而从来不是什么“好的”或“坏的”，也许我们会认为，对公猿来说，饥渴的公猿与能得到的母猿数目之间的巨大差异是不公平的。正如在经济领域一样，性活动也遵从供求规律。市场法则会嘲笑最好的意图，如果它们能迅速除掉空想社会主义者和基督教众的理想，当然它们也能对雄性类人猿所受的屈辱漠不关心。

要改变这一巨大的悬殊，它们只有通过转变为人才能产生效果。它也相当成功地转变了。

第三章　父亲的史前地平线

在有记载的人类历史极细微的一段时期（几千年）背后，在史前遗留下某些痕迹的、有限的部分时间（一万或两万年）背后，存在着几百万年的时间，包含着最初的人类生命。我们对这段时期几乎一无所知，却推测了几乎所有的一切。

在地球生灵的极壮观的盛会中，这一时期是微不足道的。但也正是在这个时期，进化逐渐将我们从动物的存在中分离出来，使我们成为人类。我们将史前故事拉进历史的绝望尝试，我们强行超越知识发端的时间视域的巨大努力，都在提醒我们自己就像孤儿或被收养的孩子，在成长的过程中会不断地被自己从何而来这一问题困扰。

追溯血统起源的渴望似乎是贪得无厌的。引导我们回到过去的时光并为我们的起源指明方向的，并不只是对知识的需求，也出于讲述故事的需要。每一个文明——特别是父系制的文明——都宣称自己有权力拥有自己的神话，有权力将其植根于宇宙起源论之中。这一宇宙起源论是万物起源的终极叙述，有效地创建了这个世界以及它命中注定要走的道路；这不亚于知识的终极范围，包括我们对自身的了解。这一由心理单独支配的“伪造”胜于荒谬的言论，也胜于这样一种感觉：在上帝还与我们保持一定距离的时候，我们认为自身完全源自化学现象。因此，重大的秘密就是：选择谈话和推测的主题，并不是为了形成科学假设，而是为了用故事来填补空白，即使了解并无可能。就像我们在孩提时代，总想有人给我们讲一个童话故事，以便能更好地进入梦乡。

如果一个学究气的教义承担了《创世纪》故事的功能，它不可避免地要继承该故事的部分庄严性。无论其结论是否认为科学没有真正的重要性。真正重要的是，搞懂它是否具有科学的真实性远不如理解它为我们的生活所带来的意义更令人关心。就像赫西俄德（Hesiod，希腊诗人）描述的最初的夜晚——自此，诸神出现了，我们也可以继续把对那个晚上载入编年史中，这个夜晚屹立于人类之后，自此人类从诸神那里获得了自己的位置。当我们苦苦思索我们的起源问题时——是现世问题还是形而上学问题没有什么不同——我们学到一些有关我们自身的东西。

有一个不确定的时间点，在这一点上，一个类人猿滑进进化的长河之中，在水面之下游了许多个百万年之后，横渡了古生物学的无意识水域，然后以人的身份出现。而且，那一事件的过程已经创造了大量建构，而不仅是一种新的肢体的建构。如果我们在谈论原始人的时候能够使用“文化”这一比较现代的词的话，这一生物也已经历了地球曾有的最伟大的文化变革。然而，今天我们使用“文化”这一术语，也是个问题，因为即使最简单的人类工具或行为模式，都在我们自出生起就能接触的本能范围之外。首个人类手里拿着的首个石头工具重新露出水面，而且在他长期的浸泡过程中，他也打造了第一块用来建造社会的石头。他不仅构建了心理生活的生理基础，还构建了心理生活的社会基础。

近年来，我们在技术进步方面取得成就的速度已得到极大的提高。然而，似乎这一文明进步的节拍永远不会再次如我们起源时期的文明发展时的速度那么快。也许在约两百万年前，凭借石斧的发明，人类进入了旧石器时代。仅仅直到约三千年前——在人类技术时代的最后十五个万分之一的起始阶段，我们才学会使用铁。也只是在两个世纪前（一个完整的万分之一）我们开始使用机器来取代人力，从而不断地增加我们的力量。但是在文明的进步方面，是在旧石器时代，甚至也许更早，人类通过发明一夫一妻制家庭和父亲，粉碎了动物社会的秩序。今天，当我们进入公元后第三个千年，我们的文明继续依靠这些几乎完全相同的社会工具，或者依靠的也许是先辈所遗留下来的那些工具。

关于家庭诞生的宣言也许是一种信仰的宣告。事实上，如果我们只有极少的那些最早人类的身体骨骼，我们也不会在文字、绘画与雕塑出现之前有关于他们的社会和家庭的信息。史前壁画描绘的是单个的男人和单个的女人，或群体（比如一群狩猎者），而不是他们之间的夫妻关系。史前人类开始了家庭生活，是在对最早的聚居地和史前人体的研究的基础上的一种重建，而史前人体的研究，为性征的演化研究带来了希望。但茅棚不像石器那样能穿越历史而幸存，生殖器官也不像骨骼一样能保存许久。我们知道史前男人是怎样杀死猛犸象的，却不知道他们怎样拥抱女人。他们生活中特别的时刻与残暴的时刻，比他们经历的日常事件和充满爱意的时刻，更能被清晰地了解。

直到最近，人类常常表现得仿佛家庭自太初以来就已存在，恰似创造的神话和诸神的神话。甚至最早的历史文献都没有提及，在人类社会的原始阶段的哪一刻，人类家庭诞生了。一如宗教与语言，当家庭进入视野时，它好像已经是非常复杂且非常古老的了。而且又似宗教和语言，它必定是无数次调整与适应的产物，而这些调整与适应，我们现在已无法重新构建。

就在一个世纪以前，人们原以为大约三万五千年至八万年前的尼安德特人就是人类与类人猿链条之间缺失的一环；今天，比尼安德特人早两百万年的南方古猿已被重新命名为南方古人，被归入准人类。当我们一步一步地靠近时，我们的物种最初形成的地平线似乎总是在往后退，退到了更远的距离之外。

即使是个体生活的其中一个面向——我们称为“心理”，也不会突然出现，并完整且充分地形成。从动物大脑到人类大脑的过渡肯定是相当缓慢的，而且它被认为是在那些百万年的岁月中所发生的最伟大的改变。但是，与身体的改变不同，这种改变没有留下任何痕迹，如果不是在其最后阶段出现的变化，它几乎是一个无法察觉的终结：在最后的几千年时间，语言采取了书写的形式，而艺术开始以固体物为材料。

在人类家庭和父亲制度的史前地平线上，我们很理想地遇到了南方古猿（南方古人）。它们的早期阶段或多或少与直立行走、永久地获得使用工具的能力，以及嘴从一种进攻的器官转化成交流的器官有关联。我们可以拿南方古猿作为探讨以人类形式出现的生命的起点，因为其进化过程涉及的不仅是物质方面的改变。尽管下颚与脊柱的变化显而易见是生理方面的转变，它们不再被完全解释为对外部物质环境的适应。似乎这一前人类的物种已经到了明确表达意图的关头了。他们的目光很想投向更远的地方；他们的手渴望获得自由以便能抓住物体；他们的嘴也强烈渴望表达更多而不仅是号叫。这种需求是由一个主体体验到的；而且尽管那种体验模式并不是有意识的，就像现在心理学采用这个词的意思一样，但它也不完全是不假思索而让我们可以称之为“本能”的。此外，这些多方面的需求呈现出来时，与系统里其他部分是相互协调的，而允许它们进行调节的系统将转变成我们称之为“心理”的东西。

这一朦胧而久远的时代还包含了第二个基本的转化，其中生理和社会的转化构成了一个复杂而不可分解的整体。这一时代除见证了人与动物彼此决定性地变得截然不同之外，它还见证了男人与女人的不同身份的形成。

从动物过渡到人类社会的特征是：类人猿的无规律交配转变为夫妻的最初形式。自然选择的法则因此被文明的第一个法则颠覆，这和无意识地遵守这一法则并无不同。

一个物种进行交配的方式——不管交配是一夫一妻制还是一夫多妻制，是永久的还是暂时的——都总是遗传而来并由基因所决定的。只有在人类中，家庭的形式才被从遗传学的专制中解放出来。人类可以在无数种交配方式中进行选择——一夫一妻制或一夫多妻制，伴侣关系一直保持下去或是通过离婚而选择新的伴侣——正如他们也摆脱了环境的局限，因此变成了在地球的任何一个区域都可以建造一个家的唯一物种。

随着夫妇的出现，所有的雄性也与雌性一样能够生殖：从这一点往前推，规则就是，所有雄性都可以生育后代。在这层意义上，人类社会的诞生代表了雄性的生活与地位的变革：它标志着雄性作为个体的功能之成就的开端。如果他们中的所有人都可以生育后代，那么那些得到自然选择法则最大支持的，就是那些能为后代提供最多保障的人：那些不仅是男人，而且是父亲的人。我们已经从动物学中了解到，雄性与其后代互动最多的是那些一雌一雄单配的物种。然而，在这里，这一态度自开天辟地以来首次不由本能决定。

于是有一天，原始人类达成了一个协议，这一协议并不是弗洛伊德所想象的攻击那个独占雌性的族长，而恰恰相反是要放弃相互攻击，从而能够在雄性当中实施分配雌性的规定。事实上，人类学已经告诉我们，在最简单和最古老的社会中，最基本的规则就与分配女性有关。

正是在这一点上，雄性的行为开始被不同的标准控制。规则不再是雄性必须通过竞争以获得生殖权；相反，雄性要在更完整的意义上生殖并养育后代。雄性现在必须遵循雌性一直以来都遵守的规则。但是，雄性的身体以及本能都还没有时间——女性享有的真正永恒——为能给他们和他们的新任务带来和谐的生物进化过程做准备。若未赐给她们乳房，大自然能要求雌性哺育孩子吗？雄性的问题与这并没有太大不同。凭借着习得了一种能力——部分可遗传给未来的后代，他获得了一种作为个体的价值，但以体验其心理倾向与动物特性之间的冲突为代价。这也许就是为什么尽管手握武器、身披盔甲，他却总是被一种他的雌性伴侣永不会体验的不安全感折磨的原因。

第四章　父性的革命

为人类的到来做好准备的最伟大事件，并不是“父亲被杀害”，

而是父亲的出现，早期智人似乎就是其中的主角。

——埃德加·莫兰（《迷失的范式》）

几百万年前，史前人类居住在非洲植被繁茂的地区。为了对他们有一个更清晰的印象，我们也可以把它们称为“猿人”，因为它们的许多特征都与现代类人猿有着相当程度的相似性。

它们的交配依然受制于雌性的发情期，就像我们今天在动物中所观察到的那样。雄性和雌性没有形成稳定的关系。它们主要以树叶和水果为食，这些是它们很容易就获取的食物，既不需要任何漫长的猎捕，也不需要组成群体共同劳作。它们的社会生活很可能采取小型或中型的族群方式，这在大多数高级类人猿中也很典型。

它们四肢着地爬行，但也能够直立。它们已经开始冒险越过森林的边界，闯入开阔的稀树大草原。在那里，直立的姿势是一种优势，这使得它们能够看到更远的地方，也能增进它们的迁徙能力。渐渐地，自然选择使它们的下肢进化得更长了。

直立行走对于将双手解放出来用于采集食物以及更经常地使

用工具还有更大的优势。当使用工具变成习惯，当猿人意识到收集与保存有用之物的优势后，它们发现了双手的一种新功能：携带物品。而孩子就是我们的远古祖先能够携带的最重要的物品。

进化到一个比之前更加直立的姿势，需要种族的骨盆骨架发生渐进变化，这就要求妊娠期比以前更短。而另一方面，后代又需要比以前更长的妊娠期，主要是因为他们的大脑和头部尺寸增大了：为了协调运作比以前更复杂的活动，大脑需要变得更大。其结果是早产。婴儿在离开子宫前如果等待的时间太长（以便完全发育成熟），就会有自身与母亲同时死亡的危险。因此，未及成熟就已出生的婴儿有更大的生存可能性。

婴儿的生长期以及依赖成人的时间由此也必须增加，以使在妊娠期没有完成的发育阶段得以结束（其他哺乳动物的幼仔刚刚出生就能或几乎马上能站立并行走，而人类婴儿却需要超过一年的时间）。这个时期确实不断在延长，因为发育的后续阶段也同样需要更多时间。今天，人类是唯一的发展进程似乎永无止境的物种。不像其他任何一种动物，人类甚至在性成熟以后，继续以典型的婴儿特征为显著特点（大大的头，没有毛发，等等）。这一现象被认为是幼态持续，并被人们最先从动物学的角度之后以“行为特征”这一术语来加以研究。在这里，我们所关注的主要是心理学的特性：它已经预示了人类的不知足和好奇心，以及人类的神经症与巨大成就。尽管其他的身体特征也可以多加讨论，但这些是将我们与动物区分开的特征。

让我们回到前人类的婴儿，它是最早的、不再能独立生存的动物。母亲的双手被解放出来并且能做很多事，因而能抱住它、照顾它。母亲也不能再依赖雌性类人猿的行为方式，按惯例四肢着地行走而将幼猿放在背上；也不能教孩子扯住她的毛发，因为我们的远古祖先正在将满身毛发蜕去。当原始人直立起来而用双腿行走时，双手的自由变得不是一种可能，而是绝对的必然；没有手的自由，母亲将无法保证孩子的存活。与类人猿的上肢不同，我们的双手还有重要的性爱功能，对此我们不应当感到惊讶：人手正是为了温柔地抚摸另一身体这个目的而出现的。修辞的惯例给了最初的人类双手一个这样的意象：男性正用它们专心地打造最初的工具；与抱过他们的母亲的双手相比，男性的双手发展更晚。

在这里，我们或许也接近了另一个人类特征的起源：两性之间职责的清晰分离。如果母亲的双手忙于照料孩子，那么男性的双手就必须提供食物和保护。也许正是这一原因，也许正是在这一时期，男性可以开始称他们自己为“父亲”。

生活在广阔的露天世界会带来大量的危险，但也带来了为数众多的可能——因此刺激了智力的成长，并使智力达到了一个前所未有的高度。从树上下来，前移到平原中，他们遇到了体型巨大而危险的动物：这既是对促进协同防御的新挑战，也是对据物为武的能力的挑战。这些不断发展的才能——社会合作和技术上的实际知识——也鼓舞着他们去猎捕其他野兽，而兽肉就成了一种新的高蛋白食物的基本构成。我们的祖先不再是素食者。反过来，那些掌握了这些新技术的人就是那些最有可能保证伴侣、儿女和他们自己存活下来——从而将他们的特征遗传下来——的人。

这些距今已有两百多万年的前人类的骨架，在一定程度上已被保留了下来。他们大脑的尺寸更像类人猿而不像人类，然而他们能利用工具，并且有大量的迹象表明，他们成功地建立了少量社会结构。由于他们自己能把握双手的命运，他们也将嘴解放了出来，失去了类人猿巨大且具攻击性的牙齿。

他们身体的新发展，他们的社会生活，还有为获取营养而进行的活动，都伴随雄性与雌性之间关系的意义深远的变化，而这反过来又扩大了活动的范围，加快了进化过程的速度。正如前文所说，我们无法知道这些改变发生的确切时间。然而，没有什么能阻止我们去努力塑造这些生灵的形象，毕竟正是在这个时候，他们开始有特别的心理意象。让我们回想一下我们所能接触到的最初的脚印化石：两个明显直立行走的原始人脚印，伴随着第三个小一点的个体脚印。这些脚印轮廓清晰，连成一串，延伸至很远的地方。它们在拉厄托里（即今天的坦桑尼亚）被发现，距今至少350万年。我们无从知道，它们是否代表了一种无意中的偶遇，或者是否源于一个真正的、严格意义上的家庭——父亲、母亲和孩子——正从一个地方迁徙到另一个地方。

当今，进化到最高层级的类人猿似乎站在了一个雄性与雌性以劳动进行区分的门槛上。狩猎、保卫领地，还有与邻近的猿群争斗这些任务主要落到了雄性身上。由于他们的社会很可能与前人类的猿人社会类似，也由于男女劳动的差别现在已是所有人类社会的共同特征，我们可以大胆推测，这两种性别在进一步进化的过程中继续从事各自特别的任务：雄性打猎，雌性收集离家较近地区的蔬果，这也是因为她们的后代不能单独留在家中，需要她们来照顾（在现今幸存的大多数原始游牧部落中，这一原则依然有效）。

所有这些导致了一种有规则与制度的社会形式的出现，这一社会形式也包含最初的交换模式。食物的获得与分配也趋向男性化和女性化，尽管有这些分化，但所有食物都是均衡的，这得益于男性与女性所获得的不同食物之间的物物交换。寻求均衡的饮食似乎独立于社会所要考虑的因素，而已经属于本能的范畴。例如，古德赫尔（Goodhall）观察到，类人猿在吃肉的时候，有同时将树叶塞到嘴里的习惯。但两性之间劳动的分离将这一属于个体的均衡转化为他们将要形成的社会的均衡的一个元素，这成了个体关系的一部分，鼓励他们与其他人进行交流。因此，喂养习惯也是编织家庭网络的一部分，因为幼猿从母亲那里获得蔬果类食物，而从父亲那里获得肉类食物。

比以往具有更大的灵活性，不断增加的一起结群工作的能力，以及使用最初武器的能力，使得雄性能猎捕体型更大的猎物，并能到更远的地方进行围猎。尽管他们不可避免地比雌性吃更多的肉食（有趣的是现代男性仍然进食更多的肉类食品，而女性更经常地倾向于吃素），他们已经发现很难将猎物全部消耗掉，而在非洲的热浪中，肉很快就会腐烂掉。因此，雄性利用他们新近才获得的携带东西的能力，开始将一部分肉类带回给雌性及后代。最初，只有几个人形成了这种习惯，因此没有带来太大的变化：无论如何，这一倾向改进了孩子的饮食，并极大地增加了孩子们的存活机会。而这一习惯是自然选择所推动的。遵守这一规则的父亲有更多数量的后代。那些坚持雄性类人猿的习性而不与其幼猿分享任何食物的个体，降低了其后代的生存机会，因此数量逐渐减少。

尽管不能准确地知道是怎样发生的，但一种新的态度确实出现了。不像雄性猩猩科类人猿那样在猎捕处就将猎物吃掉，雄性前人类学会了将它带回家中。他对于生命过程的贡献，不再局限于其精子这一方面。他来到雌性的身边，不再只是单纯为了进行交配行为。他变成了一个持续的存在，但是是间歇性的持续存在，因为他有去远处捕猎的需要。

雄性对于更多的捕猎形式的需求，也将他们导向一种新的更高层次的心理复杂性。对于动物而言，猎物刺激其感官的时间维持多久，猎捕就延续多久；而一旦猎物处于其听觉、视觉及嗅觉所不及的区域，动物马上就变得对之不感兴趣。而另一方面，原始人开始在心理层面而不完全是在肉体层面追寻野兽的踪迹：在长期的追逐过程中，即使感官已经不再感知到其存在，他也保留了自己一直追踪的野兽的心理意象。更进一步，伴随记忆的扩展，很可能在一个有组织的、人数众多的猎捕群体中，一个或几个狩猎者也一直与猎物保持联系，而这一可能性不断地在增大。因此，猎捕行动可以持续更久，直到最后胜利时刻的到来。那些坚持不懈、记忆良好并能有效地与同伴沟通的原始人得到了应有的回报。这一猎捕群体又继续出发，到更远的地方。

然而，在这一点上，追踪并不是需要心理做出努力的唯一行为，还有怎样回到出发地的问题，而在路途如此遥远的远征结束之时，这一出发地肯定已经看不到了。记忆的发展——能够将注意力投向不再存在于视野的事物，又能忠实地保留、储存与目前眼睛传送到大脑的信息毫不相干的心理意象——对于这一任务的另外一半，即回到出发地，有着极大的帮助。学会这样做，是成功还是失败，决定着人类是统治地球——正如《圣经》中创世纪的故事所安排的那样——还是走向灭绝，就像发生在恐龙身上一样。这是所有时期以来最大的挑战，他们最终获得了圆满成功。心理重构与生物进化的研究都告诉我们，雄性的归来变成了习惯，这不仅是因为他们得回到群体中。夫妻与核心家庭开始形成。

在雄性与雌性的角色不断清晰分离的情势下，那些未能归来的雄性抛弃了他们的后代，剥夺了后代获得肉食及保护的机会。大家消耗的食物，以及幼仔——比以往任何时候都更长久地暴露在危机重重的、广阔的热带大草原上——的安全，都要求雄性构建一种他们与出发地之间的比以往更强有力的联系，以对他们日益增长的、流浪到更远的地方去捕猎这一习惯进行补偿。这些以游牧为主的动物不得不发明一种归属于某个地方的情感。由于不管是采集还是捕猎，无论如何都必须有某种程度的流浪，因此，安全与稳定的地方不再单纯只是地理上的含义。它必须是一个心理上的地方。因此他们发现，家庭就是要回归的地方，而他们也很可能发明了想家的体验：当某人的孩子与伴侣在另外的地方时，那种痛苦与空虚的感觉，那种想要再一次与他们相逢的渴望。也许——我们不得不轻声说，因为我们采用了一个分量较重的词——他们发明了爱。当然，毫无疑问，这一需求绝不是纯净无瑕的，因为它和控制与力量的问题并没有严格区分开来——甚至到现在也依然如此。但是，它依然是一种需求，包含着纽带联结，而在之前这是不为他们所知的：就心理生活起始而言，它是一种创造。

在某种意义上，回归家庭是在家庭本身出现之前发明的；在发明一个可以回去的家之前，就已经在回家了。对原始人而言，这一单独的姿态——不管它出现的时间跨度有多辽阔，也不管它是怎样无意识地出现的——同时为心理和社会的生活奠定了基础。父亲的出现正好与延期的发明和制定计划的能力相一致。它是在时间中发生的一种历程，正如它也是一种构造时间的行为。

我们不知道一种新的行为模式需要多少世代（一种不是由自然进化衍生而来的变化）才能变成某一物种永恒的特征。分析心理学的成功部分来自其关于原型的概念——原型被当作普遍的心理倾向，但关于它们起源的建议却很少。至于父性行为，我们只能说它在有一天出现了，然后发展了，然后变成了一种永续的行为。它在所有已知的人类社会都被发现，只有一个单个的、极小的例外。

心理空间的出现——就在同样的阶段出现了到热带稀树大草原去探险以猎取体型更大的猎物的需要，同时也出现了那种对知识的渴望以及超越满足饥饿需要的征服所带来的激动体验——发明了完整的旅程构成：离开与回归；还有一种渴求不仅是对发现的渴求，也是对安全的渴求。

如果这一新的冲动完全是由好奇心、探险及征服的需求构成，那么它永远也不会导致人类的产生。这样的性格特征也许会渐渐迈向进化的某个死胡同，这一新的冒险者种类会因极高的死亡率而发展受阻，而他们的后代也会比以往有更高的死亡率。除此之外，他们还有可能遭遇心理灾难：没有一个足以盛载它的容器，没有一种适当的平衡，单方面对冒险的兴趣会造成性情多变，从而助长心理的不稳定。我们不禁要想象，进化过程中无穷的迂回曲折与变化，也许还创造了一些个体或由个体组成的群体，他们完全且专一地偏好于发现；但就在同一时刻，我们必须也想象到他们被淘汰，不单是因为葬身于其自然天敌的利爪之下，更多的是由于心智的急剧膨胀，由于混乱，由于远古时期的疯狂，这种疯狂体现了他们对新异事物无条件的狂热。要克服进化流程中的瓶颈，只有靠这样一种心理：能够持续且有效地模仿大自然，并置于自然之上；能够包含自身，并用一种动态平衡的机制装备自身；其功能不仅是一条河流，也是河岸。

自然选择的过程最初有利于雌性的优势，因为雌性沿着本能的道路，通过显而易见的发情期表现出来，以吸引尽可能多的雄性，从而增加受孕机会。同样地，对于能以尽可能大的能量来吸引雌性并打败对手的雄性，自然选择也给予了回报。

随着性别专门化的发展——雄性变成猎手，雌性变成采集者——一切都改变了。自然选择将最好的机会留给了那些有月经周期的雌性，其特征是不再有狂热的发情期却有较长时期可以进行性行为。然而，这并不是以一个新的、不同的方式增加怀孕可能性的问题（在月经周期中，产卵期很可能与以前一样），问题是性行为已经获得了一种全新的功能。除了将生命传递到新一代这一纵向功能，它还开始为形成最初的家庭，形成一种稳定的配偶关系这一横向功能服务。这一关系，完全不为类人猿所知，这是一种革命性的事物，同样被对性欲的彻底再定义所支持。性欲变成连续性的，它成了一种交流的形式；而不断增长的交流反过来又促使性关系的频率与深度进一步增加。性欲变得远比释放本能的能量更复杂。它成了塑造心理生活的熔炉。

对伴侣有持续渴求的雌性，现在是能够回家并作为一种持续存在的雄性之逻辑上的配对物。进化在这一点上所涉及的更多不是生理，而是被证明对物种的生活最有益处的心理变化：坚定和忠贞是我们当今用来部分定义人格的品质。

个体的性关系也开始维持更长的时间。雄性方面的迅速射精延缓了：一个众所周知的事实是，人类的性关系通常比动物之间的性关系维持的时间要长得多。这一进化也可能是由雌性所引导的，她们总是更重视其与配偶之间的关系：对个体而言是性接触，对关系而言就是全部。妻子养育了丈夫、母亲养育了父亲，正如女人养育了孩子。没有母亲，就没有孩子，而同样地，也就没有父亲。可不可以说，父亲就是由母亲发明的呢？意识到父亲的具革命性的重要性之后，母亲毫无疑问发明了一种欢迎的态度，这一态度是以往没有任何一个成人对另一个成人表达过的：这就是直到今天，男人所心仪的“温柔”。母亲继而将投向孩子的目光——之前孩子只信赖她——也投向父亲。

在这一过渡阶段，还有其他人类性行为的典型特征出现：这些特征一直是人类生活的一部分，却在类人猿这一与人类关系最近的物种中完全消失了。

首先，妊娠期的性行为在以前是不为人知的，而现在变得很正常了。原始人因此将他们与其他所有动物物种区分开来；他们的性活动实质上是持续的，而且也大多超越了出于繁殖的需要而规定的任何界限。无节制的性行为并不是由新近时代的腐朽习俗发明的——也许道德家希望如此——而是由进化本身，在几百万年之前发明出来的。而其功能也总是不变的：将性欲不仅导向生殖行为，还导向一种心理任务，就像建立关系的熔炉。似乎在让我们确信其意图，自然为女性提供了荷尔蒙，它在哺乳阶段有控制生育的功用；而性关系因此得以维系，同时使她们避免为太多的受孕所拖累。更强的性欲也是一种更强烈的人际关系的标志：如果在今天也是如此的话，在前人类的阶段就更有理由是如此了，因为在那时，交流更多的是通过身体姿势发生的，而不是通过语言的方式。

其次，性高潮、雄性的特征，也出现在雌性中。尽管动物中的一些雌性也会表现出某种形式的性愉悦，但没有什么能与自然赋予人类女性在性生活中所体验到的强度与频率相比：毫无疑问，她被赋予的能力连神经症都相形见绌。更进一步说，性高潮是独立于排卵之外的；而它在进化过程中的出现与增加怀孕的可能性并没有太多的关联，却与增加性关系的频率及情感强度更有关联，因此也增加了男性与女性之间在心理上彼此相属的感觉。我们在后面将谈到女性发现性高潮对于男性的意义。在这里，我们关注的是不断碰到的“性愉悦的动物性”这一完全荒谬的观念：确切地说，其反面倒是正确的。人类男性的性高潮也许是类动物的，因为它与我们在动物祖先那里所观察到的相比，改变得相当少；女性的性高潮却是人类单独完成的进化跳跃：性高潮的体验恰好是最根本地将其与动物的性欲相分离的特征。

同性恋已经在动物中出现，但受到自然选择进程的压制，因为它产生不了后代。在关系开始优先于生殖行为的时刻，同性恋也很可能变成更加稳定的存在。

我们已经看见，性行为已经处于变化中，自发地被身体的改变推动。性欲的功能不再完全是生殖性的。作为建立关系的条件，它有自身的重要性。在从猿进化到人的过程中，自然也为后者装备了更显著的性特征：男性的性器官与女性的胸部比类人猿要大得多。从动物学来看，这一性欲的进化必须作为结果本身来理解，因为它并没有涉及对后代有益的方面。一个更大的阴茎对于生育并没有优势，正如凸起的胸部并不能增加喂养后代的能力。看起来，其他革命性的变化甚至在减少人类的生殖力。例如，发情期的消失减少了怀孕的可能性：在生殖期，雌性大猩猩将它能接触到的所有性伙伴都吸引到一起，然后它所有的性关系都发生在它能够生育的时刻；而人类女性的行为是与此完全不同的。

在从类人猿到人类的发展过程中，进化强调的是对家庭以及将家庭联系在一起的纽带最有益的变化：这一变化不再直接对后代有利。

在这一新的形势下，对后代的保护被交托给整个新的社会。婴儿的死亡率降低了。自然选择并没有通过使孩子变得更强壮来朝着对人类有益的方向运作：我们应当知道，在猿转变成人的过程中，婴儿反而变得越来越缺乏防御能力，越来越需要依靠他人。自然选择增强了新的家庭的力量，而且有极大的可能已经是一夫一妻制，并且是以父亲为中心的，这在高级哺乳动物中是没有先例的。

性行为开始变成既是心理交流的范畴，也是身体沟通的范畴，而它也同样变得不宜公开表露了。发情期的消失，伴随雌性不再召唤所有她能接触到的雄性。这也就是端庄与含蓄的史前种子。在类人猿的社会，雌性的发情被自然选择法则支持，因为将发情表露得最明显的雌性是最有可能受孕的；但在复杂得多的原始人社会里——负载着创造其自身独有的组织模式的艰巨任务，有一个时期，这样的雌性会被其他人拒绝，原因是她们在雄性中制造出过分的混乱与争斗。这一古老的禁忌留下的痕迹到现在都未抹去。从史前时代到耶稣的诞生，从基督教的年代直到第三个千年，通奸的、滥交的甚至是无意识地诱惑他人的女人都会受到怀疑，激起社会的谴责。

自然选择的力量也导致雄性发展出新的行为模式，这一行为模式可能有助于延长雌性的性生活：将忠实于一个特定伴侣视为增强其性活动方式的雄性，渐渐地战胜了依然乱交的雄性。正如今天仍然能看到的，一夫一妻制——只要它是被选择的而不是强制性的——通常伴随着更放松的性行为，较少焦虑不安，也较少中断：个体开始变得能够掌控性欲，而不是被性欲掌控。今天在许多人看来，这是个体生活迈向稳定的一步，在那时已经成为雄性作为群体存在的一个基本转折点。我们也很清楚，文明的一个最为深刻的不满足在于，这一转折从未完成，或并非完全不可逆。它是人类自己做出的选择，并不是基于自然本身所规定之准则的修订版。因此，人类男性也继续体验着一种性冲动——极度狂热、滥交以及追求数量——这些正是他以前作为动物的生活特征；这种性行为方式在男性中依然清晰可见，而且在当今更是被消费主义所鼓励，几乎没有披上“文明”这层面纱。

现在，已经完全清楚，主要的生理转化发生在雌性身上。对雌性来说，巨大革新发生在频率更高的性活动中。这一转化并不需要雄性的改变，自然已经为性活动的持续而将雄性装备好了。因此，雄性生活中的革新发生在他们的行为上，而不是他们的体质上，并且可以被称为“原始文化”。一旦文化的进化得以开始，它就会与自然进化协同工作，甚至将其抛在后面，剥夺其空间，因为文化进化的速度远比自然进化的速度快。无论如何，这两种进化形式在形成家庭的熔炉里，共同存在了相当长的一段时间。这一自然与文化的进化熔接在一起的史前时代，也是第一次将夫妇结合在一起的时期。

自然选择通常可以认为是在减少不利的自然变化，同时鼓励其他同样自然的、更有利的改变。但在这一点上，事情发生了变化，而且确实已经开始追求一种处于进化的支配之外的进程，在最有利的变化这个意义上——有“父性”的雄性——在自然界是根本不存在的。父亲的存在需要目的，因此，不管有多原始，需要心理的存在。

在提到雄性类人猿（特别是那些与我们最接近的类人猿）之间的竞争时，我们推测这也许是心智集中的障碍，因而也是通向文明道路的阻碍。因此，现在很自然地可以想象，一夫一妻制的发明——一种分配雌性的方式，一种由此将雄性从他们对交配的不断沉迷中解放出来的方式——很可能标志着雄性能够利用能量来开发文明所需要的制度与工具的开端。从这一角度来看，雄性回到同一个伴侣的身边，不仅是简单地遵守文明化社会行为的最初规定，还创造了构建文明的心理条件。同时，他们总是回到同一个雌性身边，雄性也开始建构一种父亲—孩子的关系，而这是大自然所忽视的。

非一夫一妻制的动物物种的雄性有意地避免攻击同物种的幼仔，但也不会做任何事情来促进其生存。对于雄性父亲来说，幼仔可以被称为“非主体”。但在心理体验刚开始出现时，幼仔不再仅仅是雄性尽最大努力去忽视的无价值之物，反过来，变成了一种存在。在意识到生理父性之前的久远年代，父亲已经开始把幼仔看成潜在的优异存在，仅仅是因为见证了其成长与学习的过程。观察孩子成长的成人不再仅仅是母亲。幼仔是自然的容器，拥有明天的意象，在一个超越现在的地方，刚开始形成的心理开始知觉其存在。因此，孩子是最合适的书写板，心灵可以在上面演算最初的算术。与孩子的关系帮助雄性发展了一个更为复杂的大脑，而这反过来又变成自然选择制造出更多表现出父性态度的雄性之过程的一部分。

由此，他们的基因特征传递到下一代，与父辈老式的、不稳定的性活动相比，他们有着更频繁的性活动。随着武器的开发，这些老式的父亲，在他们为雌性而发起的战斗中，会更经常地将对手置于死地，而不是将他们赶走。正如洛仑兹（Lorenz）指出的，只有那些长有突出的门牙、角或危险的爪子的动物，才有一种抑制生理反应的机制，以避免它们在与本物种的其他成员进行惯常的竞争时互相杀害；而其他动物（就像人类）没有装备好这些自然导致伤害的方式，也摆脱了完全表达他们攻击性的本能抑制。

在对这一自然选择的表达中，一夫多妻的雄性也相应地将他们的基因特性浸没在相互的血液池中，而那些幸存下来的雄性有着从最初的族群被驱逐出去的危险，这一最初的族群拒绝忍受他们过分的暴力。

其他那些完全相反的雄性，是宇宙将来的统治者，因为他们知道怎样控制即时满足的本能——与其对手有关的进攻本能，与雌性有关的性本能——这有利于一种按照计划而进行的生活：一种更丰富的生活，但较少冲动。这就是典型父性特征之基础的一部分。我们在整个父性的历史中，一次又一次地发现了这一态度。

雄性为了能够抵达这一阶段，他们的心智活动不得不变得更加复杂，奋力向前看，并获得在某种抽象水平上进行运算的能力。尽管不是那么清晰，他们还是不得不形成了养育家庭、停止攻击其同辈的意图。正如性欲已经偏离原有的方向，有了新的功能，进攻性也是如此。它的表达方式不再无休止地围绕雌性进行竞争，而是猎捕，而猎捕也不仅是一种新营养的财富之源，更是一种使合作能力趋向完美的实验。

早在其被编撰到任何法律制度中之前，一夫一妻制就成了赢得生存这场战争的武器。

第五章　露茜长大了

我们从未漠视过异性之间相互比较的方式。性别的二态性不仅与动物学有关，也与心理学有关。

性别的二态性是同种生物不同性别间差异的问题，而最明显的差别通常是大小的差异。在某些鱼类中，雌性比雄性大得多，而这种情况即使在土狼这样的哺乳动物中也很少见，若是我们人类，对此甚至会略微感到有些不自在。像大猩猩那样雄性比雌性大得多的情况，在任何情况下都使人安心得多。

一般来说，在一夫多妻的生物中，雌性比雄性小，此时，在所有的情况下，雄性都要争夺交配的优先权。雄海象是雌海象的4倍，在交配季节，它们在激烈的争斗中互相攻击，而胜者可享受由12~40个伴侣组成的春闺后院。

显而易见，二态性与一夫多妻的盛行程度成正比增长。雄性战争中的胜利属于那些身体强壮者，因而也是那些体型较大者，而且这些胜利者几乎独占了该种族的生殖繁衍：4％的雄海象占据了海象80%的交配关系。因此，每一代身体强壮的雄性遗传基因就会遗传给下一代。而在雌性中就没有相似的情况发生。

与人类关系非常密切的类人猿明显就是一夫多妻制，同样极具二态性。雄性的体重比雌性重得多：黑猩猩大约重30%以上，猩猩重50%~100%，而大猩猩甚至达到了100%以上。

因此，追寻人类一夫一妻制起源的大约日期之尝试，可以通过比较见证了人类从类人猿向人类转变的时代之男性、女性身体而定。

最近发现的少量南方古猿的骸骨中，最完整的一具叫露茜，即使在普通大众中她也很有名。她大约20岁，其生活的年代大约可追溯到320万年前。她靠双腿行走（尽管她的骨架结构和现在的我们有区别），她站立时身高大约1米，体重25~30千克。在发现露茜的非洲东南部，还找到了大约处于同一时期的大量个体骸骨，男、女都有。尽管对他们是否都属于同一类的原始人类还存在疑问，但人们仍然假设男性已多少达到我们现在人类的体重，接近露茜和其他女性的两倍。如果情况属实，他们的二态性就和大猩猩相同，大猩猩是人类近亲中身材最高的物种。因此，到那时为止，在自然选择的过程中，男性的竞争一定是一种主要因素。如果一夫一妻制出现了，那也只是在近代才出现的，或者只是偶尔为之。

在随后的数百万年间——即在从露茜向我们进化的那些岁月里——男女两性的身体似乎在不同的时期经历了几次连续变化（女性体型的增大，男、女两性体型都增大，男性体型的缩小，等等），但总的影响是二态性的缩小。人们进一步注意到，在最近数十万年中，男性和女性的身材似乎非常明显地越来越相似。

现在的男人比女人重15%~20%，这意味着一夫一妻制已在人类中盛行很长一段时间了，因为人类的进化必定经历了男性竞争减少这一漫长时期。身材矮小的男人也一定有自己的孩子，而男性和女性身材的差异也在逐渐减少。

即使这样的数据是间接获得的，且必须相当谨慎地加以处理，它也能告诉我们很多有趣的事情并有多重含义。

首先，它似乎确定了家庭的出现及其所包含的心理生活的开始，可能都是与身体的进化一同发展的。

其次，我们在此发现的化石证明了“与女性身体相比，男性身体所经历的变化较少”这一假设。而男性经历自然选择的程度较低，反过来又意味着男性竞争的减少。但是，生活发生了急剧的变化，这又等于说男性所经历的转变，在这个时期就已经主要是心理上的变化了。在某种意义上，就如我们所看到的，女性生来进化程度就高得多，就以在类人猿中发现的事实为例，其雌性的行为并不完全受本能的支配。相反地，就交配和滥交来说，雄性进化的程度较低，而且继续受更复杂的相互矛盾的本性支配。他采用新型进化形式来弥补其不利条件。

再次，这一时期可能也引起了将人类和动物区别开来的第三次伟大创新：争夺伴侣的竞争不再完全在男性中展开，在女性中也出现了。由男性进化为父亲是一个困难重重的过程，而且并不是每个人都必定能马上实现这个愿望。直到现在，这一进化还远远没有完成。我们还可以想象，男性富于攻击性的表现也使他们的死亡率比女性高得多。由于这两个因素，女性逐渐发现一夫一妻制中男性的数量不足：需求大于供给。

所以，即使一夫一妻制给男性提出了调和与社会行为和本能的难题，它也为男性最基本的社会和心理转化开辟了道路。数量过多的、毫无用处的男性，连同他们的孤独状态一起消失了。突然（如果在讨论漫长的进化过程时可以使用这个词的话），人们的生活变得很有意义。然而孤独的问题又开始困扰另一半人。如果一切顺利的话，在养育和保护孩子方面，女性此时可以依赖伴侣的帮助。但那些仍然没有伴侣的女性会非常不利——数百万年以前就已经和现在一样了。她的孩子们会面临更大的危险，而且活下来的机会低得多。

二态性不仅是生理学的问题，它的适应范围也不仅局限于史前时代。它同时也是心理学的问题，并且是我们现在生活的一部分。

只是到了最近，男性的理想才又集中在身体力量方面。千真万确，在古希腊的开端，尤利西斯这一形象在西方世界的流行度很高。但这也显示他是多么特殊，也相当复杂，从而使我们认为荷马，这个塑造了一流传数千年的人物的人既是一个诗人，也是一个预言家。尤利西斯是一个具有非凡头脑的伟大典范。到启蒙运动时期，即现代社会的开端，唯物主义的英雄主义是最主要的理想男性的标志。

现在，当在男性中盛行的，作为工具使用的智慧和文化变得越来越复杂时，寻找身体的支柱这一复古的诱惑可能会非常强烈，这一点体育馆的经理人、连环漫画的作者都非常清楚，他们利用这种复古的简单化倾向发大财。这个男人有权拥有那个女人，因为他比其他男人强壮，而且这种强壮是她不可比拟的。

基本上，这种没有解决的矛盾心理不仅明确表现于尤利西斯和独眼巨人波吕斐摩斯的搏斗中，也明确表现于人猿泰山和现代社会的普通人的斗争中。现在，这种矛盾心理与其说是揭示了社会上的观点分歧，还不如说是暴露了男性之间的冲突：不仅是智慧和力量的冲突，也是专制政治和教化之前的男性性格的冲突。实际上，古生物学凭借专制政治之前的特性已经向我们揭示了古代男性性格的强壮性和二态性。总而言之，将人猿泰山（这个继续游弋在大众想象和集体无意识中的猿人）看成只对性有兴趣的男性性格的代表，这种简单归纳确有几分正确性。在男性心灵的深处，史前时代的冲突仍没有解决，这种无力克服冲突的内在心理在外部世界也有对应物。这种矛盾心理其实就是“父亲的悖论”的来源，它一方面要求他作为一个道德行为的典范，同时又有纯粹的和无法战胜的能力去应对灾难。

以尤利西斯为典型，男性在力量、权力和野心，以及随后的某些智力活动中的专业性，将我们带回到在每一个已知的人类社会的男女活动中都能找到的性别之间十分显著的差别上。只是在近期，只是在富庶的国家，这类差别才开始缩小。

人们经常猜测，以性别为基础的社会劳动分工的来源与性别之间的生理差异有关，并以此为基础建构了一幅人类形成之前的情况扩展图。然而，动物只是在相当有限的程度上遵循这样的差别，而人类却完全遵守。在成群狩猎时，肉食动物可能会制定某些雄性和雌性的角色（以狮子为例，雄狮通常驱赶和威胁猎物，而雌狮则杀死猎物），但它们都能够杀死猎物。而在人类社会，武器都是为男性准备的。这样一个明显而尖锐的差别似乎源于文化标准，或简而言之，这是某种文化设想的方式。

旧石器时代的后半期——距今几万年前，那时智人看起来就与我们现在的人相差无几——以性别为基础的角色分工似乎就已经存在了，只是并不明显。但到历史文明发端时，角色的分工就广泛流行了：宗教活动和神职职位通常是为男人保留的。因此，很可能最根本的以性别为基础的劳动分工是相对晚近才产生的，而且也许是伴随史前历史向历史文明的转变而产生的。它在男性和女性之间主要身体差异消失时产生，这使我们推测导致这一分工的生物因素没那么重要，相反，其心理起源则越来越重要。大自然消除了男性和女性之间最显著的身体差异，而文明的进程发现有必要创造、重提并坚持除生理之外的其他领域的活动。这种发展的原因是什么呢？

我们必须回到心理层面以建立平衡，这是它发生作用的一个基本部分。由此，心理建立了一种自然平衡的条件，它允许头脑去探索外在世界，同时也继续发展自己，但总是有回归休息状态的可能：白天旅行，晚上回家；珍惜自己的发现但又阻止旅行的自我完结，并因此阻止自己变得空虚。

可以说，我们对新空间的占有，就像人类先驱越来越大胆的狩猎活动一样，逐渐完全地成为男性的活动，而且我们能在很大程度上将它的发展想象成是伴随一夫一妻制的产生和男性担当起父亲身份这一过程而产生的。这些相应的新奇事物——一方面发生在家庭内，另一方面与外部世界有关——似乎暗示着一个活跃的转变过程，这个转变既是心理的，也是社会性的。他们对新空间的探索——掠夺不仅使他们更远离他们的居住地，同样也越来越长地中断了他们与所熟悉的习惯的联系——也让男性对女性有了更新奇的发现，或者说发现女性不只是一种可以交配的动物。

男性也逐渐与自己的后代亲近起来，或者说是与自己的“家庭”亲密起来。家庭不再只是他们后代的容身之处这一简单概念了。但正如对新地理区域的开拓伴随人们对死亡和迷失的害怕（一种全新的心理和生存危险，这种危险甚至超过成为狮子的猎物），人们发现未曾开拓的私密的个人空间，以及与其他人、与女性伴侣的亲密交往和共生共栖，都使男性产生一种苦恼的感觉：他们正在萌芽的自我可能会消失，并与最近才进入他们生活的神秘的“你”无法区分。一般而言，与抚养孩子的女性不同，男性对共生共栖的认识非常有限：那只不过是对他自己被抚养时的一种模糊回忆；也就是说，那只是一种他受到完全照顾的环境，这种印象很模糊，几乎可以说是毫无意义的。共生共栖对男性来说，无异于与其他生物最初的融合状态，而他们自己必须摆脱这种状态，健康地成长并获得自己的个性。

很明显，这样的假设也使我们暴露在一种危险中：即认为我们对现代男性的感情知之甚多。但是，当下的高离婚率和青少年反叛——可以解释为对威胁个性的共生共栖的拒绝——使我们自然而然地认为，摇摆不定的个人身份感——而且这一身份感才开始形成——除开身体的亲热之外，必定是夫妻之间最初经历的一部分。我们必须猜测这种充满痛苦的矛盾心理。一方面，发现一种全新的交流范围：与伴侣交流的不断加深不仅增加了强烈的生存感，而且使双方更了解自己。另一方面，对融合的恐惧会在顷刻间完全消除那种在与伴侣的更亲密接触中培养起来的个性。如果我们将颜色完全不同的两滴水——譬如红色和蓝色——靠近放着，我们就能更好地进行比较，因而观察到它们的特点。但是有一条界线我们不能越过：将这两滴水融合成一滴，将出现一种朦胧的紫罗兰色，而且再也不能将之分离成红色和蓝色的水滴了。这样马上就完全破坏了以前所建立起来的明确界限。

此刻，男性向女性靠拢——当然是为了性，但也不仅是为了性——他们逐渐发现了她的存在给他带来的乐趣，有了养活她和他们的下一代的期望，同时他们也必须寻找新的方法，在新的条件下保持自身的平衡。他必须找到一个避难之所，在那里他与所有这一切新出现的事物和睦相处。他的任务就是组成家庭而不是融合在家庭之中；他必须学会如何进行心灵对话——发生在家庭中的事情远比在空阔的大草原狩猎更不可预测——并保持他完全的独立性。通过他作为探险家的谨慎部署，他就能把自己托付给这种新的关系。

很可能，这就是为什么文化最初的一些表现形式都是男性化的，并无意识地保护男性身份认同且将男性和女性分开。直到现在，男性比女性更明显地害怕表现出属于另一性别的典型特征行为。他们对有柔弱之嫌的行为一概避免。因此，文化最初要表达的就是对女性的憎恶，其侧面就是神经症和迷信：以性别为基础的劳动分工似乎就是文化起源的一部分。在当代文明中，这种纠缠仍然存在，憎恨女性不是文化的简单、偶尔的构成因素，而是一种结构性的因素。看看风流浪荡子和女色情狂——能强烈感觉到性别吸引的两种表现形式——我们发现前者更有可能被指控为歧视另一个性别，以及具有潜在的同性恋倾向。

还有另外一个原因说明为什么一夫一妻制的产生会成为缺乏自信的基础，即使它标志着一种亲缘关系的开始。最早的社会分类是在互惠互利的基础上产生的，并禁止男性间的竞争。这些原始人类面临一个全新的困难任务：控制自己的侵略性。

事实上，侵略性被逐渐并入狩猎活动中，而这又增加了男性对争斗的需要。

杀戮已成为男性独有的活动，而且我们有理由假设在他们更精确地执行这项任务时，人类发现了最初的意识形式。男性建立起深切的血缘关系，也是伴随着一种奇怪的巧合：几乎在同一时刻，进化适时地使人类比动物流出更多、更显眼的经血。

远离这种人们既憎恶却又必须喜欢的液体——猎物失血会带来生命，而人类失血只会导致死亡——这一神秘的需要可能导致了最初憎恨女性的迷信和以性别为基础的劳动分工。经血也可能让男性将女性视为与他们所猎获的动物多少有些相似的东西：她们是受伤者、牺牲者、失败者，既令人恐惧又令人尊敬。今天，我们将这种矛盾的感觉视作对某种禁忌的补偿。当时，人们越来越明显地感觉到女性的相异性——促使祭典的出现和男女进行任务分工，男性必定会逐渐将这种相异性看成是低人一等的，这种观念后来为亚里士多德所承认并成为整部现代世界史的有机组成部分。这种托词让他们解释了其最难理解的女性特征，同时也帮他们克服了相异性所带来的焦虑感，并产生了一种优越感。

我们已经注意到，由四肢行走的动物向人类转化的过程也是女性获得性高潮的过程。这是一种身体现象，但同时——女性比男性普遍得多——在很多方面这样解释显得证据不足。这一过程受到文化条件的支配，而且总是依赖一定的心理因素。总而言之，这一进化的变革既不牢固，年代也不久远。确实，女性性高潮似乎不太可能从我们远古的动物身份中找到起源——灵长类动物几乎没有性高潮，相反，应该将性高潮看成是从不太遥远的过去进化来的。在形成稳定的夫妻关系的急剧变革时期，女性所经历的共生共栖使她从男性那里吸收到这样一种性行为的特征。这种向伴侣逐渐靠近的方式本身就是一种革新，由伴侣苦心经营的心灵生活引发。

在进化过程中，同一物种的男性和女性彼此间越来越相似并不是完全没有先例的。但像这样一种以心理维度为先决条件的发展，肯定是史无前例的。就夫妻关系而言，它能循环起作用，它本身既是发展的结果，而当进一步发展时，它又可能是发展的原因。对雌性类人猿而言，没有性高潮，而对人类而言，性高潮成为可能，但它是否能发生要视她的心理情况而定。

和动物一样，人类男性的性高潮也是其履行功能的条件之一：没有性高潮，就不会射精，因此也不会繁衍后代。男人必须有愉悦的性经历才有可能做父亲。但女性做母亲的情况全然不是这样。有人断言，女性性高潮的出现原因在于这能令男性满足。但这真正的意思是什么呢？男性自身的性高潮已给他们带来了身体上的满足，而且并不会因为女性性高潮的出现而改变。男性任何新出现的或额外的满足感完全是心理上的，而且可能与攻击行为的升华有关。男性被迫牺牲并改变他们的攻击冲动，而就在同时，他们与女性联系的纽带越来越强，这使他们产生了一种越来越强的矛盾心理和害怕失去控制的恐惧。因此，种种可能，比如女性可能沉溺于这种关系并死在他的怀里，女性可能就是失去控制并迷失方向的人，这都是有价值的，能带来一种攻击性得到升华的满足感。这是一种强烈的象征性体验，让他们重获一种主宰一切的感觉。直到现在，将男性和女性，也许还有雄性动物的性行为区别开来的特点就是性虐狂这个因素。它发生的频率如此之高，发生的环境如此之广，人们不禁想到它绝不只是偶然的变形，而是男性性行为的广泛心理结构的组成部分。

对男性霸权的史前史研究很可能会让我们忽视两性之间身体上的差异（人类之间的性别差异远没有动物之间那样明显），以及女性性高潮的出现，而这一出现终止了动物性行为的简单性。从那时起，人类的性行为就达到了某种心理层面而不再是身体释放这么一个简单的问题了：它成了两个心灵个体间的交流和对抗行为。人们是否纵情于这种性经验，实际上都是在不断地表达这种对抗。这一对抗现在依然存在。性行为心理维度的复杂性和身体行为不同，永远也不会被任何一种单一行为消耗殆尽，它属于一种连续行为，记忆只是其中的一部分。它不是由感觉，而主要受期望和心理意象指引。类人猿那种性行为的偶然性本质此刻已经完全被抛弃了。

在这里，我们要转向两性进化中的一个重要方面：在身体的二态性逐渐减少的进化过程中，她的身体越来越像他的，同样女性的性行为也越来越与男性相似。而男性也许会将他的霸权转移到某个非物质层面，从而重建他与女性的距离。他感受到与他距离越来越近的女性魅力，但当他开始感觉到她的深不可测时，她却又变得越来越神秘。同时，他越来越恐惧地感觉到：她可能会污染他，他可能会成为她的牺牲品，女性已逐渐获得人性并仍然与自然保持和谐，同样地，她可能会将他拉回自然，吞没他刚刚萌芽的意识；而另一方面，他为了使自己成为人，必须反自然而行，驯服他们天生的攻击性。所以这一切都让他们强调自己与女性不同的方面，而同时——既然他不能拒绝男女之间彼此的相互吸引，或者相互依靠——又将自己与女性绑在一起，接受其互补性。

男性打猎，女性采集蔬果，此时蔬果还没有被人工栽培（农业及与之有关的技术、社会和宗教进化，在几千年之前才出现）。这一切都让我们相信这两种基本的活动——数百万年间原始人类的主要活动——是相互分离的，尽管他们互相依靠，而且可能已经形成了惯例，因为在当今的某些人群中，相似的经济活动仍然保持着。

是什么阻碍了那些在某几个季节或在捕获了丰盛的猎物之后有休息时间的男性狩猎者加入女性采集活动中去？因她们要照顾后代，在任何时候其时间和流动性都受到限制？完全基于物质环境来解释是不够的。答案就在象征领域之中。女性接触自然的方式，那种探索自然的持续的、亲近的方式——从不像男性狩猎者那样对抗自然、攻击自然或者破坏自然——却是男性所怀疑的。男性试图建立并遵循自己的规则，展示自己的力量来战胜自然：让动物流血、缩短动物的生命令他们洋洋得意，同时也是自我意识的萌芽。女性则是无偿地流掉自己身上的血并孕育生命，却不需要有明显努力。这种顺从自然的方式被指控充满污染：她与大自然的和谐可能会受到敬佩，但并不会被模仿。

男性和女性的关系因此变得越来越复杂，既相互熟悉又相互分离。心理开始发挥作用：矛盾开始出现，但又必须得到包容。自太古时代以来，在每种文化中，男性和女性既是情人又是敌人。文学和其他形式的作品都展示了这种悖论：伴侣希望尽可能地调查并了解对方；而他们常常感觉到已经互相了解了。两性彻底的分离和他们最初的融合都是源于同一种无意识幻想。这是一个男性象征的世界。柏拉图和所有古希腊的思想家一样是男性，他的《会饮篇》（*Symposium*）涉及这些最广为人知的传统幻想：人类最开始连性别都不明确；宙斯作为父系权力和权威的原型，猛烈地将他们分成两半。从那以后，这两半人都急切地寻找另一半，总是怀念那失去的另一半。

类人猿向人类的转化与其说是一个简单的身体发育，还不如说主要是两性关系的转变。好奇心将人类祖先和动物分开，首先导致了伴侣间新鲜而复杂的经验。综观“从猿到人”这个时期，比较人类和大猩猩的骨骼远没有比较人类和大猩猩的伴侣关系有趣。

迄今为止，我们对一直引导我们的新颖性的需求远不止是需要了解新知识和新事物。人类和动物之间的一个更有意义的区别在于人类与异族通婚，或者说作为一般规律，人们不在自己出生的家族内寻找伴侣，而必须在其他群体中寻找。异族通婚结束了在家族内交配的动物性行为。

求新、求异刺激了优生——遗传特征的重新分布和更新——使自然从无性繁殖过渡到两性之间的交配繁殖。优生还促成了更多发展：它使人们产生多样化的需要，从严格的生理层次过渡到心理层次。人类典型的幼态持续（对成长的不断渴求，像孩子一样的好奇心）现在都可以在社会组织的结构中找到诠释。这标志着最能界定人类的特征开始形成，而其结果则越来越难以估计。探索、发现、对新事物的追求，是精神生活所赋予的伟大变革，而且它所适应的范围延伸到狩猎和其他经济活动以外的活动，也包括将单一的性行为转化为对性的热衷和渴望。直到现在，最富激情的恋爱经历就发生在不同宗族、不同文化和不同种族的人们之间：罗密欧们和朱丽叶们。这一座跨文化的桥梁就是融合不同事物、不断完善自己需求的延伸：在本质上，这种需求是在寻找异性的过程中表现出来的。

与同宗同族通婚相比，与异族通婚提供了生理和心理上的无限吸引力。即使在原始社会，与不同部落的人通婚也有极大的好处，它打开了通往不同世界的大门。除开遗传特征的更新和重组，它还产生了新的魅力，扩展了智慧，并成倍增加了可供使用的工具和方法的数量。在今天的社会，夫妻出身越不相同，越有优势。各种各样的研究表明，人们并不是很乐意与从小一同长大的同学或者有着相同背景的人结婚。有相同经历的人们结婚后，离婚的可能性也较高。所有这一切都源于我们普遍被新事物和互补的事物吸引，只是到了某种程度人们才开始将不同的事物看成魔鬼，憎恶才成为大量矛盾心理中最主要的感觉。

异族通婚作为一种革命性的变革，将心理学从动物学中分离出来，但这一概念很不为人所熟知。人类学家和精神分析学家主要谈到它的禁忌性——对性关系的禁忌和限制——我们将它称为乱伦禁忌。但异族通婚的本质是惯例性的，正如惯例是所有戒律中最重要的部分。它将交配的肉体形式提升到精神形式，使之成为一种规则。人可以被称为本身具有较高层次的异族通婚准则的动物，这不仅表现在两性关系上，还表现在其整个知识范围上。

异族通婚是最普遍、最基本的交配规则，因此人类学研究将它视为人类社会的共性。但男性和女性遵循该规则的方式不同，这个事实对我们现在所研究的主题有特殊意义。在从动物进化到人类的某个转折点上，异族通婚出现了，它建立了两性间关系的规则，同时也使人们对他们之间的根本区别感到放心。

即使动物之间，它们对相异性和新奇性的某种兴趣似乎也影响着性别间的相互吸引。好奇激起了学习兴趣。在性行为方面，也进一步促进了遗传基因的更广泛传播，这对数量有限的动物和濒临绝种的动物有极为重要的意义。这种趋势没有界限，这与物种本身划定的界限不同，过了某一临界点后，它就开始衰落，进一步的性行为只会导致不育。骡子（一种生存能力很强的动物，但不可能有后代）就是一个异族通婚的尝试，自然对此并没有进一步的意图。动物之间异族通婚的禁忌性——所谓的乱伦禁忌——就是它们对与之有较长时间身体接触的个体缺乏发生性关系的兴趣。如果在相当长的一段时间，哺乳动物哺养自己的孩子，那么儿子很有可能不会与母亲交配，甚至不会与跟它一起长大的姐妹交配，类人猿尤其如此。在动物中，与母亲有关的异族通婚已经存在，并不需要禁止其本能冲动。因此，对这种形式的异族通婚，人类社会只是加以简单利用，而不是创造。

但父亲的情况完全不同。就与人类关系最近的动物而言，我们已经注意到，雄性只是概念上的父亲。它对自己与后代的关系没有一点了解，它与后代能维持任何一种形式的关系，包括性关系。

跟与母亲有关的异族通婚不同，禁止与父亲发生性关系完全是人类社会所定的法律。这在动物世界没有先例，而当我们初次在人类社会发现这条规则时，它已经完全建立起来了。我们无从知道它的起源和发展。在西方文明史中，与父亲有关的异族通婚戒律和与母亲有关的异族通婚戒律一样是非常严格的。只是我们注意到，人们更经常地破坏它而已，但这也是其新近性和不稳定性的间接证明。我们可以想象，这条规则是人们违背自己的本能急切地制定出来的，它不是随着人类本能的进化而逐渐形成的。这里我们可以再次证明，从雌性动物进化到女性人类的进程有一定的连续性，而雄性动物进化到人类父亲却是跳跃性的，进程很艰难，直到现在还没有完善。

自然连续性的破裂和持续，可能确实是最能界定男性和女性进化之间区别的问题。自然在造就母亲时“没有任何飞跃”，而在造就父亲时确实存在这种飞跃。父亲似乎就是文化发源的标志。这种飞跃，更带有不可磨灭的、与自然背道而驰的痕迹：父亲将继续长时间地为这种行为付出代价。如果自然界没有与父亲有关的异族通婚，那么自然造就的父亲自然而然就是乱伦的。因此，这种非常令人不安的观察就成了破坏人类与自然联系的导火索。忠于文明可能就是男性做出的选择：远离动物习性、乱伦和缺乏目的与远见的行为。但在什么情况下拒绝本能才能建立一个文明的社会，却不破坏生存主体呢？

父亲形象和整个人类文明可能就源于这样一个悖论：我有欲望，但我会禁止自己的欲望。这一悖论——一种仍没有解决的矛盾心态——构建了这样一个模型且形塑了人类心理产生、运作的航行路线。在河岸成形之时，它开始流动、上涨。船和锚是同时建好的。

第二部分

神话和古典时期

第六章　父权制和母权制

父亲，在成为父亲时，也成为自己的儿子。
——赫拉克利特（Heraclitus）

这是最美妙的法律：服从父亲。
——埃斯库罗斯（Aeschylus）

没有父亲的人必定会编造一个父亲。
——尼采（Nietzsch）

有关父亲是否一直就是人类社会的统治者的争论已经进行了一个半世纪了。很多人坚持认为，在史前时代，在主宰西方世界历史的父权制出现之前，一直是母权制。

这可能是一个中性话题。最初的人类社会必定是一个女性统治的社会，这一概念通常是与提出这个观念的某些作者强烈的理想主义联系在一起的。巴霍芬（J.J.Bachofen, 1861）打算对法律的历史依据达成一个新的认识；摩尔根［H.L.Morgan,《易洛魁联盟》（*The Leogue of Iroguois*），1851；《人类家族的血亲》（*Systems of Consanguinity*），1871；《古代社会》（*Ancient Society*），1877］是最早为捍卫土著居民的权利发言的人之一；恩格斯和马克思一起为了工人阶级的解放而奋斗；诺伊曼（1956）从分析心理学的观点出发，重新诠释了史前时代；金布塔斯（M.Gimbutas, 1989）致力于对欧洲文化中女性基质的重新评价，并对此做了大量研究。所有这些学者都由超出自己专业领域的兴趣所激励，他们都坚定地反对父权制文化中那种典型的攻击性。

该话题除了激起从事这一研究的学者提出的强有力的观点，还唤起了读者的强烈感情。人类社会是起源于苏美尔人还是阿卡得人，这样的讨论并不能触发人们任何特别的回忆，也根本不可能激起我们最强烈的感情。但是，我们每个人都可以把我们对父权制和母权制的抽象印象与对真正的男人和女人的真实记忆联系起来。将这两者联系起来的记忆确实深植于我们的头脑中，我们没有能力凭自己的意识或意志来唤醒它们，也就是说，它们对我们判断力的影响无处不在。我们在这里讨论的话题甚至能点燃那些对此一无所知的人的激情：我们对祖辈的兴趣是情绪化的，不是理智的。

对母权制的假设并不一定就是女权主义的观点，女性也可能持另外的立场。金布塔斯和迈尔－塞特勒（C. Meier-Seethaler）提到了由女性统治的古代社会，而西蒙·波伏娃（Simone de Beauvior）、巴丹泰（E. E. Badinter）和许多像伊达·马利（Ida Magli）及朱迪塔·洛·鲁索（Giuditta Lo Russo）这样的意大利人类学家则坚持认为，这样的文化并不存在。

这么多研究者坚持认为人类社会源于母系社会，那么这种热情的来源是什么呢？任何客观的迹象可能清楚地支持这种结论，但除开这些事实的考虑，人们强烈地捍卫该论题也可能是出于心理原因。我们无意识地把自己的经历和观点看成世界的中心，因此，我们穿越时空将历史和社会看成更高层次或更典型的个人经验。因为即使最强壮的人最初也是躺在母亲的怀抱中，人们有意将与文明相似的东西当作一个整体来描绘。

而另一方面，是哪些基本的记忆引导着人们认为人类文明自发源以来，一直是父系统治呢？这个问题的答案更加复杂，而且也可视为一种迹象，表明以父亲为中心和母亲为中心的心理因素——就像他们的身体关系一样——是完全不对称的。那些坚持认为人类社会的最初形式是父系统治的人，在陈述论点时很少怀着强烈的感情，或者说表现任何思想上的忠实。可以说，那些选择母系统治的人在陈述观点时怀着某种热情，而选择父系统治的人则毫无感情：他们只是冷漠地参考历史文献，不掺杂任何情感因素，也不明显地表现自己喜欢父亲超过喜欢母亲。但我们必须指出，这种推出客观结论的能力正是父亲素质的一部分，而父亲的部分任务就是把这个素质传给他的孩子们，并为他们长大成人做准备。那些倾向于父系统治是人类社会之最初形式的人可能已经认同了父亲的形象，尽管他们并没有对父系统治表现出特别的感情。通过表现典型的心智功能——这是父亲的特征，父亲的形象就间接地呈现出来了。

如果个人经历与“父亲优先于母亲”或“母亲优先于父亲”的理论偏好有心理联系的话，也不可能把这种联系想象成只有现代人才有。在原始社会中，这种联系肯定会有更大的力量，因为那时他们受无意识和神秘力量的影响比现代人大得多。文明最初的阶段也包括了人类自我描绘的起始阶段，或者说包括了人类认识自己的方式。因此，在史前时代（人类存在的开始），其行为模式尤其容易受原始意象（涉及每个个体的最初意象）的支配。每个人的人类生活的开始，不管是男性还是女性，都发生在那位仪态威严、比我们大得多的女性的阴影之下。这是一位名副其实的女王——母亲，她完全控制着孩子的身体。同样，我们推测在最初的社会核心开始形成时，母亲是整个社会的女王不是很自然而然的吗?

关于人类社会最初的类型，关于它是父系社会还是母系社会，我们有很多的假设，但所获得的真相极少。我们只能说，最复杂和高度发展的社会通常是那些以父权神话为中心的社会，和那些以父亲为主心骨的社会。这一社会在处理有效协作这个不断出现的问题时，努力维持社会的安定。然而，不幸的是，无论如何我们都不能简单地颠倒这种推理程序，得出与现代西方世界不同的结论，说最初的社会权力在母亲手里。我们能说的结论是，在现存的数量有限的低级社会中，父亲在抚养和保护孩子方面特别积极。

许多研究最古老的历史社会（historical societies）并评价最简单的现存原始文化的作者并没有找到任何令人信服的原始母系统治的线索。通过对缺乏重要证据的历史社会的重建，对西方语言的研究似乎也得出了相同的结论。表明亲属关系的词，比如“父亲”“母亲”，都是在语言的变化过程中非常固定的词，在有着共同起源的语言中容易辨别的词。在对印—欧语系的比较研究中，亲属关系词语不仅揭示了他们共同的起源，而且指向共同的家庭模式；那种模式表明家庭既是父系居住的（婚后居住在男方）又是父亲统治的。

如果母系统治存在过，那也必须追溯到最遥远的时代，追溯到印—欧语系出现前的文化。

如果动物社会是出发点，在追溯由动物社会逐步向人类文明形式过渡的时候，我们发现，即使在与人类关系最近的类人猿中，家庭中的权力也是由男性把持的，即使女性经常成功地挑战他们的权威。因此，为什么连接两端的（最早的人类和与我们亲缘最近的动物）、已经缺失的桥梁，必须具有母系社会的特征呢？

与原始母系统治有关的假设都将注意力转向还没有人类历史记载的时期，因此它们所能提供的不过就是对我们知之甚少的社会的一种间接重构。在西欧旧石器时代的后期［奥里尼雅克时期，尤其是格拉维特时期和梭鲁特时期，更明显的是在中东和地中海沿岸国家的新石器时代，墙上的人类图像和雕塑大多数都是妇女。大腿、胸部和其他与女性生殖能力有关的身体器官通常都画得很大，而头、手和脚（如果没有被完全忽略的话）却画得很小。这导致了一种理论，即在这些特定时期，女性的生殖能力可能将她们提升到一个非常重要的地位，因而她们一定是被当成了女神的化身。

这种理论推测农业的出现提升了女性的地位，而在以前的狩猎和采集社会中，女性就已与植物和多产产生了关联。因此母系社会的黄金时期（或者，也许更现实地说，是男性和女性完全平等的社会）也许就发生在见证了根植于农业或其他任何迅速发展新鲜事物的新经济发展和传播的时期。伟大的母系统治就发生在由旧石器时代向新石器时代转化的时期：戈登・切尔德（Gordon Childe）和赫尔曼·马勒－卡尔普（Herman Muller-Karpe）将这一时期称为酝酿了人类历史上最伟大和最彻底之变革的时期。

其他人告诉我们，父系社会的形成可追溯到近得多的时期，这是历史社会的开端，父亲在妊娠中的作用第一次被发现。事实上，在20世纪早期，我们对许多原始人的角色仍不是很清楚。

但是，我们怎能得出这些史前女性的形象都是神之化身的结论呢？有人坚持认为，这些拟化的神是后来才出现的。在这种情况下，这些人可能就是些普通女性，在她们生活和死去的地方留下肖像以示纪念。大量的女性形象和少量的男性形象出现的原因，可能在于两性主要的居住地不同的缘故。女性居住在洞穴中相对稳定的地方，后来又居住在农业定居点，而男性通常追逐猎物漂泊不定。因此，他们执行任务的地方和死亡的地方也变化不定，而且他们的尸体也只是偶尔才会有仪式祭奠。也许“隐形父亲”这一现象在远古时期已经为人所熟知，就像我们现在观察到的一样。其部分原因在于父亲们所执行的任务的复杂性（一项现代研究揭示，父亲和孩子之间缺乏联系的结论必须修改，因为随后的调查表明，当父亲在晚上回家后，当社会工作者回家后，家庭成员相互间有交流活动）。

即使那些提出原始母系统治存在的学者（近期和过去一样）发表了一系列有趣的论断，但大多数新近获得的信息都支持一个相反的假设：从文明社会一开始，父系统治就一直在社会生活中占主要地位。某些时期留下了大量清晰的女性形象这一事实，远不能证明与之相反的结论。现代人不太精通心理思维，只能通过对事物表面的理解来弥补，以数量的多少来看待这些史前的形象：大量的女性形象使我们想象女性一定拥有很大的权力。但在某一特定社会经常发现某些形象，并不一定描绘社会实际的运作方式，也不能说明它权力平衡的根基。用艾兰德（Elidade）的术语来说，那些不能说明其所处社会信息的形象，是“语义不明”的。

史前艺术也充斥着某些动物的形象，肯定没有人得出结论说这些动物曾统治这一社会。如果单凭某一形象就能决断其在社会中扮演的角色，如果将我们现在的文明想象成新石器文化，不留下任何书面文字，那么，数千年后发掘出我们这个世界的图像的未来考古学家也能将自己想象成再次发现了一个母系统治的文明。性别特征相当明显的女性图片现在不仅在广告和高级大众杂志中占据主导地位，在官方图片中也如此，其象征意义很难逃过未来考古学家的眼睛：自由女神像和国家精神，崭新的硬币上轮廓凸现的大不列颠、玛利安娜和赫尔维蒂的肖像，就像人们对雅典娜女神的现代版诠释。雅典娜是古希腊最伟大的城市中最壮丽的寺庙中雕刻数量最多的肖像，而这座城市也以她的名字命名为雅典。但这种文化、这个国家、这个城市，甚至女神自己也必须服从父系统治，无法超越。

在根植于神话而非历史的文化中，雕塑和绘画都可能呈现出该神话所构想的幻想，而在很大程度上忽视了支配社会活动的真实的历史的人。即使迁怒于传统的历史学家，这种在文化象征艺术领域范围内的限制也不会真的困扰我们，如果我们的兴趣是研究心理学的历史的话。这种限制实际上将研究领域限定在那类我们恰好想要知道的事情上。我们不想利用考古学成果来得出谁占统治地位并引导历史进程的结论；相反，我们利用历史本身——不仅重新发掘历史文物，而且发掘出昨天的神话和今天的诠释——来理解是什么力量引导了想象。而且，如果这是我们的目的，那么我们就可以“透过事实看到幻想”。“历史给我们提供了通向想象的入口。”

如果西方历史发源时期的社会实际上是父系统治，那么，那些存在于族长头脑中的男子气概的典范似乎也是与数量巨大的、非常强壮的女性形象同时存在的。因此，甚至在人们怀疑母系统治是一种社会学现实的存在之时，我们也必须将这种过度存在的女性形象看成一种潜在的心理现实的暗示，对这一点我们必须予以恰当的考虑，而绝不可以低估它。或许在父系统治的早期——父亲控制家庭，正如他们控制着整个社会——只有承认将母亲纳入自己的控制是多么艰难，并使自己成为迷信崇拜的对象，才能维持自己的统治。对女性身体功能的盲目崇拜就等于对女性力量——自然的而非政治的力量的驱逐。这种力量可被描述为既脆弱又不确定，而男性统治刚刚才从中摆脱出来，女性仍继续作为父系统治既害怕又渴望的主要对象而出现。

我们完全忽视了叙述女性身体奇异的繁殖能力的“社会历史”这一章的特征，但是她们所讲述的故事肯定是“心理历史”的核心。她们谈到了妊娠的奇妙，也谈到了老是想着生产、繁殖和营养等主题的心理固着的情形。人们可能会好奇，在由狩猎和采集社会向农业社会过渡的漫长、艰难的时期，这些强烈的幻想是否可能与耕耘土地这种想法的“孕育”有关，因此也可能与把人的命运托付给自然生殖能力的冲动有关。这里，我们是否发现，通过对女性生殖力经常且迷信的庆祝，来诱导交感反应，以此激发自然的活力？当我们努力重构这种导致新发现的前提时，除了看到它最终产生的技术革新——这里指农业的实用技术——我们还必须找到我们的出发点，因为这样的革新超出了人们的思想范围。相反，其前提必须根据这个时期的信仰去寻找。如果这个时期的信念是伪造的，那么这么做就没有什么用。哥伦布想到达东印度群岛，而他对这一可能性的信心——信心与拘泥于事实的理性正相反——是通向未知之路的无意识渠道。

心理学不应该迷失在特定的考古学和人类学的细节问题之中，而应该从自己的观点出发，重新思考原始的母系统治可能存在的神话，把这个假设当作心理的幻想来看待。这一幻想直到现在仍存在于人们头脑中，因此，他们在研究某个时代时，会使之适应于他们自己的特定情绪，或赞成母系统治或赞成父系统治。在任何情况下，这些史前女性小雕像被要求呈现并探究妊娠幻想，即使是在男性的头脑中也如此。这个时代的思想是受生殖意象支配的，而这是清楚又明确的征兆：人类、人的境况和人的心理运作状况都渴望用这种方式复制自己，以此获得重生和传播繁衍，然后对其进行培养并使之茁壮成长。

对女性身体的观察能使那个时代中敏感的人们运用类比的方法而变得富于想象。他们开始酝酿妊娠的概念。那些模拟史前小雕像的肥胖身躯的幻想作品正观察和表达着它自身，它既是主体又是客体。即使该时代拒绝将自己称为母亲统治的时代，但其心理肯定是以女性为中心的。

不可避免的第一步——作为人类与环境交感反应的结果，作为观察的结果，也作为人内在对劳动成果的展望投射于外部世界的结果——是农业的出现。人们开始形成一种想法，即生产活动（“女性”的农业活动）可能取代杀戮活动（“男性”的狩猎活动）。红光满面、繁殖力强的“女神”形象不只是农业收成的简单象征：农业的诞生是被鼓励的、被诱导的，甚至是被迫的，很像一次神圣的妊娠。农业艺术的出现是想象力不断丰富的征兆和结果，而想象力注定会不断产生、发展和壮大。我们无法知道这些被当作圣物崇拜的小雕像是否就是女神的化身，但我们确实知道她们是神秘的、能产生创造行为。

第二步发生在新石器时代的鼎盛时期，这是一个前所未见的伟大革新时期，开创了文明的进程，并渴望得到无限的发展。人们的思想跨过了幼稚的门槛，而且由于对农业收成的不满足，他们决定将未来整个生命致力于发展、开拓和无止境的生产。进入新石器时代后，人们再也不能接受静止不变的生活了。

人们的思想开始受富于繁殖力的神秘主题所支配。而且，繁殖力不仅表现在雕刻的形象上，还表现在生产行动上。创造的力量已经不再被认为完全存在于自然之中，头脑已经成为其主要的活动区域。人类的精神成就和超越感——因而也是大脑能进行更高级、更抽象之活动的能力——据说可追溯到人类不再简单地埋葬死者，而是举行仪式祭奠他们的时刻。但是，精神生活的开始也始于这样的时刻：人们开始关心出生问题和奉献行为；人们开始提出各种问题，比如死后变成什么样子？出生前是什么样子？什么力量将我们带到了这个世界？

事实上，祭奠死者可追溯到很早以前：生活在旧石器时代后期的尼安德特人就已经有了这一仪式。不过，即便发明了祭奠死者的仪式，数十万年来人们的处境仍没有改变。而自从人们崇拜多产，由此也崇拜出生和传宗接代、崇拜出身和发展，此后的情况就完全不同了。人们对生产的普遍渴望在人类活动的每个领域都打上了深深的烙印，此时对传宗接代的崇拜产生了。这是一个标志性的时代，标志着“人类的事务”而非单纯的“动物的事务”出现了。新石器时期的人们满脑子都是繁殖这一概念，这也说明了人们已逐渐接受了这一概念。土地富饶多产，人们的生活也富有创造力。因为书面语言仍未出现，这一神秘现象就用最富意义的表意文字记录下来：丰饶多产的女性身体。而塑造它的人很可能就是男性。

我们不知道父系社会是在什么时候稳固建立起来的，我们也不能说农业社会是否就是母系家族的发明。我们不打算重建人类社会的历史，也不想重构社会的技术和经济结构；我们只对人类的心理感兴趣。从这个观点出发，我们想象当男性身份向父亲身份转变时，男性开始意识到他们的权力——也许还会坚持自己的权力——而当他们直观地感觉到自己在创造生命过程中的作用时，他们或多或少会有意识地这样做。这并不是指他们意识到精液在繁衍后代中的作用——在很久以后人类才了解到这一点——而是指男性意识到他们在维持家庭和延续后代中的作用。这种延续性的建立标志着人类已完全从简单依靠自然的生存模式中摆脱出来，标志着人类已进入了计划的世界。

然而，父亲承担的这种角色并不是全新的。它使他们成为母亲的延续体，既是合作者又是竞争者。母亲的生命通常总是奉献给孩子们，原始男性却只管自己的生存问题。只有当男性成为父亲后，他们才发现生命是需要分享的。而这种转化也使他们进一步发现，母亲是一个参照物，他们借此观察自身，而这也是多产母亲意象的另一个来源。

这种差异带来的对抗性（指与异性的对应）是通过复制对方的意象，以及与对方强迫性的认同形成的，这是现代心理学研究的典型主题。但这种现象并不是新出现的，而一直是人类生活的一部分。它在部落社会时就明显地显现出来了，其心理经验是社会性的，清晰可见：一个在空阔的草原上以猎杀水牛为生的部落肯定不会在心理上也杀死水牛的。相反地，他们不仅不会采取任何方式压制它们，对它们的集体想象还会呈现在绘画、器物、故事、歌曲和舞蹈中。就像猎人占用了猎物的力量和生命力一样，父亲也想占用母亲繁衍生命的能力。

如果这种论断有道理的话，男人和女人的历史就非常不协调。

一种可能是，所有史前时代的社会都是父系统治，包括那些给后代留下了特别的女性形象的时代。如果是这样，我们会看到，在征服女人的同时，那时的男人也在心理上继续受到女人的影响。唯一有待解释的事情是，为什么在有些时期对女性形象的执着几乎是绝对的，而不仅只是明显的。

另一种可能是，受女性意象支配的时期真的就是母系统治的时期。这也说明女性统治者比男性统治者更自信，因此她们肯定也不需要驱逐男性的心理权威力量。她们的意象，还有她们的崇拜对象，都只是她们自己。

是不是因此我们就可以推测：是男性而不是女性感觉到异性？根据第一种假设，从世俗的观点看，男人统治着女人，但同时在心理上又受到女人的控制。第二种假设使男人在这两个层面上都被摧毁被打败。男性在这两种情况下都感觉到异性的力量，在女性的头脑中这样的事情却不曾发生。男性自给自足能力的天然缺乏总会被记在心里：这肯定可视为一种内在的失败，但从我们的观点看，这种失败比由他们执政带来的问题更能使男性脆弱。当我们谈到现代，我们也将谈到一种与此并无多大区别的脆弱。我们不知道，在史前时期哪种性别在社会上占据统治地位。但我们知道，女性力量支配着人们的心灵。就心理素质而言，男性的力量是相对的，而女性的力量是绝对的。人们将人类生活中男性的出现视为偶然的，而女性的存在是必然的。

经过漫长的岁月，雄性猿猴无用论的痕迹仍然存在。更有甚者，几乎直到现在，最不关心父亲身份的人就是那些仍然非常“原始”的人。为了建立男性统治的历史大厦，首先就必须建立父权制度。

我们又一次看到了父亲和母亲的身份是不对等的，看到了这种不对等是如何被天真地助长的。父亲的世界必须把母亲的世界包含在内，除此之外别无选择，这与他们的地位无关——不管他与母亲是平等的，还是从属于她，或比她优越。而另一方面，母亲的世界——在某种意义上，回到了动物的本源——至少在抽象意义上，有权力否定父亲，并同时借助与男性偶尔的接触来取代他们。这是亚马孙人神话的要点，而亚马孙社会据说优于希腊社会：征服男性并没有使由女战士组成的原始部落繁荣，而拒绝男性则使部落繁荣了起来。

对欧洲历史起源的分析经常会导致对欧洲社会的重建，这种重建不是社会性的，更多的是想象性的。我们知道社会的存在，我们也知道家庭的存在，但不明确它们的特征。然而，我们却清楚地知道指引着他们精神和象征生活的意象群。在新石器时代，占统治地位的形象就是母亲的形象，父亲的形象还没有出现。历史的开端常常是模糊的、困难的。

让我们回到对男人和女人的讨论，把最初的人类社会究竟是父系统治还是母系统治的问题放在一边。那个话题我们希望尽可能少地讨论。母亲并不是西方父系统治唯一的受害者。在漫长的岁月中，借由缩减父亲的影响力，忽视其心灵，不再坚持公共关系的重要性，借由排除其精神意义，完全从物质主义的角度思考问题，借由让他们满足于穿制服的虚荣，父亲的统治失效了。

父系统治的胜利甚至可以让真正的父亲消失不见。他发现自己默默地承担着这样的任务：他要成为某种个人性的存在，但社会习俗和集体准则不允许他这样做。母亲却能以一种更和谐的方式成为女性统治者，她不会迷失于社会习俗中，而且可以继续当母亲，无须改变与孩子们的关系。对父亲来说，情况更困难。他更彻底地认同周围的社会习俗，而他与子女建立关系的愿望更不确定，并且更多依靠有意识的意图。这并不一定会危及这种关系的深度，却限制了他们表达的自由。它强迫父亲变得沉默。随着父系统治历史的向前发展，父亲必须不断向前推动沉默这一“巨石”，给这条道路留下另一种依然忧郁的烙痕。

第七章　父亲的历史地平线

地平线是指我们的视线能够一览无余触及的界线，它将我们笼罩在同一片天穹下。印度、中国和以往的各类社会，就像埃及和其他很多的伟大文明一样，是不包括在欧洲地平线以内的。这不仅有地理区域的原因，而且它们与西方文明不是一脉相承的。随着全球化趋势的到来，是西方文明而不是别的国家将父权制输送到了世界各地。

希腊作为西方父系统治的发源地，在史前时代就已经出现了一个有历史记载的、也许是虚构的母系世界。为了了解现代父亲，至少有两个理由可以让我们追溯到古希腊时期。首先，古希腊是父亲的寻根之地；其次，它也是父亲经历危机之地，该危机类似于我们在现在所发现的危机。就西方世界而言，有父亲的历史地平线在希腊。

古罗马也是现代欧美世界的发源地，直到现在这个世界仍保留着不少罗马的法律和风俗习惯，很多都是围绕父亲的身份建立起来的。但罗马出现在希腊之后，是希腊文明的延续。

犹太—基督教的一神论仍是大部分西方文明共同遗产的一个组成部分，但并不是全部。即使在基督教出现后，犹太教仍有其地位，并且远远超过了犹太人的范围。单从基督教的观点来看，犹太教先于基督教。从历史观点来看，它代表着一种转变。伊斯兰教也如此。在中世纪的几百年里，在伊斯兰教重新回到东方之前，它对西方文化所做的贡献远远大于基督教。

与犹太—基督教的传统相比，我们大部分人继承了希腊—罗马的传统。“希腊—罗马”之间的连接号表明了它们的延续性，而“犹太—基督教”之间的连接号则代表转变或决裂，有时甚至代表否决，比如历史上基督教对犹太教徒的迫害记录。基督教承认其犹太起源，但并不把它当成兴盛的源泉。它以自己独特的视角重读更古老的一神教教义。我们并不能断言基督教被犹太教同化和对犹太教的敬仰，而罗马人却继承了希腊人的文化和宗教：基督徒是不妥协的皈依者，他们竭尽全力废除犹太教的影响。

我们所研究的历史将更多地着眼于希腊，而不是罗马或基督教。但这并不是否定罗马或基督教在创建西方文明和决定父系统治中的重要作用。我们这么做的目的在于他们的制度——司法第一，宗教第二——与我们现在的体制一脉相承，而且还在继续传播他们的影响。当我们谈到当今的问题时，二者总会默默地浮现在我们眼前。

心理学历史对象征比对概念更感兴趣。与希腊相比，罗马的法律和基督教的神学包含较多的思想、较少的形象，较多的推理、较少的神话。从心理学的观点看，它们与无意识（指导我们，我们却没有意识到）关系较小而与集体意识（我们能意识到，但起的作用没有我们想象的大）关系较大。

对古希腊来说，情况却完全不同，因为我们的文化由它延续而来，这一点并不明显。现在的希腊人只是西方社会人口较少的少数民族。然而，希腊文化却给我们——不管是近代德国人、近代拉丁人、近代斯拉夫人、天主教徒、新教或犹太教徒、欧洲人、美洲人，还是其他的人——留下了大量的文献，可供我们广泛运用。而且这些文献所讨论的问题超出了科学和哲学的范畴。它讨论的主要是文化中的神秘意象，这能为我们的无意识所用，而从这里我们也继承了父亲的神话。

希腊人创造了理想的类型：这是通用的模式和美学标准，从未被超越，从未失效。它们不是官方机构——如我们能在一定程度上予以抵制的罗马法律或教会——下达给我们的，而是以我们无法否认的灵感形式出现的，因为它们构成了想象世界的最深层。

古希腊没有受绝对规则支配的宗教，也没有强大的机构和体系，如基督教和犹太教。它的价值观念对其文化做了定位——包含在其神话中，这些神话构建了整个社会，一直处于骚乱和演化中。希腊神话永远不受任何界限的限制，而且也不会有特定的规范形式。

伯纳尔（Bernal），一个异端学者，声称希腊的发源受到来自南方，尤其是来自埃及和腓尼基的力量的强烈影响。但是，历史学观点普遍认为希腊的诞生与古希腊人的到来同时发生。古希腊人，即罗马人后来称为“希腊人”的人，是具有印欧起源的父系统治的战士。但我们对他们定居在希腊半岛和邻近地区之前所发生的一切一无所知。他们的历史开始于他们作为外国侵略者占据该岛之时。

他们像潮水一般从北方蜂拥而来，这一过程持续了数个世纪。而该地区的土著居民受到镇压但并没有被消灭。原来土著居民中男女的角色可能是非常平衡的［金布塔斯（M. Gimbutas）和其他人称之为“gilanic”或基本平等的社会］，该社会经历了向父系统治的转变。

强大的女神和卓越的女性这些无与伦比的形象也在希腊神话中占有一席之地：诸如雅典娜、阿芙洛狄忒（Aphrodite）和德墨忒尔（Demetra）这样的女神和像安提戈涅（Antigone）、美狄亚（Medea）这样亦正亦邪的女英雄，甚至还有像狄俄提玛（Diotima）这样的伟大圣人，根据柏拉图的《会饮篇》所载，苏格拉底曾是她的弟子。将她们称为“无与伦比的形象”确实是对其恰如其分的描述，没有比之更精确的了。她们是人们崇拜的对象，不是供人们模仿的样板。而这一男性幻想的投射，充满男性对女性的敬畏态度。得益于其与西方世界的连续性，希腊人给我们留下了大量的文献，让我们将想象的世界和现实世界区分开来。真正的妇女，不管她们的年龄多大，和她们的后代一样，多少都带有未成年人的状态。希腊人甚至很少谈到母亲的特性，尤其是与他们经常吟诵的歌唱父亲的赞美诗相比时。德墨忒尔是唯一真正的母性女神，而且一直是被秘密崇拜的对象。

男性所惧怕的以前那个恐怖的、充满女性力量的世界仍在亚马孙女战士的神话里存在，她们是回避男性并杀戮男性的女战士。据说她们甚至围攻雅典，只有赫拉克勒斯（大力神）——男性力量的原型，才能击败她们。

在从一个地方到另一个地方的迁徙过程中，古希腊人征服了当地的土著居民，但同时也与他们融合在一起。神祇也如此。除了血液和遗传基因，被征服者的价值观、神性和神话仍在胜利者耀眼的盔甲下保持下来。

来自上天的神也注定处于统治地位：不是来自北方，而是来自上空，或至少来自奥林匹斯山，由于山很高，人们认为它与天一样高。最终建立起权威地位的神，也是父系统治的团体。他们承认宙斯是他们的帝王，至少在正式场合时如此，而且他也是他们中大多数人的父亲。

但宙斯并非永恒地占据着这个地位，有时他必须接受作为其他神的一个延伸之状态。在多多纳的圣所，他和土著女神狄俄娜组成神圣的一对。以前的世界仍然存在。宙斯必须竭尽全力控制，他有时采取外交手段，有时用武力解决。正像奥林匹斯山的其他神一直都是不驯服的，随时准备推翻宙斯的父系权威，那些被征服但并没有被消灭的人间之神的骚动，威胁到了天上诸神。

奥林匹斯山的神灵是宗教人物，他们操纵着胜利者和贵族，维持着武士社会的父系次序。而人间神灵是生活在人们身边无形的古代人，他们被剥夺了特权，生活在父亲取得统治地位之前，是那个时代留下的化石。由于这些神灵有着非正式、半公开的性质，随着时间的流逝，这种亚文化也必然为外来的（主要是来自东方的）文化所丰富。

我们对最重要的反奥林匹斯山的神狄俄尼索斯的认识，主要来自较晚的时期。较早的研究认为，他后来的形象是他从东方来到希腊时的样子。而且很可能他在早些时候就已经受到了人们的崇拜，只是这种崇拜在他与当权的神达成妥协之前并不为官方所提及。狄俄尼索斯是大众宗教之神，管理宗教仪式和戏剧。他是驻扎在奥林匹斯山的父亲的非官方替身，他的阳刚之气漂浮不定，有时甚至是双性的。一开始，在到处都有伟大母亲肖像的克利特岛，他可能是一个神圣的孩童，他只有一个母亲。后来，在公元前2,000年，随着古希腊人对他的肯定，他成了父亲、母亲和儿子三位一体中的一部分，而且成了狄俄—尼索斯：既是宙斯的儿子，又是圣童。

神灵的种类和神学的构架在大约公元前8世纪的时候由赫西俄德和荷马正式编辑创立。从任何一种意义上说，他们都是最早的古代诗人。

赫西俄德充分意识到他所处时代的价值，并让自己跻身于新次序之中。他非常不相信妇女。同时，他也讲述沉默世界的故事。在《工作和时日》（*Works and Days*）一书中，他谈到了穷人、田地和日常的劳作。在《神谱》（*Theogony*）一书中，他记叙了神的诞生和天上之神的胜利；但他也提到天上的神付出了相当大的代价，因为人间残存下来的神在时刻准备并迫切想让天上的神了清旧账。

而出身高贵、满面春风的荷马却只谈到了天上的神仙和高贵的社会。他对较低地方的或人间的事情没有任何兴趣，不管是无名的、未开化的群众的问题还是旧有的神祇的问题。和赫西俄德不同的是，荷马不理会古代世界中大量的母亲意象。他的表达也许是人们所知的最有力的——对一个自身的存在受到人们质疑的作家来说，这真是个具有讽刺性的命运——而他在我们的无意识刻下的却是坚决果断的父亲形象。

第八章　父亲的神话起源

希腊人基本的悲剧思想就是认为事物都有其局限性，没有永恒或万能的东西。尽管神祇并非注定要死亡，但他们也有自己的起源。为了巩固自己的地位，他们也必须战斗，必须冒着被打败的危险。他们的力量是有限的。他们发现自己也卷入与其他神的恶性竞争中，并且必须受命运的支配，像人类一样，他们也必须服从命运。

犹太—基督教声称上帝永远存在，《创世记》开篇也描述了人之诞生，以及人所居住的世界之开创。而赫西俄德的《神谱》，第一部编纂希腊神话的书，却记叙了神之诞生。

最开始是混沌世界，不仅杂乱无章，就像我们对当今世界的了解，而且空阔并有各种各样的可能性。然后大地女神盖亚（《神谱》，106~107）出现了，她创造了长得很像自己的天神乌拉努斯神（《神谱》，126~127）。作为她自身的延续，这一创造并不是通过性结合来完成的。大地是女性，是地府众神的所在地，也是古代地中海民族礼拜和宗教仪式的中心。天空是男性，是奥林匹斯山众神的所在地，众神接受了新的父权制文明的效忠。这个神话告诉我们谁是最先出现的神，谁是后来者，后来者是从先来者中分离出来的。

盖亚和乌拉努斯神孕育了独眼巨人一族，独眼巨人又创造了雷神和电神，居住在天上。

而此刻冲突变得公开化和复杂化。冲突在天与地之间、男性和女性之间展开。这对最早的夫妻（盖亚和乌拉努斯）生出了其他孩子。但他们的父亲蔑视他们，为了摆脱他们，他把他们重新塞回母亲的腹中。这是所有古老故事中最古老的故事，而且似乎通过形象化的描述，留下了某种在一夫一妻制和家庭出现前男人的记忆，这类男人基本上没有摆脱动物的属性。他的后代与他没有任何关系，他把他们重新送回母亲的身体里。

盖亚很痛苦，她被触怒了。她做了把镰刀并教儿子们去惩罚父亲。但儿子们很害怕，把镰刀还给了她。只有克罗诺斯准备做这项工作。天神父亲充满期待地来了，他躺在大地母亲的身上，他巨大的身形无处不在，而克罗诺斯就用镰刀割去了他的生殖器并将之远远地扔在身后。血滴却使盖亚再次怀孕，厄里倪厄斯出世了，她是首任复仇女神，主管杀戮和复仇（《神谱》，185）。

从这里我们可能会发现，该寓言和家庭出现的过程相似。生育孩子却不养育孩子的原始男人发觉自己被阉割了或者说无生殖能力：由于他敌视希望繁衍生命的女性，也由于他敌视渴望生存的后代，他在进化过程中被淘汰了。神话的语言非常简洁，直击要害：具有动物属性的父亲并不是与有远见的父亲决斗，而是与渴望生存的儿子决斗。

天与地就此失去了他们原初的统一，激烈地分开了，就如其他很多文化神话起源中经常发生的情况一样。乌拉努斯神被淘汰了，但是，父亲想将自己的意愿强加给孩子们的原始倾向却并没有被消除，这一原始倾向就是与孩子们争夺权力的倾向。

克罗诺斯是下一个。他与瑞亚结合，并有了很多后代。但他从盖亚和乌拉努斯神的故事中得到启发，知道儿子可能会剥夺他的权力，因此他们一出世，他就把他们通通吃掉，直到宙斯出现。此时，盖亚又一次要决定事情的走向。

注定要统治整个天庭的圣子就要出世了，而他的希律王（希律王曾想危害幼儿耶稣）正张大嘴巴等着他。为了活下来，也为了承担巨大的新责任，天神和他们刚出世的神需要大地母亲的支持。伟大的大地女神盖亚并不拒绝帮助他们。盖亚骗克罗诺斯吞下一块包裹在婴儿裹布里的石头，同时将宙斯带走，将他藏在克里特岛宽阔的空间里，她打算亲自抚养他、教育他。她将他藏在山林间无人能至的山洞里。宙斯被托付给原始地球女神，住在被伟大的女神和圣童狄俄尼索斯珍视的岛屿上。这里是大地母亲的腹地，是地中海东部地区的中心，新的神祇在这里成长起来，新秩序也即将建立。这里的情形预示着，绝对的权威将属于这位年轻的天神父亲，但听命于古老的地球母亲。正如我们重建的史前文明中了解到的，这两种力量以这种亲情联盟为基础，又达成了妥协。

一旦力量强大起来，宙斯就着手处理正义问题：事实上，这是历史上首次正义不仅是个人的复仇行为，或者说仅出自某人的要求。这一点令厄里倪厄斯感到满意，她制定了一个外在世界的正义法则（《神谱》，472）。宙斯给老乌拉努斯神平反，并从那时起制定了一条公平法则。尽管此时的公平既严厉又原始，但这并不重要。不管怎样，新国王已经表达了一种意图。就《神谱》开始时提到的愚蠢的暴行而言，他已经获得了某种新的成就，在亚洲的神话中，情形也相同。而这也成为父亲统治的一个特点：遵守计划。

这样，宙斯就解救了他父亲的兄弟。作为回报，他们把被盖亚扣押在地下的雷神和电神的地下领地送给了他。权力再次转移到了天神手上。

但是，奥林匹斯山众神的霸权仍然没有完全确定，而宙斯对他们的统治也如此。奥林匹斯山众神和太阳神提坦之间进行了一场致命的战争，由于百手怪物出手相助，他们才取得了胜利。乌拉努斯神曾将百手怪物们囚禁，而此刻百手怪物们又与宙斯联盟。战争结束后，盖亚说服众神承认宙斯是他们的最高统治者。

贵族荷马据说是该时代的代表人物，但与他相比，赫西俄德应该可以视为更现实地代表了他所处的时代。他在故事中加入了大量的主题：天神和地神的对抗、父亲和母亲的对抗，还有诸神和人类的对抗、男人和女人的对抗、等级不同的超人之间的对抗、提坦和真正意义上的诸神的对抗，等等。这些形象说明父亲权威的确立的确是一个缓慢而不确定的过程。

赫西俄德偏离主题，用大段篇幅讲述了最著名的提坦人普罗米修斯的故事。出于对男性人类的爱，他欺骗宙斯并把火种当作礼物送给他们。到那时为止，“人类”这个词还是专门特指男人、男性。根据赫西俄德的说法，作为惩罚，宙斯把女人当作礼物送给了男人（《神谱》，570~612；《工作和时日》，59及其后）。对赫西俄德而言，女人是真正的灾难。就像蜂群中的雄蜂，他们只能开发资源却不能繁衍后代。而赫西俄德似乎对只有雌性蜜蜂才能繁衍后代这一事实漠不关心。结了婚的男人一生注定要遭罪，而没有结婚的男人因为没有儿子也要遭罪。古希腊的价值观非常清晰。面对生活的无常，拥有子嗣是唯一有价值的事：很明显，延续性法则指的就是从父亲到儿子的延续。而宙斯，作为男性气质的最高表现，是能鼓舞所有男性的榜样。而所有与真正女性有关的意象都笼罩着一层绝对的悲剧色彩。赫西俄德声称女性组成了自己的基因（《神谱》，591）或者她们自己的种族特征，她们在本质上都不愿付出。真正的女人和盖亚的意象，伟大的母亲女神，几乎不应该被看成完全不能妥协的。《工作与时日》一书中讲述了潘多拉这一原型女性的故事，潘多拉是一个轻率并有着病态好奇心的形象，但更主要的是她很有贪欲，她的品质完全是对母性形象的否认。

赫西俄德似乎坚持认为理想的女性形象只存在于神灵世界，人类女性是无可救药的。因此，谁承担养育和繁衍孩子的责任呢？似乎这样的优点只能在原始母亲中发现，而诗人在他身边的女人中几乎找不到拥有相似优点的人。这个令人不安的、关于神出世的故事的每一个细节都有助于去塑造一个更复杂的形象：首先只有一个神圣的母亲，她自主创造出一个父亲，他平等地坐在她身边；然后，开始向神圣的父亲过渡，他确立了自己高于其他神灵和所有女神的权力地位；在这位父亲的下面是男人，其地位高于女性是毋庸置疑的。这个迂回复杂的情节贯穿于所有证明女性一无是处，甚至不适合当母亲的故事中，让我们相信父亲举足轻重，是一切的一切。

在《神谱》接近尾声时，盖亚出现了彻底的、令人不安的改变，她似乎想把一切变回到原来的状态，并置于自己的统治之下，（《神谱》，820）。这一情节向我们揭示，即使是伟大的母亲也可能是非常危险的。在极度的渴望之中，她与塔尔塔罗斯——悲伤的化身，地下死者——结合：这似乎是对即将繁荣兴旺的光明生活之黑暗的、象征性的否定。这种可怕的爱的行为诞生了百头巨怪堤福俄斯，他是一个巨大的神，肩上有上百条燃烧着的龙头和蛇头，这是不愿屈从的、阴间次序的明显象征；他在无数动物的叫喊中发现自己的表达方式。事实上，因为百头巨怪即将征服世界，这个世界已处于重返动物世界的边缘。但是，宙斯用天上的闪电来对付他并击败了他。他因失败而在地上痛苦地扭曲，并被禁锢在地下世界，他仍不断地刮着狂烈的暴风，刮着毁灭性的台风。这种风对事物造成的毁坏，是人类永远都不可能修复的。

随后宙斯和墨提斯结合，她的名字意味着明智而审慎的智慧。盖亚和乌拉努斯神预言她将生下一个极其显赫的孩子，这个孩子甚至有可能夺取他的地位。因此，当墨提斯即将生产时，他采取了一个两面派的、凶残的行动。将她吞了下去。一方面，他化解了孩子出世可能带来的危险；另一方面，谨慎女神从此住在他的体内，并且一直可以建议他朝着最明智的方向前进（《神谱》，900）。因而，这个神话标志着从原始神灵危险的行为方式中获得独立——

通过本身充满暴力的行为。但还会发生更多的事。墨提斯孕育的女儿注定会成为统治智慧、学识和力量（使武士无敌的力量）的女神——雅典娜女神。她仍被禁锢在父亲宙斯的体内，但他必须让她出生。某天，她全副武装地从父亲的头顶蹦了出来。

刹那间，众神的新国王就确立了自己的优越性，他展现了暴力的原始男性最缺乏的一种内在品质，他开创了唯一的父亲也能生育孩子的先例；他还获得了无敌的盟友，该盟友也可以证明母亲不在场。事实上，雅典娜女神表现出单单从父亲那里继承的所有特征：她只对男性表现忠诚，而她也只给获胜的男人提供保护。她支持阿喀琉斯一方，而当时阿喀琉斯要做的唯一的一件事就是杀死此时已受到宙斯一方诅咒的赫克托耳。她和蔼可亲地站在尤利西斯的房梁上，以确保尤利西斯的弓能杀死珀涅罗珀的求婚者，而当时他们都已被解除武装并被囚禁起来。雅典娜被赋予传统意义上只属于男性的特征："我的心……完全和男人在一起。我只属于我的父亲。"（埃斯库罗斯，《欧墨尼得斯》，736~738）她也是极具魅力的、精打细算的女人之代表，并且是《伊利亚特》（*Illiad*）和《奥德赛》（*Odyssey*）中主人公的精神情人。

《神谱》似乎毫不留情地继续列举宙斯的其他行为，这等于说象征性地全面回顾了他对女性的殖民控制。他娶了忒米斯，她生下了奥雅丝（季节之神）、欧诺弥亚（法律之神）、狄克（正义之神）、阿丽尼（和平之神）和摩阿伊（命运之神）：所有这些品质在当今仍由女性形象象征。作为女儿，她们都屈从于迄今为止唯一的神和父亲。后来，宙斯又娶了德墨忒尔——农业丰饶之神，她是仁慈的、不可或缺的母亲；还娶了摩涅莫辛涅——记忆之神，她生了缪斯，之后缪斯被当作艺术的保护神。工作完成了。通过战争、诡计、诱惑和生育等手段，这个新的男性统治者将自己的权威扩大到生活的方方面面，甚至包括那些由女神象征的领域。

第九章　赫克托耳

在构成史诗般的英雄世界的所有人格中，只有一个纯粹的英雄、永远的英雄——赫克托耳，特洛伊国王普里阿摩斯（Priam）的儿子，特洛伊城对抗由希腊人发动的种族灭绝大屠杀的最后防线。赫克托耳既是爱国者，又是一个父亲；爱国者（Patriot）和父亲（Pater）这两个词有相似的发音，而且正如我们很快将揭示的，它们几乎有相同的意义。

在《伊利亚特》中，阿喀琉斯和他的丰功伟绩是主导性的力量，但他的支配性的力量中带着一种嗜杀成性的暴怒。这一暴怒无边无际，以自我为中心，并且会不加区别地使用。他的勇气与力量无与伦比，却被狂傲自大腐蚀。他英雄的荣耀也纠缠着一种病态，直到故事的结尾，他才在痛苦这剂良药的帮助下得以痊愈。

《奥德赛》讲述尤利西斯冒险的故事。但尤利西斯的冒险充满了狡诈意味，而且他的目标是获取自己的利益。英雄必须毫无保留地付出，这一点掩盖了他是在谋求自己的利益，掩盖了他实际上才是始作俑者。在这里，英雄被功利主义玷污。尤利西斯充当了自由市场法则的先驱，他的准则不是绝对奉献：他朝着现代世界的方向投下了惊鸿一瞥。他还受到自我中心主义的影响，尽管其方式是新奇而有意识的。

赫克托耳与他们不同。当然，诱惑对他来说并不陌生。他并没有受到愤怒的诱惑，比如那些奴役了阿喀琉斯的愤怒；他也没有受到新异事物的诱惑，比如那些迷惑了尤利西斯的诱惑。诱惑他的是女人的温情与理智。他所面临的诱惑绝对不是可耻的，而是出自一种真正考虑了所有人需要的精神。然而，这些诱惑与他的职责背道而驰。赫克托耳听到了爱与关怀的召唤，听到了和解的提议。他理解了女人们的动机并承认了她们的理智。但他拒绝了她们，为了一些不带任何道德偏见的理由。

我们在《伊利亚特》中发现的赫克托耳，被神奇的力量指引，但他并不是一个非理性的人物。他言辞简洁，有影响我们、打动我们的力量。许多古代英雄所拥有的特质中，有一个是赫克托耳不具有的：他没有自大，或者说没有可怕的傲慢。这种傲慢使阿喀琉斯、阿伽门农的灵魂变得错乱；这种傲慢还使尤利西斯对饱受折磨的、瞎眼的独眼巨人，无节制地释放自己的愤怒。

《奥德赛》讲述的是一个与旅程、野营、盛宴和家庭有关的故事，而《伊利亚特》却作为战争史诗而流传。但是，战士的盔甲在第六篇时突然裂开，在其中我们发现了住在特洛伊城墙内的人们的内在生活，发现了城市的心脏与脉搏。我们跟随赫克托耳漫游，这些地方都有女人的存在。

毫无疑问，赫克托耳会对这些女人说“不”，永远回到他的男人职责上来：他抛弃了任何将她们的亲密拥抱与他公开的军事义务调和起来的想法。而且，他所说的“不”，有一种女人能够理解的特质，因为它与自大无缘。它为何与自大无缘，是因为它出自一个父亲之口，而不是一个男人。然而，作为一个父亲，当事情牵涉他的儿子时，是最容易偏离常规的。

赫勒诺斯是所有预言师中最受尊重的一个，他告诉赫克托耳：希腊人的进攻之所以令人生畏，是因为有雅典娜女神的支持；而唯一有可能施予补救的就是特洛伊城的女人，她们应该将最美丽的礼物进献在女神的祭坛上，向她祈祷。赫克托耳刚刚激励他的战士进行了一场反击：他折回前进的步子，回到特洛伊城。他的归来不仅是身体上的：它首先是心理上的。他从男性世界回到女性世界，回到城墙之内的家，他来到一个神殿，而统治神殿的也是一位女神。赫克托耳知道怎样与女性交流，而英雄史诗不会再次出现同一主题的组诗去表现一个战士与他生命中的女性力量相遇。

赫克托耳与聚集在一起的特洛伊女人会面（《伊利亚特》，VI, 237~241）。人群中每一个女人都有丈夫、儿子、父亲、兄弟：她们每一个都想知道她们的男人在战场上的情形如何。然而，赫克托耳能够将职责置于欲望之前，他讲话的口气没有一丝说教意味。他说，现在不是关注个人命运的时候，个人命运在天意之风中不断地变化、波动。反过来，现在是向神祈祷，关心整个特洛伊城命运的时候，因为这是关系到他们所有人的问题。

赫克托耳继续前行，到王宫去见他的母亲、王后赫卡贝。他在姐妹们的房间里见到了她。王后去见劳黛斯，她最美丽的一个女儿。王后拉着他的手说：“我的儿子，你为什么而来？你从战场上回来，可恨的希腊人给我们带来了巨大的伤痛……来吧，带上美酒，把它献给宙斯和诸神。你自己也喝上一杯，从中获得些许安慰。美酒能给疲惫的人以力量，你为了你的人民无休无止地战斗，已经筋疲力尽了。”

“不要给我美酒，可敬的母亲，那样我会失去力量，也会忘记勇气。我也不想去向宙斯祈祷，因为我的手还没有洗净，带着尘土与血迹……但我请求你和特洛伊城的女人们一起，去雅典娜神殿，为她带去最丰饶的礼物……”（《伊利亚特》，VI, 237~311）赫卡贝按照他的吩咐，将妇女们召集到一起，带她们来到女神的祭坛前，献上了最美丽的祭品。但是，雅典娜拒绝了她们。

女性所代表的危险从两方面开始夹击。首先，身为王后的母亲显示了她的爱与权威，目的是劝诱儿子从战场上退出，坠入以自我为中心的深渊，放弃意志，沉湎于美酒当中。这恰恰是他最害怕的。然后，我们遇到雅典娜女神——她的女性气质是全副武装、充满智慧的，与母性毫无关联——她表现出一种威武不屈，这与赫卡贝的祈求完全相反且相互补充；雅典娜的冷酷结束了一场插曲，这场插曲以母亲的过分热情开场。同时，赫克托耳继续着他的生命历程。

接下来，我们在特洛伊城要塞最高点的营房中看到赫克托耳，这里住着一个人，他是荷马所讲述的故事中所有灾难与不幸的源头：赫克托耳的弟弟帕里斯。他引诱了海伦，由此招来了希腊人的报复和他们对特洛伊的进攻。我们目睹了赫克托耳与模糊的声音的另一场遭遇，而且又是女性的声音。就在不久以前，这一模糊的声音从一位有着武士性格的女神的喉咙中发出；在这里，它来自一位有女性特征的武士。而且，与先前想让赫克托耳卸下盔甲的母亲的女性声音完全相反，我们在这里听到的是一个迷人美妇诱惑无穷的声音。在远离战场的地方，帕里斯在擦亮他的盔甲，关心自己的外貌甚过勇猛。赫克托耳的指责比敌人的刀剑更锐利，且更伤人：慌乱中，精心打扮的帕里斯承认了自己的错误行为，准备马上回到战场。他称自己与海伦待在家里，是为了倾吐自己个人的痛苦。

现在，这个有着绝世容颜的美妇转向赫克托耳，用甜美如蜜的言语来跟他打招呼："我爱戴的兄长，我亲爱的兄长，我是一个令人厌恶的坏女人，在出生之时本就应在暴风骤雨中死去，在汹涌波涛中沉溺……既然神灵有着不同的旨意，我至少可以渴望成为比身边这个人更强大的男人的新娘……你过来，靠近一点，坐在我身旁：你心中无比的痛楚，是我和帕里斯造成的。唯一的宽慰是，知道我们的痛楚有一天会被诗歌吟唱。"

"海伦，如果我真的值得你爱戴，请不要叫我坐下。你不能说服我，因为我的心焦躁不安，想要回到特洛伊人民期待我去的地方。相反，你应该劝说这个人动作快一点。我必须回家去和我的妻子和儿子打招呼：我不知道明天我是否能回家，会不会葬身在希腊人的刀剑之下。"（《伊利亚特》，VI, 321~368）

赫克托耳继续他的行程，回到家中。他寻找妻子安德洛玛刻。房里没有人。他询问仆人。他的妻子已经与乳母和年幼的儿子阿斯蒂亚纳克斯一起离开了。她并没有去别的女人那里，也没有去雅典娜神殿。她双眼含泪，似乎已疯狂，她来到能够俯瞰整个战场的塔楼，去看她的丈夫是否也已被前进的希腊军队杀死。因此，赫克托耳必须再一次调整他的行程。他没有停歇下来喘口气，马上折回到从城市中心通往城门的路。在那里，他找到了他的家人。他看着儿子，沉默不语，笑容可掬。

但是，安德洛玛刻泪流满面地来迎接他，紧握着他的手说道："不幸的人，当所有希腊人一起来围攻你的时候，你的英勇会杀了你。你对这个尚在襁褓中的婴儿毫不同情，也不同情我，一个即将成为寡妇的人。但没有了你，我最好也去死吧。如果你死了，我不会再有甜美的日子。如果你死了，我只会拥有痛苦。我不再有父亲，也不打算再做母亲。我的父亲……和我所有的兄弟，都被阿喀琉斯杀死了……我的母亲被阿耳忒弥斯杀死……赫克托耳，你对我而言既是丈夫，又是父亲、母亲和兄长。不要让孩子成为孤儿，不要让我成为寡妇。"然后，她努力想用富有男子气概的语言来做最后陈述：谨慎不同于懦弱，却与最好的军事策略相符。"与我们一起待在这塔楼上，把军队召集在野生的无花果树下，那里的城墙是最脆弱的，人们必须拼死抵抗来保护它们，而无须冒失地冲进战场。"（《伊利亚特》，VI, 369~439）

然而，英雄并不会依计谋行事，而只会被荣耀的准则指引，这一准则要求他公开对抗敌人。世界上没有任何一种语言可以解释清楚，他为何要让妻子和孩子去面对悲剧性的命运，而他们是那么想活下来。现在，面对女性声音的质问，他再也无法逃避痛苦的体验。在海伦和他母亲的言辞背后，隐含着对权力的微妙需求。如今，这一权力需求已经消失，女性声音里隐藏的对抗性质也已经消失，赫克托耳听到的仅是真诚与忧郁，对此他已能完全确认，实际上这也是他自己的声音。冲突已经完全消失，而共有的认同感得以保留。

《伊利亚特》的诞生标志着西方英雄史诗的开始，而且它确确实实还是西方文学的起点。它也是具有史诗传统的作品，其中对爱的主题的描述似乎既已到达顶峰，又已临近做出定论。为什么赫克托耳与安德洛玛刻的对话承载着如此多的忧郁与死亡的预感？为什么它的脉脉温情至今无人超越？文学为我们呈现其他更伟大的激情，但从未有过与此类似的和谐感。荷马不仅确立了英雄史诗的标准，还确立了关于不屈不挠、无可置疑的爱的准则。他第一次吟唱这样的故事，把它馈赠给我们所有时代的人。

“我知道。我知道所有这一切。但如果我没有去战斗，我就会在特洛伊的男人和女人面前感到极度羞愧。我一直在学习变得坚强……在我的内心深处，我也知道特洛伊城将会灭亡，与它一起消失的还有普里阿摩斯国王和我们所有的人民。但我不会想到他们的痛苦，我的父亲、我的母亲或我的兄弟的痛苦。我会想到你……想到希腊人把你带走时你的哭喊。在那一天，我将已躺在大地的怀抱。”（《伊利亚特》，VI, 440~465）

说完这些话，赫克托耳朝儿子伸出了双臂。但孩子试图躲避并哭叫了一声，紧紧抱住了他的乳母：孩子被父亲的盔甲和以可怕的马鬃为顶饰的头盔吓坏了。

父亲的形象，正如我们在赫克托耳身上见到的，有着奇怪的单一性。就像亚伯拉罕，当他向儿子艾萨克举起刀子时，他的眼神中充满了对上天的尊重，但对其下事物的洞察迟缓。他对于天父的尊敬值得推崇，他自己当父亲时却稍嫌笨拙。从激烈的战斗中回来以后，赫克托耳证明了他对宙斯这位众生与诸神之父的忠诚。他以双手仍然沾满战斗的泥土与血渍为理由，拒绝母亲让他饮一杯美酒来向神灵表示敬意的邀请。然而，他对自己与天父的关系之性质的意识，和对自己与尘世间孩子的关系之性质的意识，或者说对他自己作为一个父亲的明确意象的意识，有天壤之别。他能意识到自己浑身沾满了灰尘与血迹，却忘记了包裹在他身体上那防御性盔甲的硬壳。他的盔甲不是为了防御敌人，而是处在他自己和儿子之间。

就像在所有互补的情形中，对于“父亲是什么”的了解，并不能成为当好父亲的有效基础。父亲还必须了解儿子，并理解父子关系的性质。这个不知傲慢为何物的男人，却在不经意中暴露出，他没有能力拥抱孩子。我们可以说，他不再与生活在自己内心的内在小孩有接触。他对于成年的武士已太熟悉，因此疏远了他的内在小孩。

就在此时，父亲与母亲相视而笑。赫克托耳摘下头盔，放在地上，这样他就能够拥抱儿子了。英雄被这一小事唤醒，他现在意识到，当一切已成定局，再让自己沉浸在忧郁中将十分危险。对于未来，他构建了美好的愿望；他用他的双臂，同时也是用他的无限关怀，将儿子举过头顶。这个姿势，在接下来的所有时代，将成为父亲的特征。[①]

赫克托耳在为孩子祈祷，为了自己的孩子而挑战史诗时代的法则：

“宙斯及诸神，请让我的孩子变得强大。有一天，当看到他从战场归来，你们中的一个会说：‘他远比他的父亲强大。’”（《伊利亚特》，VI, 440~479）

这些言语是革命性的。赫克托耳的祈祷与神话中永恒不变的无所不能是背道而驰的。他祈祷将孩子变成了儿子，而儿子变成了一种希望，希望获得比过去的神话所提供的更好的一些东西。史诗时代的习俗坚持认为，从一代过渡到下一代，人总是变得越来越弱小，这样就可以使过去获得力量，未来永不可企及。（《伊利亚特》，I，271；V，303，XII，383，449；赫克托耳自己都说，他扔了一块巨石，这一巨石是“我们时代两个身强力壮的男子都几乎无法抬起的”《伊利亚特》，XX，287；《奥德赛》，II，276~277）。但在这里，我们看到赫克托耳向诸神祷告的恰好是其反面：让他的儿子变得比自己更强大。即使在今天，都很难想象有

① 今天的父亲仍然以不同于母亲的方式来举起他们年幼的孩子。一项美国的心理学研究，在选择了人数众多的调查对象的基础上，列举了父亲典型的身体姿势：将孩子扔向空中；将孩子抱在胸前，却让孩子脸朝外；将孩子举起来，并看着孩子的眼睛。在现今的时代，在这个世界最现代的国家中，一个现代学科告诉我们的恰恰是荷马已经告诉了我们的东西。荷马也是现代的，因为荷马属于所有的时代，但也有一个属于所有时代的父亲原型。

如此宽宏大量的父亲。今天很多的解释认为大多数的父子关系总是掺杂着某种杀气腾腾的嫉妒因素。在现代思想中，也有这样一种尝试，尝试把这一原理延伸至现代情景之外，而从希腊神话中寻找其渊源。此时，吕格尔提出了“怀疑”论。弗洛伊德认为，父亲与儿子之间充满杀气的对立可以追溯到希腊国王俄狄浦斯。除了这类理论推测之外，代际的不信任与冲突现在已成为众所周知的事实：正是现代的父亲，不再允许自己没有那重重盔甲的保护。

从当时的观点来看，阿斯蒂亚纳克斯的成就是希腊人难以想象的：他为父亲带来了未来的希望，顷刻之间，他成功地将父亲与母亲联结在一起，二者仅通过情感而结合。两个如此不同的人，彼此无法对话的人，却被一个尚无法言语的儿子联结在一起。这一场景暂时搁置了史诗时代的苦行主义，带来了一丝亲密的，甚至是基督教感情的氛围，似乎时空发生了错位。

在赫克托耳与特洛伊女人的屡次碰面中，他拒绝的是什么呢？他拒绝的是女人本身，还是自己认为的那种荒谬的、女性化的感觉？难道他能战胜对敌人的恐惧，却害怕自己情感的力量？在一个以侠胆雄心著称的武士身上，却有着如此过分的自我防御，其意义何在？

为何这样一个与我们相距如此遥远的人物——一个极其简单的故事里的中心人物——却能成功地深切打动我们的情感，胜过他的时代或任何时代的其他所有英雄？他的言语似乎就在耳际，就像一个朋友的声音，或一个我们所熟悉的声音，仿佛昨天还在我们的耳边回响。

赫克托耳作为神话英雄的地位完全源自荷马的史诗。不像其他希腊英雄，他没有在大量的故事中露面。这里，我们可以再一次称他为偏离常规的英雄，完全摆脱了傲慢与自大。然而，后继的时代都把他当作自己时代的英雄。

赫克托耳是一个武士，同时是一个家庭中的父亲。其他史诗英雄也都拥有自己的孩子，但他们为人之父的状况与身为武士的状况依然无关。在史诗时代，赫克托耳作为父亲的宽宏大量，是一种反常的现象，与当时的时代毫不相符。这也是我们觉得与他如此接近的首要原因。

尽管利用城墙的保护也能抵御外敌，但赫克托耳还是冲向广阔的战场。他从不看重这类物理上的优势，因为他将其视为一种道德上的失败。他置身于特洛伊军队的最前列，目的是为其他人树立一个表率（《伊利亚特》，VI，445；XXII，459）。他再度表现他作为一个合格的不自大的父亲的品质，无须发号施令就能教导他人。赫克托耳将手中的剑看成履行职责的工具，而不是一种荣耀。只有在他生命行将结束的那一刻，当他击倒帕特罗克洛斯后又因此被杀之前（《伊利亚特》，XVI，结尾部分），他的声调中才透着一丝狂喜。然而，这样的表达是出于叙事的需要，因为史诗认为命运的战车总是被意义而不是被机遇引导。因此，如果赫克托耳很快会被阿喀琉斯杀死，这必须要有一个理由，至少有这样一个时刻：赫克托耳——人类不完美的英雄，犯了过于骄傲的罪过。但我们所见证的，到底是一个骄傲的男人的狂喜，还是只是一个绝望的男人的狂喜？这个男人听到命运的战车飞奔而至，明白它所带来的下一次死亡就是他自己。

赫克托耳自己明白，他这么做是为了抵御敌人致命的进攻，保卫他的家、他的城市（在他的时代，这些被看成家庭的一种延伸）；这再一次与当时的史诗时代毫不相符。（《伊利亚特》，VI，262，403；XI，243，XV，496；XXIV，215，500，730：不仅赫克托耳如此说，他的父亲、母亲、妻子，甚至诗人的画外音，都是如此）。从情感的角度来说，在国民眼里，赫克托耳不啻为父亲。他兼具两种现代特质：一个家庭的父亲，一个国家的父亲。他明白，仅在某一天赋予一个孩子生命是不够的，他必须每天都要做，而且在不同的层面做父亲该做的事。他必须每天将自己暴露在死神面前，为的是使孩子们和国民都能免遭希腊军队的毒手。史诗与悲剧都记录了事实上很快就会发生的种族大屠杀的场景：希腊人将孩子们摔在地上，头颅摔得粉碎（《伊利亚特》，XXII，64；XXIV，735；欧里庇得斯，《特洛伊女人》，721~723）。而且，特洛伊人已经意识到赫克托耳与后代人之间的联系，并通过他们为他儿子所选择的名字表达出来：阿斯蒂亚纳克斯——“城市的保卫者”（《伊利亚特》，VI，403；XXII，507）。环绕着特洛伊的护城墙不止由赫克托耳单独一人组成，还由站在他身后的儿子组成。

现代人的思维也许会认为，赫克托耳的动机完全是正常的。但是，如果按照迈锡尼的标准来看——当父亲是按照古老的权利与孩子产生关联，而不是根据责任时——赫克托耳的态度根本是走在时代前面的：似乎《伊利亚特》中的一个人物将要开启一盏明灯。那是一个为声名、荣耀与黄金而战的年代，而在这里我们却发现有一个人竟如此胆大妄为，带着忧伤的情感为他的孩子们而战。

阿喀琉斯与尤利西斯如果突然面对他们通常设法压抑的情绪，就会为自己流下不体面的眼泪（《伊利亚特》，I，357；XVII，35；XXIV，511；《奥德赛》，VIII，86，522；XVI，215）。赫克托耳有一定水平的情感调节能力，这对于一个古老的英雄来说，也是全新的：他不仅有勇气面对战场，也有勇气去面对回忆与情感。在第六篇中，他讲述自己的痛苦，聆听妻子述说她的痛苦，带着一丝悲伤，却没有流泪。他的高贵与尊严博得了我们的尊重，使我们认同他，尽管他是一个古老的英雄，与我们如此不同。事实上，赫克托耳与其他武士不一样，他并不知道何为愤怒。愤怒甚至也许是他向往去体验的情绪，而他当然也乐意用愤怒去替换他的忧郁。但他知道，人是不可能摆脱他的性情的，就像决定了性情的命运一样，他注定得承受。

尤利西斯让我们着迷，阿喀琉斯让我们激情燃烧，而赫克托耳却唤醒了一种柔和的温暖感觉，就像某个我们深爱的人再一次回到家中，我们的心窝感觉到的那种无法描绘的舒坦。与其他英雄相比，他代表某种更为真实的事物，而它的真实使他与我们更加靠近。

环绕赫克托耳的伤感，作为我们心灵的一部分活了下来，但它并不是我们社会现实的一部分。使他的故事如此真切、如此与我们息息相关的，并不是他一直存在着，而是他的死亡与缺席。不管发生在哪个时代，他的故事也是关于父亲存在的内在不稳定性的叙述。这也是赫克托耳的故事如此触动我们心灵的另一个原因。除了包含一种对有责任、有远见卓识的父亲的古老的描述，它还有一种预言的特质，预见了历史最难以挽回的事件之一，预先宣告了父性制度的衰弱与死亡。（《伊利亚特》，VI, 447~465）赫克托耳是我们想要拥有的父亲形象，但我们知道，在与更暴力的男性特征作斗争的过程中，这一形象死掉了。

那个在战场上手执长矛、冲向希腊军队的赫克托耳，勾起了我们最深的怀旧体验。他所表现出的父亲姿态，已经不再单纯是英雄式的；他就像一个猎手或一个农夫，走向房前的田野，在众目睽睽之下，将田野中所包含的生命带回家中。我们不再能意识到这样一个意象包含的鲜活现实感，因为我们今天与自然之间的距离，已经使父亲所做的工作不能被他的孩子们看见。

甚至赫克托耳的宽宏大量也是命运的工具，可以带来死亡。在一场公平而诚实的角斗接近尾声时，他将剑递给了埃阿斯。（《伊利亚特》；VII, 303）就像索福克勒斯告诉我们的那样，当埃阿斯在绝望中崩溃时，他却用这把剑，杀死了自己。（《埃阿斯》；661，817，1026）

赫克托耳的家庭如此声名显赫，无疑并不只归功于荷马的描述。在其他好几万行诗句中，为什么讲述他们故事的诗句会如此重要？在史诗英雄风格的内容中，《伊利亚特》第六篇对这一家庭的描绘有点异常。这几乎是犹太教—基督教所共有的一个情节，只不过发生的时间和国家有所不同。在某种意义上，它将一个神圣的家庭呈现在我们面前，在这个家庭中，父亲是一个真实而稳固的存在：不是超自然的，也不是谦卑的养育者约瑟夫那样的养家糊口的父亲。在另一层意义上，它预期若干年之后，一种核心家庭的出现。在一个基本社会组织仍是相当复杂的部落氏族群体的时代描述了这一家庭。如果赫克托耳与安德洛玛刻和阿斯蒂亚纳克斯的相遇是一个受限制的父权制家庭出现的先兆，它也宣告了这一家庭将要承受软弱的折磨。

在这样的家庭中，父亲的传统角色就是每天离开家庭这一修复场所，全副武装与整个世界战斗——不管这一战斗是实质上的还是象征性的，差别不大。除了掌握进攻的艺术，正如进攻性的武器所表现的那样，父亲必须全副武装来保卫自己，或者更确切地说，要用盔甲、盾牌与头盔将自己重重包裹起来。当这些防御设备生锈僵硬之时，父亲的活动也变得机械化，而他发现自己成了慢性疾病的牺牲品。

每一个时代都尝试着用这两种武士态度来濡染父亲。进攻性不仅体现在时刻准备战斗上，也体现在坚定的语气与能迅速做出决定的能力上。而防御性的姿势，不仅体现在父亲对抗敌人时，还体现在他对待情感以及对待家人的要求时。甚至，在他自身的人格中，他也不愿意与阿尼玛妥协。由于温柔可以颠覆秩序与计划，它必须处于冷漠、严厉的态度与行为模式——就像一套盔甲的硬壳——的控制之下。

我们已经了解到，在人类进化这久远的汹涌波涛中，父亲是新近出现的细微浪尖。甚至雄性在攻击性方面的特殊能力，也并不总是一种丝毫不变、被牢固建立的既定事物，它也不会在所有低于人类的物种中找到。在那些雄性为争夺交配权而竞争的物种中，它们的争斗大多是仪式性的，而它们能够施予对手的伤害也受到高度限制。在通过猎捕得以生存的肉食物种中，猎物同时被雄性和雌性一起击倒并杀死。雄性对于猎捕与战争的垄断并不是一种天性：它是人类的发明。因此，父亲在攻击性方面的特殊能力在更大程度上是文化性的。

父亲，也是历史与文化的儿子，在某一天规定了与他们的女人及后代的最初契约，接受了为后者的生命负责的职责。但任何这样的承诺都缺乏本能的基础，这意味着它因此必须被教导，而且在属于个体的心理生活的自我教育过程中，必须不断地被坚持。这一承诺能否被遵守，能否继续存在，对它的威胁不仅来自外部世界以及文明可能的逆转，同样也来自每个父亲的灵魂中的力量，那些诱惑他退行到一种“非巧合”态度的力量。

为了驱除父亲回归不负责任的个人主义的可能性，古代的人们为他提供了至高的荣耀，将他抬高到神的水平；而将父亲封闭在权威与好战的盔甲中，让他慢慢获得权威与战争的垄断权，父性状态的不稳定性也被隐藏起来。在人类历史形成之初，这套装置就已经僵化，因此关于父亲的天性，并没有语言表述。相反却揭示了它的对立面：一种退行到天性的恐惧，一种回归到无意义的恐惧。如果母亲失去了文化赋予她的权威，她依然可以成为一个母亲。但是如果父亲失去了那种权威，他也就失去了继续作为父亲存在的确定性。

事实上，将父亲的特质归结为武器与盔甲，是十分重要的。不像犄角、长牙或利爪，它们从来就不是自然生长出来的产物。每一个将要成为父亲的男孩，都必须靠自己的努力来获得这些武器。而且并不是任何一套盔甲，在历经一段时间后，就可以转化为皮肤的替代品：它有着外衣的天性，因此可以脱下来，并在准备战斗的时候再次被披挂起来。除了会令人不自然，穿着盔甲睡觉、休息或做爱会导致无法忍受的折磨。

盔甲是关于父性制度的复杂隐喻。就像所有文明的架构呈现出来的都是它们晚近时脆弱的样子，每个社会和每个家庭必须改造它们，父亲的权威仍然是矗立在黏土之上的巨像。即使最狂傲自大的父亲，也会在无意识的某个黑暗角落，感觉到这一真相的存在。不管他接受的教育是否基于军事价值，当他知觉到其地位之脆弱性时，他总是被诱惑而将他自己用盔甲保护起来。

一个家庭的父亲所建立起来的防御工事，不仅存在于他自身和外部世界之间，存在于他自己与其他父亲之间，也存在于他的家庭之中，让他远离将要长大成人的儿女，远离一个有着竞争性态度的配偶。而且，作为人的身份扎根本能之中——一种趋于成长和自我肯定的天性，人们无须借助任何文化构建，比如权威，就可以发展并保有这种天性。另一方面，父亲的身份却建立在对其人格的各个层面的全部压抑之上。他的人格对权威的主张非常陌生。但是，自我监督远非真正的自我了解，而压抑只能在某一特定的时期履行其职责。因此，父亲尝试修剪掉人格中任何削减其权威的部分，或者简单地说，就是那些多愁善感的部分，而且这种做法被迫变得越来越极端。换句话说，真正“坚固”的父亲，在心理上、在社会上，都需要一套盔甲，不仅在他与其他父亲之间的关系中，在处理自己与家庭成员的关系中，而且在对待自己的时候亦是如此。因此，随着时间的推移，文明学会了将父亲进行装备，所装备的就是我们轻松地称为“内在盔甲”的东西。

总是“坚持自己原则”的父亲不会根据环境来改变自己的行为。不断变化的立场与态度使得维持人格的任务变得十分复杂。这一点对任何人而言都是正确的，对父亲则尤其如此，因为稳定性被认为是组成父性特质的一部分。一种人们每天都在训练自己采取的态度，不会突然被放置一旁。一个人不会从自己的那套盔甲中走来：他甚至会在没有任何攻击性威胁的情况下也穿着它，甚至在妻子和孩子们的陪伴下也穿着它。一个总是穿着盔甲的人，会变得习惯于相当受限的僵化的活动。

父子关系总是带有一种“发明”的记号，同时带有一种父亲意志行为的记号。一个按照他所选择的角色来生活的父亲，其行为不是“本能的”。然而，不管其性别如何，孩子并没有一种倾向去接受或承认父亲这一人格变形。孩子可以延长自己与母亲之间在出生前的共生状态，却没有工具与父亲的社会化行为进行交流。正是父亲为孩子负起责任的意图，成了他们之间直接沟通的障碍。一个父亲和一个孩子在开始了解彼此之前，必须首先研究对方。这也是为什么当看到天真的赫克托耳试图拥抱儿子，却忘记脱下头盔时，我们会微笑。

因此，赫克托耳是传统父亲的一个古老隐喻，但也是父亲与母亲和孩子的世界有着无法弥补的距离的一个古老隐喻。当母亲与奶妈和年幼的阿斯蒂亚纳克斯交流时，没有碰到任何问题，而赫克托耳完全不同的形象吓到了孩子。在试图拥抱孩子之前，赫克托耳必须脱下他的盔甲。他忘记这样做的原因就是，他已经对身穿盔甲变得毫无意识。

与基督一样，却在基督之前的许多个世纪，赫克托耳也是单独面对死亡的。阿喀琉斯回到战场，为朋友帕特罗克洛斯报仇。赫克托耳根据战斗法则对帕特罗克洛斯发出挑战并杀死了他。阿喀琉斯之前为自己的个人荣誉而战，现在是为了满足个人报仇的渴望而战。被他疯狂的进攻击溃，特洛伊人落荒而逃，在城墙背后躲避。只有赫克托耳留在了平地上，拒绝进入特洛伊城。他觉得自己有愧于特洛伊人，他确信阿喀琉斯不会回到战场，所以他命令他们是进行战斗。他也明白，自己就是阿喀琉斯寻找的人，而他的职责就是接受阿喀琉斯的挑战。（《伊利亚特》，XXII，1~91）

他的父母哀求他，大声呼喊他，让他在城市稳固的城墙之后躲避。面对一个“本能的雄性”——退行到野兽的状态的雄性（指阿喀琉斯），虚弱而孤独的父亲被建议寻找一个攻不破的“子宫”来获得安全。但赫克托耳拒绝了。那里不是他要去的地方。一个人不能通过另外一种退行的方式，来保护自己免遭退行的进攻。

赫克托耳也知道自己并不是阿喀琉斯的对手。他试图寻求妥协。女人们建议他寻求和平，这显然与他内心的某些东西相呼应。他最终挣扎着去对抗自己的内心——他的内心建议他去与敌人签订协议。他拒绝了来自内心的意见，并不是因为他骄傲，而是因为他知道，打动了他的内心的那些情感，是不会打动阿喀琉斯的。（《伊利亚特》，XXII，96~130）

阿喀琉斯站在他面前。这一刻，赫克托耳陷入了恐惧。这一点揭示了赫克托耳的复杂性，这一复杂性使他与那些总是且只是辉煌闪耀的形象完全不同。一个父亲、一个保护所有人的保护者的意志，在一个原始的求自保的冲动面前退却了。

赫克托耳被他的对手追逐着，绕着特洛伊城，绕着作为避难所的城墙跑了三圈，而他曾相信没有这道城墙，他也能够胜利。如果说城市保护性的空间是母亲的象征，而在远离城墙的区域，即使是父亲中最强壮的那个（指赫克托耳）也会发现自己孤身一人，被抛弃了。

就在赫克托耳和阿喀琉斯第四次绕着城墙跑时，宙斯在用他的金质天平称量他们的命运，而赫克托耳的命运沉向了死亡的一端。神灵抛弃了他。（《伊利亚特》，XXII，136~213）事实上，雅典娜以赫克托耳的兄弟德伊福波斯（Deiphobus，这是一个很有意思的名字，可以翻译成"害怕神灵的人"）的模样出现在战场上，带来了最后的诡计。兄弟的在场令赫克托耳安心，他决心接受战斗。并且，他内心的责任感被重新唤醒，他没有立即采用武力，而是向阿喀琉斯提出一个最终协议。赫克托耳承诺，如果他成功地杀死了阿喀琉斯，他不会抛弃他的尸体，让他被秃鹰和狼狗吞噬，而是将他归还给希腊人。他请求阿喀琉斯也能做出同样的承诺。

阿喀琉斯已怒火万丈，他不会去答应什么协议。他的言语充满了动物的意象，他要将牺牲品撕成两半：但这并不令人惊骇，不需要躲开，它们代表了一个"前父亲"的男性行为的控制逻辑。他宣告，在人与狮子之间是不可能联盟的，在狼与羔羊之间也不会有协议（《伊利亚特》，XXII，261~262），然后马上迅速将长矛投向赫克托耳，意在杀死赫克托耳。他失手了。轮到赫克托耳出手，但他的长矛不能刺穿敌人的盾牌：他和阿喀琉斯一样掉入了诡计，那个盾牌是神灵的杰作。赫克托耳请求德伊福波斯给他一支长矛，却发现自己独自一人，而雅典娜正在安慰阿喀琉斯，将长矛送回他的手中。

“啊，现在我知道神要我死亡……宙斯与阿波罗珍爱我的时刻已成过去……但如果我必须死去的话，我也要死得光荣。”（《伊利亚特》，XXII，297~305）赫克托耳准备为即将到来的死亡留下一个光荣的记忆。赫克托耳手握长剑，像鹰一样冲向敌人，却在半路被阿喀琉斯的长矛挡住。然后，当他在尘土中痛苦挣扎，度过他生命中最后几秒光阴时，他再次恳求胜利者接受他父亲普里阿摩斯为赎回他的尸体而准备的赎金。阿喀琉斯却重复说道，他想看到赫克托耳的尸体被狗与鹰撕成碎片。（《伊利亚特》，XXII，273~354）

在特洛伊城高高的城墙上，当看到阿喀琉斯将赫克托耳像动物一样屠宰，赫克托耳的家人在哀号、在哭喊。阿喀琉斯刺穿了赫克托耳的脚后跟，用一根绳子穿过脚后跟，把尸体捆绑在战车上，就像一个猎人对待他的猎物一样。安德洛玛刻大声预言了阿斯蒂亚纳克斯的未来：“你帮不了他，赫克托耳，因为你已死去，而他也帮不了你。”失去了父亲的孩子变成了一个乞丐，遭受了所有的屈辱，并被人从盛宴旁赶走：“滚出去！你的父亲不在这里欢宴！”（《伊利亚特》，XXII，485~498）古代的残酷习俗声称，没有父亲的孩子既没有身份，也没有荣耀。由于社会是父亲的社会，而一个没有父亲的人在社会中是没有地位的，也得不到社会的尊重：他只能是一个被驱逐者。

所有曾经担心的事情都已发生。两种最能代表我们本源的男性对峙了。那个选择了父亲道路的男性被另外一个压碎，而后者的行为是由本能决定的。这正是荷马在记录我们古老的神话时，最想表达的一种危险。整个特洛伊战争可以被视为一种象征，象征着父亲的不稳定状态，以及退行到动物状态的危险：无数男人为了一个女人——海伦，而进行长期战斗，是一种集体回归，回到了雄性为了拥有雌性而进行打斗的原始状态。

阿喀琉斯是一个武士英雄，游离于父性的范畴之外。尽管根据古老的传统确实记录，他有一个儿子，但关于他们之间的关系没有留下只言片语。而那个儿子尼奥普托列墨斯，与他的父亲一样凶残无比（见第十二章，《埃涅阿斯》），而且正是他去谋杀年幼的阿斯蒂亚纳克斯：儿子一代重复进行着恐怖之事，而正是这一恐怖，将他们的父亲联结在一起。当特洛伊的女人被胜利者瓜分时，作为奴隶的安德洛玛刻被分配给了他。

赫克托耳，一个仍然脆弱的父亲形象，被雅典娜（这是一个精于计算的女神，其特质根本不是母性的）欺骗，然后死在阿喀琉斯这个凶暴的男性手中。他随后被除去盔甲——他太天真地依赖它所能提供的保护，然后被抛弃在狼狗的口中、秃鹰的喙下。将赫克托耳的尸体撕开的动物也可能是从责任退行到本能的一种隐喻，因此也是将父性分解的隐喻。

在慢慢地编写关于特洛伊战争的传统故事的同时，荷马将一个传奇故事置于核心位置。这个传奇并没有围绕大量的军事事件展开。故事的最后一章是一系列的象征，描述了人类可以逆转其进程，再次退回到动物的风险。

但荷马也明白，历史从来不会是一条到达一个特定结论的道路，而他因此也通过呈现一种神性的干预行为和人类两种思想的改变，平息了他消极的预言。神的干预最终使赫克托耳的尸体在阿喀琉斯的盛怒之下得以保存：宙斯本人命令普里阿摩斯带着礼物到阿喀琉斯那里，去赎回他儿子的尸体，而阿喀琉斯也愿意聆听他的请求。（《伊利亚特》，XXIV，22~119）人类内心的第一次改变发生在普里阿摩斯国王身上，他接受了在敌人面前屈尊的打算，并亲吻了那双扼杀了赫克托耳生命的手，那双杀死他其他儿子的手。然后，阿喀琉斯改变了态度。普里阿摩斯请求他尊重自己作为一个年迈的父亲所承受的痛苦，并请求他记住，他的父亲也同样年迈，在等待他归去。（《伊利亚特》，XXIV，485~517）阿喀琉斯被打动了。

《伊利亚特》推导出一个疑点重重的象征关系。赫克托耳已死去，被一个更加原始的人物制服。但是，赫克托耳的象征还活着：那就是父性。代际顺序被逆转，普里阿摩斯的死亡在诗篇结束之时才来到。普里阿摩斯这个尘世中的父亲——与宙斯这个神圣的父亲的建议一致——对阿喀琉斯无法战胜的野蛮表示了敬意。确实，如果没有意识到本能的顽固，没有意识到有必要重提本能，没有意识到文明的需要——文明将一种折中方案强加于本能之上，那么，在我们称为“文明”的发展进程中，不会有持久的进步。当这一妥协已经达成时，野兽也能被文明的情感驯服。阿喀琉斯充满敬意地想起了自己的父亲，并重新考虑了普里阿摩斯——一个父亲敌人和一个敌人的父亲——的处境。赫克托耳没有获得的成就被他的父亲取得了。普里阿摩斯在身体上很虚弱，在道德上却并非如此。他可以紧握一只野蛮的手却不受污染。智慧比英雄主义更强大。

赫克托耳已经死去，他的儿子阿斯蒂亚纳克斯的生命也是短暂的。因此，如果《伊利亚特》所讲述的神话是为了告诉我们父亲的命运，那它怎么会逆着时间的河流而行，并将其任务托付给父亲的父亲履行，托付给生命同样即将结束的普里阿摩斯？

故事的结尾部分传递的象征难以解释。但我们仍然明白，父亲的职责正是在于对抗时间：他的职责就是建立一种不受时间影响的责任原则。其目的是，创造延续性与记忆，阻止每一代都不得不面对的归零状态的出现。

第十章 尤利西斯

从古至今，如果说有哪个神话英雄来自一个希腊小岛并作为西方社会的人类原型而最终成了真正的人类楷模的话，那他一定是尤利西斯。

据说，除耶稣基督外，尤利西斯是西方传统中传诵最多、最为家喻户晓的人物。然而，基督有世界上最强大的宗教为他撑腰，而尤利西斯没有。基督是实实在在的历史人物，也许参加过历史上最伟大的革命。尤利西斯属于神话传说，因此没有历史重要性。他没有复活，也没有显化任何精神上复兴的力量，只不过是一个小岛之王。然而，所有这一切都不足以说清楚他的身份。尽管没有历史重要性，他之所以仍然显得如此举足轻重，在于他留下了心理学的遗产。

尤利西斯只是在某些情况下是英雄，而大多数情况下，他是个不折不扣的普通人，因此他是不完美的、自相矛盾甚至不公正的。

尤利西斯通常被看成狡猾的原型，但这种看法是片面的。尽管他有时会耍些手段，但他总是值得信任，总是勇敢无畏的。他自身具有的复杂与矛盾与我们相似，而这正是使他成为新颖的心理学人物的原因。他是我们认同的一个人物，并没有否认我们都有的缺点：缺点在一个人的冒险经历中总会占据一席之地，但最终会得到补救。他虽然也像我们一样经常耍些计谋，但他最终是唯一的诚实典范，而他的诚实最终救赎了他自己，也救赎了我们。

与传统英雄或捐助者不同，尤利西斯对高尚的行为本身不感兴趣，倒是对这些行为带来的好处感兴趣：马上就能派上用场的知识、最后的胜利等。这些东西是要付出代价的，但他已经做好了准备。

正如尤利西斯的行动并不总是英雄式的，并不总是只受到单一的、清晰的冲动驱使，而且也是模糊的，也要受制于他自相矛盾的行为带来的残酷性，他的愿望和意志也是自相矛盾、不甚明确的。耶稣在遭遇苦难、痛苦和孤独时犹疑不定，尤利西斯也有系统性的犹豫不定。在怀疑、恐惧或仅仅是无法做决定时，他的思想前后摇摆跳跃，或在两个灵魂的对立面之间激烈碰撞，放在今天，我们可以说是：在大脑与心灵之间摇摆不定（《奥德赛》，V，365，424；VI，118；X，151）。

人们会问这会不会是荷马使用的另一个词语，回答是否定的。这些术语中只用于描述尤利西斯。我们由此发现内心对话的史前雏形。灵魂对立的两面——思想和行为的较量，作为积极而非静止的力量——成为心理解剖的可视特征，或内心世界的神秘地图。尤利西斯的航行是遥遥无期的漫游：出发、停止、折回，同样的，他的内心也摇摆不定。当他最终回到家时，我们发现在他迂回曲折的旅程中，他的反映模式也发生了变化。它不再是一些捉摸不定的想法，而是直截了当的思考。我们能清楚地发现它与古代英雄的思想有不同之处，在他们看来，思想等于意志：强大的、坚决的、终极上非常简单的意志，无非就是心理本能的重述。

不像古代英雄，尤利西斯能控制自己的意志，因为意志是由思想而不是冲动引导的。这样就产生了两种全新的行为模式，二者都是延迟性的。当良辰吉时尚未到来时，他可以等待，在综合考虑两种选择时，他耐心十足。

对尤利西斯而言，记忆这个储存库并不是封闭的，而是流动的、富于创造性的。它不会储存已经死去或不复存在的东西。记忆库容纳的是暂时被搁置的事物：待完成的、有必要重拾的事物。尤利西斯被赋予人类历史中第一个真正的记忆，记忆的力量在于它有能力与绝对的勇气结合——在早期的史诗中，这一勇气太容易被展现出来。在一个简单的举动中，就蕴含有对自我和自我某些特定的系泊之处的忠诚。之前，我们发现阿喀琉斯有着盲目的、不考虑环境因素的、自我毁灭式的鲁莽；现在，我们在尤利西斯的身上发现内心的复杂算计与行动上对代价与时机的估量。原始英雄举起双臂反抗敌人，唤起我们抽象的崇拜；另一方面，尤利西斯意识到，他内在的原始英雄年事已高，他努力改变原始英雄的形象，努力让自己变成新的历史性人物。这是我们真正认同的工作，因为这就是我们自己的使命。

古代英雄表现得好像总在战争，战争的嘈杂声是他所知道的唯一声音：他自豪地战斗着，向敌人吼叫着，喊出自己的名字。他的名声不断地得到肯定，因为他的存在是不稳定的，必须依赖公众的认可来确认自己的存在。尤利西斯也清楚地意识到自己身份的脆弱性，但是他改变了其影响力，将之变成自己的优点。当他身处一个暗藏危机的新情境时，他发明、设想了一个新的身份，藏于一个与自己无关的名字背后。他思虑未来，而且避开风险。古代英雄总是站得很高，像个雄性动物，在决斗之前，先把自己大肆吹捧一番，好加强自己在视觉上的影响力。他们用闪闪发亮的长矛与钢盔恐吓敌人。尤利西斯更像一个穿着类似服装的现代战士：他不让自己显得特别强大，反而使自己更小。所以当他在迎战独眼巨人时，他告诉巨人自己叫“尼莫”或“无名氏”时（《奥德赛》，IX，366），他并不只是在运用又一个突发奇想的策略，而是将自己惯用的策略推向极致。

尤利西斯不是在挥动利剑的时候，而是在他掐住同伴的喉咙、掐断其话流的时候显示了自己的本性。这在安提克罗斯身上就发生过，在决定特洛伊城命运的危急时刻，希腊士兵安提克罗斯差点暴露自己的身份。希腊人假装放弃战争，留下无数的木马在海滩上。在特洛伊人的注视下，海伦绕着“空木马”转悠，模仿希腊士兵的妻子的声音，一个一个地呼唤藏在木马肚子里的希腊士兵的名字。希腊士兵们顷刻忘记了自己的战士身份，感觉自己置身于一个熟悉的氛围，他们准备回应海伦的呼唤。这种情形就像我们如果对着狗叫，也能立即引起狗的回应一样，这是狗的本能。尤利西斯强迫士兵保持沉默，命令他们忘记自己的身份。安提克罗斯无法控制自己，他就用手掐住安提克罗斯，让他无法发出声息。为了蒙骗敌人，尤利西斯穿着乞丐的衣服回到家乡，奶妈认出了他，他担心奶妈会因为高兴而叫喊导致自己的身份暴露，他又掐住了奶妈的脖子，不让她出声（《奥德赛》，XIX，467~490）。

只有尤利西斯能控制自己，也能控制同伴。与其他事情相比，他更渴望马上见到家人，但是他知道即时的满足最终让他见不到孩子。满足冲动并不能让他回归家庭。能否回家取决于他是否能接受现在的痛苦，坚持自己的计划。

尤利西斯的任务是控制、记住并征服他心里的古代英雄。迅速闪过他心头的想法与多年来的行为方针并无不同：它们都服务于同一个目标。尤利西斯有时是个驯兽员，有时是一个教师，有时是自己的教父。他既是个孩子，又是个理智的成人。

有时我们看到他是无情的战士；有时恰好相反，他表现出女性的感性。战争让他冷漠，他几乎忘记了自己所遭遇的痛苦。

当他听到一个游吟诗人在讲述他的冒险经历，他的回忆被勾起时，他悲痛欲绝，失声痛哭。角色顿时变换：他“像个妇人在为死去的丈夫哭泣”（《奥德赛》，VIII，523）。

尤利西斯既是孩子也是成人，既是男人也是女人。他的故事证明了人类外表表现出来的复杂性，他能够组织人格资源，“召唤”它们在合适的时机进行表演。这种内在机制也是复杂的外在机制的必要前提。此时人格就像教育和社会系统的缩影，不再像以前的英雄。人格中充斥着一系列反复无常，这些反复无常的言行就像人生长河中跳跃的珠子。

尤利西斯乔装打扮成乞丐回家的行为并不是肤浅的，或完全由冷漠的算计控制的，他勇敢的心渴望随时付诸行动。

“他的心像母狗一样在咆哮”，但是，他训斥它且驯服它，他

“按住胸膛说：‘心儿啊，支持住！凶残的独眼巨人吞噬你的同伴时，你已经受够了残暴：忍受吧，直到思想将你从它的囚笼中解放出来。’”（《奥德赛》，XX，13~21）这种自我教育标志着内心对话与自我对质逐渐成为诗歌的基础，这也是现代内省叙述与心理学的基础。

尤利西斯还持有这样的想法：身体也是可以教育和训练的，但他没有天真地主张身体是可有可无的，他也不厌恶身体。身体也像思想一样，需要保持连续性。《伊利亚特》中的阿喀琉斯急于报仇，打算在早餐前发动攻击。他的思想里没有任何计划，他甚至没有坚持到黄昏：什么样的战士能空着肚子打一整天的仗呢？尤利西斯给出了答案，他那长篇的、谨慎的论证（《伊利亚特》，XIX，155~304）：他认为，那些也想着食物的人更渴望胜利。有远见的成人驯服了冲动的孩子。在《奥德赛》中，尤利西斯经常说肚子和心脏一样，都像狗一样狂吠不已（《奥德赛》，VII，216；XIV，343；XVII，286，473；XVIII，53）。它不停地咆哮，使你不得不弯下腰去聆听，并且每天都必须给它食物。尤利西斯（一个成人兼孩子、男人兼女人的人）既是人类，又是动物。

从本质上说，尤利西斯的力量在于他有一种非常简单的能力。他总是想到替代方案：即另一种可能，这不仅是指找到了一种新的、令人激动的策略，也是指忠诚于已确定的基本的，任何人都不会忽视的现实。通常认为尤利西斯象征着探索需求，他强烈的创新欲望使他成为从古至今西方人的原型。但是，他对于持续性的需求更具有预言性：这是一种连接新与旧的需要，一种创造新形式但不破坏过去的需要。胆大妄为已经开始蔓延，但是如果没有计划做基础，这一驱动力只会让自己灰飞烟灭。

这门新课程与其说是创新，倒不如说是建构。它体现在尤利西斯内心的振荡中——除了包含犹豫不决的成分，也显示他有选择能力。在阿喀琉斯怒吼着前进时，尤利西斯以沉默彰显自己。即使情况万分危急，没有退路时，他似乎还坚持自己最后选择的权利。即使在绝望的时候，他也表现得很积极。他在自问，究竟应该屈服于环境，还是拒绝被动性——用自杀来创造一个新的行动？（《奥德赛》，X，50，496）

尤利西斯在坚持、在决定，他创造了选择的能力。这个过程很容易出错，但他最终胜利了：英雄不再是一成不变的，也不再被认为不用做选择就永不犯错。对尤利西斯而言，没有确定的权威可求，也没有行动的意志。尤利西斯的回家充满了逆转与犹疑，因为他的目标也是过程的一部分。他在家庭中作为父亲的角色也一定是源于他作为一个冒险家的生命之延续。他总在踌躇不决，他回家的路既不明确也不直接。我们看到在每一次关键时刻，他的态度都矛盾重重，他一次次确认自己的决定又一次次改变决定。他的冒险与回家合二为一：航行。

尤利西斯的人生目标，就像诗人在诗歌开头引述神的话时所说的，是“为了看到青烟从家乡的土地上袅袅升起而死去”（《奥德赛》，I，57~59）。或者，用他自己的话说，“为了再一次看清我所拥有的，看清那些仆人，看清高耸的宫殿之后死去”（《奥德赛》，VI，182~185）。然而，正如先知提瑞西阿斯（Teiresas）预言的，他的人生一直在冒险，没有喘息的机会，直到他死去。伊萨卡岛（Ithaca）并没有重新成为他的家园；它告诉尤利西斯怎样进行自己的旅程。

即使尤利西斯异常矛盾的心理没有立即显示其心理学功能——这是一种主角的内心活动——我们也很容易发现他与同伴的不同之处。我们会看到一系列象征性的对立，这些对立使《奥德赛》中的故事跃然纸上。

尤利西斯在外漂流了二十年：先是经历了多年的战争，继而是多年的漂泊。在这些漂泊的岁月里，他所遭受的挫折、他的好奇心、他的风流韵事都不断地让他脱离航线，令人不禁想问这些是否就是他生命的核心。但是，在他的半生中——超过当时普通人半生的生命——他始终牢记着最初的目的：回家比任何其他的事情都重要。这也是他在考虑采取任何行为时必须考虑的事情。这是尤利西斯的模式，但是与他同行的是一些刚愎自用的人，他们的智力水平比他低得多。饥饿、疲劳以及对财富的贪婪使他们有借口忽视他的计划并阻碍他的计划实现。

尤利西斯的同伴们最突出的特征在埃尔朋诺尔（《奥德赛》，X，522）身上体现无遗。他年轻，在战争中表现得并不怎么勇敢，也没有清晰的思维。他随尤利西斯漂泊到了女巫赛丝（Circe）居住的岛上，酩酊大醉后，他在房顶上睡着了。在出发的时候，他像许多年轻人一样，没有完全清醒。他在头昏脑涨、步履蹒跚地探找楼梯时，跌到地上，折断脖子死了。

这几行文字对埃尔朋诺尔内在的敌人做了令人信服的描述。

他缺乏经验，也没有什么斗志。他酗酒，且不脚踏实地（他选择屋顶作为休息的地方）。他无法拒绝诱惑（他死在赛丝的房间）。他愚蠢地想象着休息之后立即就可以做事（他在下楼梯时，脚踩空摔死了）。

对尤利西斯而言，自律是个永无定论的过程。因此，有时也有角色变换的时候：他的同伴们表现出很大的智慧，恳请他不要忘了故国的美丽（《奥德赛》，X，472），他们都迫切地想离开异地回到家乡（《奥德赛》，IX，224~230）。

在尤利西斯进入独眼巨人的魔岛时，他们坚持回家，而尤利西斯本人却受孩子般的好奇心驱使，一心想探索那座魔岛。他的过错不在于缺乏判断力，而在于想满足自己即时的冲动。

当尤利西斯进入山洞时，神话再一次让紧张的形势发生了逆转。虽然深思远见与不负责任之间的对峙还在继续，但尤利西斯和同伴之间已没有更多的对立，这种对立只体现在他和新的对手之间。独眼巨人波吕斐摩斯代表一种粗鲁的原始力量，他既不知道社会也不懂得家庭；他和羊群一起睡在地上，与羊群一起动物般地共存。独眼巨人有巨人的身体，但是他的灵魂被禁锢，他心中有尚未解决的、与父亲相关的问题，这使他无法进入成年期。一个不能做父亲的人阻碍了后代的繁衍，他依然是父亲的控制物。波吕斐摩斯过着一种勉强糊口的生活，只要求满足最基本的日常需求。由于他的内在没有“父亲”，他也完全与他生理上的父亲——海神波塞冬断绝往来。波吕斐摩斯抓住尤利西斯，吞食了这个囚犯，然后醉酒两天——酗酒是成为父亲的永久敌人。

在故事的结尾对父亲的形象提出了两点要求，父亲几乎就像是指路明灯，是每个被命运捉弄的人得以求助的对象。尤利西斯戳瞎了波吕斐摩斯的眼睛，逃出山洞，回到了船上。然而在他困在山洞与波吕斐摩斯战斗时，他也被其心智污染：同样的一股原始力量在他内心释放出来。他突然屈服于一时的冲动，渴望像英雄那样行事。他的同伴们把他围住，将他拽回了家。他们质问他为什么这么做，称他为疯子，并劝告他不要惹火了那个魔鬼。先前好奇心战胜了谨慎小心，现在又让位给骄傲，他大声宣告："独眼巨人，如果有人问起你的眼睛是如何瞎的，你就告诉他，是我尤利西斯——莱厄提斯的儿子把你的眼珠挖了出来。"

要想返回伊萨卡岛需要自律，犯下这样的过失会遭到惩罚。这在《奥德赛》里表现得很清楚：片刻的冲动行为换来的是回家路上数年的痛苦。波吕斐摩斯怒吼着："一个古老的预言在这里实现了！"一个占卜者曾预言，他会被一个名叫尤利西斯的人弄瞎眼睛。但是，一个只顾眼前的怪物怎么会关心这个最后一刻才会实现的诺言呢？独眼巨人承认自己的无能，求助于他所意识到的唯一力量。就像孩子哭喊着要礼物，独眼巨人也企求父亲替他复仇："听着，波塞冬老爷子，环绕地球的神！如果我真是你的儿子，就给我主持公道，用最大的灾难惩罚尤利西斯吧。"（《奥德赛》，IX，500~535）

史诗《奥德赛》显然是想通过这两个人物的对比来表现两种男性人格的对峙，这两种人格同时存在于主角的灵魂中：即时的需要、幼稚、不成熟与对未来的忠诚；渴望冒险与盼望回家。这些对比鲜明的观点有时出现在同一主题里，有时又由不同的主题表现出来；尤利西斯有时致力于逐步实现自己的计划，有时又鲁莽行事。

命运似乎交替运用这两种规则。尤利西斯擅长口是心非，并且命运——对希腊人而言就是最高权威，即使神灵也不得不服从命运的安排——赋予他双重性格。

在《奥德赛》中，胜利属于有耐心的人，属于能够忠诚执行计划的人；但是，忠诚于既定目标的过程中从来就不乏勇敢鲁莽的冒险插曲。在开始他的冒险历程时，尤利西斯就坚定了回家的决心；在回家的途中，又充满了冒险的经历。

女巫赛丝劝尤利西斯下到冥府找预言家提瑞西阿斯预测他的回家之旅。但是，他先碰到的是谁呢？是埃尔朋诺尔（《奥德赛》，XI，51）。他的阴魂在冥府前盘旋，他不能进去，无法获得安宁，因为他还没有被安葬。他请求尤利西斯："求求你，以你最挚爱的家庭之名义，回到赛丝身边，请求她给我一个风风光光的葬礼，以便人们还记得我曾是一名水手。"

尤利西斯的承诺带来了一个周期的结束，故事的象征意义再次预设回家处于优先地位。缺乏远见的象征——埃尔朋诺尔——可以躺下来休息了：尤利西斯采取一次简单的行动可以消灭他，也可以与他讲和。埃尔朋诺尔不再是阻碍回家的顽固敌人的象征：他代表旅程第一阶段的第一步，而这一阶段是以天真率直为标志的。

尤利西斯最后终于找到了提瑞西阿斯并向他发问。提瑞西阿斯告诉他（《奥德赛》，XI，100~137），要返回伊萨卡必将承受无数的痛苦。一旦他设法在宫殿中重申正义，他又将肩扛船桨步行走向内陆而永远远离大海。他会遇到一个不知道船桨为何物的民族，然后他的旅程将会结束，他也将真正返回自己的家乡。这时他已经很老，行将就木了。

尤利西斯造访冥府的目的完成后，本来可以回到人间。但是，荷马让他和死人多待了一会儿，让他见到其他阴魂。于是，他又与阿伽门农谈话，这位希腊大统帅、众王之王想要知道人间的什么消息呢？他想知道他的儿子俄瑞斯忒斯的消息。随后，尤利西斯又遇到了阿喀琉斯，阿喀琉斯想询问他的父亲珀琉斯、儿子尼奥普托列墨斯的情况。英雄们得知这些消息后才平静下来，直到这时，尤利西斯的冥府之行才真正结束。这部史诗告诉我们，生者与死者的联系其实就是父与子的联系。父亲总是可以依靠的对象，因为他们即使已经死去，也还记得我们。

尤利西斯的旅行故事再现了男性的家庭责任感“降生”之时的阵痛，重新阐述了男性的选择能力，再一次详细说明了围绕着父亲这一角色的痛苦与矛盾，以及父亲的忠诚法则。这个故事的强度是任何喜剧都无法企及的。

在努力说服女神卡吕普索放他离开时，尤利西斯没有躲开她投来的无数道光芒：“啊，伟大的女神，请您不要生我的气。我知道您说的都是真的。您看看我聪明的妻子珀涅罗珀，她远远不及您美丽，也没有您这样的身材。她毕竟只是凡人，而您永远也不会老、不会死……而我一生都在渴望回家，渴望见到回家的曙光。”（《奥德赛》，V，215~220）我们应该怎样向充满物欲的现代人解释尤利西斯的反应呢？他们已经没有耐心看史诗了，因为他们根本不相信时光的流逝。比如，有人会提醒我们，在与丈夫分离二十年后，现实生活中的珀涅罗珀至少已是人到中年了。我们会回答说，《奥德赛》比他们的想象还要复杂，诗歌也会尊重所有明显的事实：求婚者出于政治私利向这个中年王后大献殷勤，尤利西斯也知道他将与一个身体已经布满皱纹的女人同床共枕。但是，在他向卡吕普索表达他的尊重时，他也说出了真相：如果我不回到我所属的地方，您青春永驻的肌肤对我而言又有什么用呢？我想回家，回到妻子的身边。

卡吕普索赐予他永生，这一礼物有何吸引人之处？这一礼物并不会令他强壮，而是使他日渐虚弱的诱惑。永生意味着等于退出时代：脱离家庭，永远也无法对抗珀涅罗珀的求婚者们。尤利西斯拒绝了女神，但首先是拒绝了最为浮躁的、古老的男性幻想。

即使在他对费阿刻斯人的国王讲述他的漂泊故事时，英雄尤利西斯也承认赛丝和卡吕普索对他意味着什么。但他绝口不提他与两人生下的私生子——赫西俄德曾向我们讲述过此事，他是神话界的人口普查员（《神谱》，1010~1018）——然而他对这些诱惑带来的种种不幸遭遇倒是做了长篇累述。他完全有理由与她们生下孩子，因为他被可怕的独眼巨人只囚禁了两个晚上，而他在赛丝的岛上生活了将近一年，与卡吕普索一起生活了整整七年。“光艳照人的卡吕普索想留住我，住在深深的拱形山洞里，想要我做她的丈夫。赛丝也是如此，同样热情地留我住在她的宫殿，这个迷人的埃阿亚女王也想占有我。但是，她们从没赢得过我的心，从来没有。因此对一个男人而言，最亲切的是他的国家、他的父母，即使在他住在异

域奢华的宫殿，远离了生他养他的人的时刻。”（《奥德赛》，29~37）

然而，他并没有提到他的妻子珀涅罗珀。他说到了他的家园，但没提到她。尤利西斯拒绝其他女人与珀涅罗珀无甚关联，倒是出于非个人的、抽象的思乡之情：“nostos”（《奥德赛》，IX，37）。从这个词我们派生出“nostalgia”（乡愁）一词，意思是回家的痛苦。但是，《奥德赛》向我们讲述了许多更重要的东西。

当然，在这些事物的排序中，在尤利西斯不停地呼唤并渴望回归的祖国中，珀涅罗珀处于中心地位。但这种次序是父系次序。我们在用“祖国”（fatherland）——家长统治——一词时，并没有真正理解它的意思。希腊词“pater”的意思是父亲（来源于词根“pa-”，意思是拥有、滋养或命令），“patra”或“patris gaia”并不是“我的国家”，而是指“我父亲的国家”。“我的国家”不属于我，而是属于我的父辈。而我自己，只有当我也成为父系中的一员时，才是祖国的一分子。那片独特的土地与身体的自我由一个超自然的纽带——“父亲”这一概念——联结起来。因此，尤利西斯不是朝他妻子所在的地方航行，而是奔向他的父亲。回到他的祖国，回到他的父辈们生活的地方，在那儿他也将以父亲的身份被人记住。整部《奥德赛》充满了这种警告与要求：那些忘记了祖先的土地的人将会遭殃。

尤利西斯被海浪颠簸了整整两天后，差点被淹死，最后他设法靠岸了。诗人用了一个有双重意义的明喻，这是希腊人不可能忘记的比喻：海难中的水手看到陆地就像儿子看到了大病初愈的父亲一样（《奥德赛》，V，394及其后）。父亲既是力量也是柔情，既是社会也是土地，既是纪律也是滋育：父亲既是父亲又是母亲。所以，航行者要靠的岸不是现代说的“母亲的怀抱”，而是无所不包的父亲。

在这一系列的事情中，尤利西斯的儿子忒勒马科斯又扮演了什么角色呢？一开始答案就很清楚，《奥德赛》开篇就像列举大纲一样提出了它的价值观。忒勒马科斯被描述为一个空无一物的心理容器：他没有形成一个父亲的意象，一个给予他渴望的保护的父亲意象（《奥德赛》，I，115~116）。这个意象不但在日常生活中见不到，就连他的头脑中也不存在。忒勒马科斯生活在悬念与等待中：并不是等待某个真实的人——某个他没有记忆的人，某个他还在襁褓中就离开了的人，而是等待父亲的意象，一个他可以崇拜的高贵意象（《奥德赛》，I，240；III，83；IV，317）。他的皇家血统——父权制度的间接说法——是唯一可以提供他所需的外在保护的事物：他需要这种保护，因为他内心仍然是个不能适应社会的孩子，他将来很可能被社会抛弃。尤利西斯在离开的时候，为儿子留下了一个王子可以享受的一切重要装备：宫殿、财产、坚贞不渝的母亲、无数的朋友与支持者以及合法的继承权。但是，从心理角度来说，忒勒马科斯只是一个孤儿。

只有一个办法能够刺激他的成长：女神雅典娜不断地变身为男性形象来引导他、忠告他。诗歌的开始篇——可能是后来所加——《忒勒马科斯》，叙述了忒勒马科斯离开母亲珀涅罗珀寻找父亲尤利西斯的旅程。但是，更重要的是我们目睹了他从孩提时期走向成年期的象征性旅程。儿子在走向成熟的过程中，表现出了同样的内心振荡——这一点在父亲的航程中非常典型：忒勒马科斯在外部世界寻找父亲的同时，他的内心世界也与父亲的灵魂相遇了（Zoja，1997）。《忒勒马科斯》（《奥德赛》；I，II，III，IV）中有数千行诗句教导迷失的儿子为迷失的父亲举行宗教仪式。因此，虽然出现在诗歌的开头，但是在整部著作完成后，人们依然可以从逻辑上想象《忒勒马科斯》是加上去的一个章节：父亲先出场，接着才是儿子。

忒勒马科斯说："如果人们可以自由地得到他们想要的东西，我首先要做的就是接我的父亲回家。"（《奥德赛》，XV，148~149）尤利西斯扮成乞丐，然后脱掉破烂的衣裳，出现在儿子面前，他所要表现的正是这层意义。人们也许想象着荷马会洞悉我们的时代，给我们提出警告。他告诉我们，父亲的消失是永无可能完结的、不可逆转的；但是，他也告诉我们不要指望能在一群吵吵闹闹的男人中再次见到其阳刚之气；那些男人是求婚者，是永远也长不大的人。真正的男人是一些谦逊的、耐心的并因此战胜了风暴与战争的人。

尤利西斯的妻子、儿子、朋友、仆人，甚至他的狗都在等他回家，他们都被定格在靠父亲维系的秩序中。我们不难想起洛伦兹（Lorenz）进行的一项行为研究，他认为狗对主人的服从其实就是它对狗群中领头的那条雄狗的服从。《奥德赛》描述了类似的情形。尤利西斯的家人以及所有属于他的动物都严格地遵守这种原始的秩序，在等待父亲及领头人回归的岁月里，他们漫无目的地乱转，过着一成不变的生活。百眼巨人阿尔哥斯（Argus）是尤利西斯的狗：一个保留了古老的忠实形式的幸存者。狗的生命已经处于弥留状态，在主人尤利西斯离开的时候，它只不过是一条小狗；在尤利西斯回家时，它却年迈体弱、形容枯槁，睡在露天的麦堆里。听到主人的声音——动物的人类父亲的声音——这声音似乎突然穿透了二十年的沉寂，令它瞬间恢复了生命，它又开始摇头摆尾，然后由于过度兴奋而死。（《奥德赛》，XVII，290~327）

父亲和儿子联手对付敌人的时刻就要来临，考验忒勒马科斯是否成熟的时机就要来临。稍加留意，我们就会理解真正危险的不是他们的联盟是否起作用，更重要的是他们能否重新建立尊严：扮成乞丐的父亲能否重拾尊严；灵魂一直处于孩子状态的儿子是否能找到尊严。尤利西斯不希望看到儿子把父亲当作防护外部世界的盾牌，而希望"父亲"能够成为儿子无意识心灵中的指导原则。尤利西斯命令他："如果他们在宫中欺凌我，不管我遭受多大的侮辱，你一定要使自己坚强起来。即使他们拽着我的脚后跟穿过我们的宫殿……你也只能袖手旁观，一定要忍耐。"（《奥德赛》，XVI，274~277）事实正是这样。忒勒马科斯没有做出任何保护父亲的举止，一直隐瞒父亲的存在，直到最后一刻，尤利西斯的现身让敌人大吃一惊。与古代武士的情形截然相反，此时父亲的力量是无形的。

忒勒马科斯也参与了最后争夺尤利西斯的弓箭的比赛，去拼抢"我父亲最崇高的奖品"（《奥德赛》，XXI，134）。无论哪一个求婚者赢得了比赛，他都会获得所有原本属于尤利西斯的东西：他的财富、王位、妻子珀涅罗珀。忒勒马科斯三次试图拉开弓箭，第四次的时候，眼看就要成功了。他的父亲远远地暗示他停下（《奥德赛》，XXI，129）。父亲表达“不”时并未出声，甚至也没有任何动作。它也“不”需要多余的手势或动作。

如果忒勒马科斯取得了胜利，他将从求婚者的手中救出母亲和宫殿，但是那也会让那些该死的求婚者免于一死。从象征的意义来说，儿子的胜利会使冲突结束得太快，而使心灵内在的敌人毫发无损。

那群极力想得到王后和王位的求婚者是一群“冗余的人”，他们可以立刻填满每一个社会权利真空。但是，从心理学的角度来看，他们代表的是内在的敌人：没有坚强的意志——内在“合法的国王”——责任感便会土崩瓦解，累积的文明成果也因此会被摧毁。尤利西斯的宫殿是个现代的、脆弱的结构，必须通过不断的建构来更新它。求婚者们缺乏计划，如果他们不能实施重建，宫殿便无可避免地要遭到破坏。尤利西斯强烈憎恨的，不是他们的傲慢自大（这是他自己也不能完全摒弃的一个特质），而是他们毫无目的和计划的行为——冗余的行为。

年迈的乞丐尤利西斯被求婚者们嘲笑，衣衫褴褛的装扮掩盖了他的真实面目，耐心与谦卑掩藏了他的力量。年轻的王子们彼此打气，以此来掩盖他们的优柔寡断，他们的态度与老人代表的内敛睿智有天壤之别。巴不得他们毁灭的雅典娜，进一步降低了他们的智力水平，让他们更加愚蠢：他们眼含泪水，被一阵振聋发聩的笑声吓得发抖（《奥德赛》，XX，345）。他们继续机械地啃着血淋淋的肉。他们只会学狗叫，他们只是一群酒囊饭袋。

也许这些人可以表现得更加勇敢、大方。有时他们确实有这样的表现，正如有时尤利西斯的严肃几乎让他们觉得开心愉快。但是，他们代表的事物从来就没有变化：瞎闹，不过是用不成熟来掩盖恐惧；醉生梦死，每天活着的目的只是等待夜晚快些到来；固执的尝试，只能占有女人和宫殿，从没有想过家庭组织与经济体制。如果这些不自我毁灭，文明不会重新接纳他。这又是粗心的、顺应不良的年轻一代的思想状态。他们代表的社会——赫西俄德坚持认为那不是妇女们的社会——是游手好闲者的社会，是希腊人不认可的社会；他们不能捍卫男性至上的观念，至少这次不能，相反，他们对父权制度的忠诚还有待再次确认。

写作《奥德赛》的时候，荷马吸收了各种广为流传的“归来的神话”——其中蕴含的危险无法不令人担心。他的考虑相当长远。刚建立起来的父亲秩序可能被回归游牧部落与乱交颠覆（退行至史前状况是古人的幻想），这一危险非常明显，尤利西斯多次陷入困境，就间接地表达了这一危险。他独自抵抗108个求婚者（《奥德赛》，XVI，247）。谨慎与自制是唯一能彰显他意志的品质——一种游牧社会的人不具备的品质——而且正好补偿了一个人与108人在数量上的不平衡。

其他版本的神话传说更加直白地描述了求婚者表现出的堕落的危险性。难以想象荷马不知道这些故事；可是他对这些故事置若罔闻，认为这与他高尚的家庭意象格格不入。有些故事记叙尤利西斯流落异国时，珀涅罗珀与求婚者发生了原始的混交，并因此生下了潘：一个只求一时满足的半人半羊的神。荷马代表父权社会的正统神话，与隐蔽的无政府状态神话形成对抗。一个最极端的版本描述潘是珀涅罗珀与所有的求婚者发生关系的结果。潘完全由本能组成，是所有求婚者的儿子。在希腊语中“Pan”的意思是“一切，所有”。但是，如果说潘由众人所生，那还不如说他没有父亲。

射箭比赛（《奥德赛》，XXI，XXII）是求婚者的愚蠢和父亲的自制之间的最后较量。乔装打扮的尤利西斯看着求婚者试图拉开他那搁置了二十年的大弓。从最强壮的人开始，那些素无耐性的求婚者一个个想尽了办法去完成任务。他们在弓上涂上油脂，然后在炉边加热。但是，弓有着其主人那样的品质，怎么也拉不开。求婚者一个个地泄气了，他们慢慢变得严肃起来，站到一边嘀咕着：“真羞愧呀，尤利西斯能做到，而我做不到。”这让我们差不多有些尊敬他们了。

然而，求婚者中最嚣张的安提诺斯想出了一个办法：不是弯弓搭箭，而是放松情绪。他说：“今天是箭神阿波罗的节日；只有他才能射箭，我们不能冒犯他。让我们推迟这场比赛，明天再继续吧！今天我们为神干杯吧！”（《奥德赛》，XXI，140~187；245~272）他的提议博得了一阵喝彩，人们开始喝酒。还有什么主意比推迟比赛更好？这些人就像蝴蝶，整天到处飞，永远不会走向成熟，而是沉溺于心理波动，既不知起点，也没有目标。

轮到尤利西斯了，他的做法与求婚者们刚好相反。他耐心仔细地检查这把硬弓（父亲的权威），他要看看在这么长的时间里（父亲不在的岁月）它是不是被虫蛀了（“虫”指反对父系制度的力量，指求婚者），或有其他损坏。检查完后，他拉开了弓，毫不费力地上好了弦，“就像吟游诗人为七弦琴上弦”（《奥德赛》，XXI，406）。

提到音乐并非偶然。它反映了诗人渴望把尤利西斯表现为权力与温情的结合体：在希腊人的传统中，这就是父亲的本质。智慧使二者结合——或在箭神和音乐之神阿波罗的庇护下结合——的时刻，就是尤利西斯真正归来并重新拥有本该属于他的东西的时刻。

尤利西斯很快就赢得了比赛。在接下来的几分钟里他又重新张弓搭箭，脱下伪装，开始屠杀。尤利西斯的手只有极短暂的迟疑，但这还不至于妨碍他表现出父亲的男性雄风，表现出严酷与坚定的时刻已经来临。尤利西斯将他的敌人一个个杀死后才罢手。他拒绝了那些人的求饶，并拒绝他们提供的补偿。（《奥德赛》，XXII，45）他甚至将那些串通敌人的仆人们处死——同样毫不留情。他们的罪孽在于为敌人提供方便，但更重要的是，他们不相信尤利西斯会回家。那些只求眼前既得利益而放弃了对未来的承诺的仆人，与他们不忠实的新主人别无两样。

在最后的场景即宫殿中，诗歌的主题得到了强有力的重申。尤利西斯重新建立了他的秩序，同样向他所生活的社会献上了他的服从。他引导儿子进入成年生活。他用长矛、刀剑和弓箭粉碎了求婚者的游牧生活。不像阿喀琉斯站在赫克托耳的尸体上欢呼胜利，尤利西斯要求安静地庆祝胜利（《奥德赛》，XXII，411），没有半点傲慢自大。他伪装成一个卑微的老人是象征性的，绝非偶然。正是因为他有谦虚的态度，他才得到每个人的认可。然而，丈夫已经缺席了二十年，珀涅罗珀怀疑站在她面前的人是不是尤利西斯。（《奥德赛》，XXIII，97~110；182~257）她不是运用爱情这一工具来做出判断，而是用了一个小小的计谋。尤利西斯由于心思只在他重新获得的权威上，很快就掉进了珀涅罗珀的陷阱。

忒勒马科斯责备她："顽固的母亲，铁石心肠的母亲！"

珀涅罗珀请求给她一点时间："我的心因为悲痛而僵化了。让我用我和你父亲之间的秘密来鉴定他是否真的回来了。"

尤利西斯喊道："如果过了这么多年你还不投入你丈夫的怀抱，一定是造物主让你变得铁石心肠。"然后，他吩咐年迈的女仆："给我另外准备一张床，我要单独睡到一边。"

"就这样吧，"珀涅罗珀接着说，"把尤利西斯的床从房里抬出来，放到这里。"

"你说什么，你这个女人？谁动了我的床？如果不是神，谁能动得了我的床？没有一个人能搬得动。不是我的床搬进了我的房屋，而是我的房屋搬到了我的床上。整个房屋是围着床而建造的。院子里有一棵巨大的橄榄树，我留下了它的根和树干，亲手把它做成了床。"

正是这样珀涅罗珀的心才软了下来，激动得双腿发抖。她看到了她需要的信息，流着泪说："不是我，而是神祇嫉妒我们的欢乐和幸福。我只是想考验考验你。你的床原封不动在那儿呢。"

在尤利西斯离开后这么长的时间里，他的床一直原封未动。它不可能移到别处，因为它生了根。

尤利西斯的力量在于他单纯的存在，而不是他的狡猾或英雄气概；他唯一的失败就是他的缺席。

正如空空的宫殿等着主人尤利西斯的归来，直到那时它的虚无才被填满，尤利西斯真正的敌人也不是魔头或巨人，而是意志和记忆的缺失——遗忘。赛丝和卡吕普索的床（是床，而不是她们的爱情，是被动消极的象征），海妖塞壬致命的、诱人的歌声，诱惑水手们沉船遇难［尤利西斯用蜡封起同伴的耳朵，但为了听到她们的歌声，了解敌人的全部力量，他没有封自己的耳朵，而是将自己捆绑在船桅，以克服敌人造成的痛苦（《奥德赛》，XII，165~200）］。他的同伴们在基科涅斯人（Cicones）的土地上过度饮酒，像艾尔朋诺尔一样因为暴露自己的身份而遭到袭击而死（《奥德赛》，IX，45）。还有让他忘记回家之路的荷花（《奥德赛》，IX，97），以及情妇们为他准备的一剂剂忘魂药，这些药和女人一样狠毒（《奥德赛》，IV，220；X，236）。他面临的最大危险是温柔，因为这比敌人的铁甲钢盔，比无情的独眼巨人更能置人于死地。如果这些就是真正的敌人，与它们作战就是真正的勇气。但是，战胜敌人的力量也可以说是刚建立起的父系社会对永存的母系社会的恐惧与不自信。

尤利西斯以今天我们看到的形式出现的时候，父权制度已经在古希腊文明中根深蒂固了。这就是为什么传统的版本——无意识地渴望记录与证实父权秩序——没有把最后的重点放在惩罚作恶者或国王复位上。相反，故事强调了识别出“床”的时刻：床作为一个人造的、众所周知的物体成了自然与家庭结合的象征。它由生长中的植物做成，保留了其树根。设有婚床的房子——构建文明的第一块基石——没有与树对抗：事实上，是房子去适应树的生长，而树反过来又俯身下来保护房子。不像大自然，文明没有自己的生命。然而，这张床植根于自然，即使尤利西斯漂泊在外，也维系着文明的活力。

如果真有集体记忆这种东西，而且如果集体记忆越古老就越无意识，其影响力却不变。那么，自然而然地，只有尤利西斯的故事才能成为西方社会最有名的传说。虽然三千多年前迈锡尼贵族的武装掠夺和风流韵事在今天已经缺乏时代性，但是他们再现了另一个更为遥远且极为重要的事件：创造了父亲。

这一事件的重建——困难重重、有待完善且以自我为中心，但是对文明生活的发展必不可少——表明社会已经处于史前状态，人类不再过着动物形态的生活，真正成为人类。很难说父亲的出现是这种转变的原因还是结果，这远比罗马垮台或发现美洲重要得多。即使它不是文明存在的原因，它仍然是文明诞生的标志。

在我们读到这篇史诗之前，最初的口述叙事诗必须在讲述之中，经过过滤而形成文字叙述，这个过程据说经历了几个时代。为了使叙事达到最高目的，诗歌除了要用书面记录下来，还必须采用庄严的形式。庄严的诗歌事实上源于希腊游吟诗人的歌曲，游吟诗人是西方社会最早的诗人。当他们发现听众更倾向于认同某些事件后，他们开始专注于讲述传统的英雄故事。歌颂简单冒险的故事被记叙许多忠诚英雄的故事取代，他们回到了自己的家园，重新建立公平正义，给他们配偶的生活带来温暖，给他们的孩子的生活赋予意义。这些歌谣经过口口相传，变成了传说，直到最后到了最古老的伟大诗人（一般认为他叫荷马）那里，他是希腊第一个掌握写作艺术的人。

这首歌谣从来没有离开过我们的脑海，因为西方文学是同荷马一起诞生的，并在一开始就产生了巨著；而且这些巨著讲述了意志与忠诚的故事，很大程度上，故事的核心与父系制度阳光的一面相吻合。

《奥德赛》保存了肯定父亲的记忆。正如我们所看到的，父亲似乎确实代表了真正的神祇，因为所有的事情都是以他为标志发生的：遭遇海难的水手回到陆地，主仆重逢，甚至生与死也重新联合在一起。只要能使父子相逢，一切都是好的。除了探索“父亲的确立”的主题，《奥德赛》还留下了一份文学遗产，那是父亲出现带给文明的礼物之一：创造了做决策的过程。在做决策的时候，自我不再等同于冲动，而是一种能产生与本能无关的、自主的思维的心理机体。这种史前事件要在文学诞生之后才有记载，但是记载所需的叙述工具已经存在，因为它们源于同样的程序，具有共同的特点：有序的节奏，成功地处理烦琐的日常生活的文字与意志。

尤利西斯的故事是对男性自我教化的重述。像尤利西斯本人一样，男性大胆、迟疑、略带狡猾地追求一项事业，这项事业不是建立在勇敢和自信的基础上，而是建立在怀疑和困惑的基础上。当他在远方陷入困境时，他无意中意识到，应该找一个地方回去，一个可以落脚的家，他就生成了尤利西斯的意象。不能把父亲看成制度、建设者、经济来源和管制家庭的统治者。父亲是弃家去战斗的人，又从战场中回来的人。

第十一章　父亲作为唯一始祖的神话

生命的诞生不是一个简单的建构和装备行为，不是将现有的事物进行重组，新形式就可以产生。生命始于创造，产生全新的、前所未有的事物。生命的创造是个奇迹，是一项神圣的工作。但是根据希腊人的观点，地球上这种神圣的力量只属于父亲，不属于母亲。在地球上，男性才是真正的父亲、真正的物种，因为只有男性具备生殖繁衍能力。男性是按照神的模型被创造出来的，因此成了受崇拜的对象，而且这一地位将维持相当长的一段时间。

历史也从属于关于神的创造的神话，在众神中，宙斯是最伟大的主神。生理学也从属于关于父系创造的神话，这一神话使父亲成为统治社会的力量。

希腊人最先懂得有个叫“大自然”的东西，它受自己的法则控制，不受那些喜好争吵的神的非理性管制。自然的恒久不变与变化无常的神相辅相成。而且在很早的时候，二者就促使科学和哲学产生了，挤掉了宗教的位置。就科学和哲学的自洽性，神就像疯子一样挥舞着连枷。神确实也落得了疯子的命运，他们最初令我们惊喜，随后令我们恼火，最后被我们抛弃。抛弃神很容易，因为真正的宗教不是以神为中心，而是以希腊神话的纲要为中心。

因此，动植物的生命都受大自然法则支配。然而，希腊人也清楚他们的文明虽然远比邻国的先进，但并不是自然的产物，而是自然与控制自然相结合的产物（Zoja, 1997）。

他们还观察到，这种文明发源于“父亲”这棵粗壮的树干并慢慢发展起来：希腊社会中的所有树木的独特条件与父亲（在森林中居统治地位的树木）独特的地位息息相关。父亲的骄傲是制高点。男性的生殖功能与父亲社会角色的创建都是晚近发生的，它们都统治了文化心理。

关于古希腊（大约公元前8世纪到公元前6世纪左右）的记忆最早可以追溯到赫西俄德与荷马时代。在他们之前也有文明存在，只不过没有文字记载而已，它的字母表也曾出现于各种金属板上，但最终被人们遗忘了。除少数事件（比如，海伦被诱拐、特洛伊木马）被口头讲述外，荷马与赫西俄德之前一个世纪的高度文明的所有记忆都不复存在了。荷马与赫西俄德织就了一张装饰这一时代末期的花毯，将历史与传说编织在一起。因此，希腊人显然不知道极为久远的新石器时代和旧石器时代，也不知道我们是在相当晚近的时刻才有这些有限的知识的。

但是我们也可以不把记忆看成某种有意识的回忆，而是看成蜿蜒穿过几个世代的分层经验，或看成一种遗传进化记载，通过它留下的意象做出间接解释。从这个观点上说，希腊人的父权制确实可以看成史前时代开始的父权革命的延续，并发展至顶峰。他们共享了关于父亲的神话，而且一切都以此为依据，哪怕神话本身并没有被清楚地表达。根据前几章的论述——故事的传播并不带有目的性，而且具有口头文化的易变性——尤利西斯的胜利归来可以看成一夫一妻制的产生；在赫克托耳生命终结的时刻所演奏的抒情礼乐总结了父亲与生俱来的不稳定性，这一点困扰着它，与创造出他的男性的骄傲交织在一起。

当希腊人把他们最重要的故事交给荷马写作时，他们正致力于建立一个文明社会。他们正设法从阴暗晦涩的时代中走出来，从宫殿倾塌、文明衰落——重新回到不懂书写的原始洞穴生活，退行至动物的贫瘠水平（所谓古希腊黑暗世纪或古希腊中世纪）——的时代中走出来。既没有高瞻远瞩的神灵，也没有先知的指示，在他们看来最好的命运就是根本没降生到这个世界，或者说，即使降生了，也要尽可能早点死去。他们感觉自己总被命运捉弄；他们感觉怪物在他们的背上喘息：荷马笔下的狮子不是寓言中的动物，而是刚刚停止在希腊的森林中漫步，让希腊人充满恐惧的动物。生活就是悲剧，就是动荡不定，最微不足道的一件事情就足以把希腊从宙斯的光明统治中拖出来，重新陷入大地女神盖亚的黑暗统治。

希腊人清晰地面临着前进与后退的选择，他们阔步走向文明的驱动力在于他们深信自己没有什么可失去的了，一切只能依靠自己。在短短的几个世纪里，他们创造了科学和哲学：知识远比自私自利的神灵有用，神灵总是嫉妒人类的幸福［希罗多德，III，39~43；VI，8~10］。在希腊人之后，人类发展的速度只会减弱。

盖亚和可怕的亚马孙女战士（她们知道没有男人该怎么生活）

的身材清楚地说明，希腊人最后将把关于遗失的文明之记忆与伟大的母系社会的传奇形象融合起来。我们注意到，新石器时代的形象中，父亲的身材只相当于魁梧的母亲身边的一个小孩。今天，如果男性看到他们自己处于这么一种衰颓与被阉割的状况，一定会觉得不可思议。但是，脆弱的荷马式的新武士可能很容易经验到这一可怕的心理现实，而且能在不远处就体验到它的实际存在。他没有注意到自己并不受实际历史环境的威胁，竭尽全力地战斗以免受到威胁：想象可能比真正的敌人更可怕。而且，希腊非常晚近才从几百年阴暗的历史中走出来，古希腊人——由于他们狭隘的历史眼光——会把这些历史与伟大的母系社会的传奇时代混淆。他们无从得知这部分历史比新石器时代近得多。荷马之前的所有事情都是时间的无限延伸，对他们而言每时每刻都是一样的。

为了加强自身以防止退化，不管是想象的还是真实的退化，父权社会更加坚决地高唱自己的赞歌：它通过提升父亲的形象来提高自己在文明中的骄傲，直到极致。

希腊人终于从阴暗晦涩中走出来了。后荷马时代再也不会经历文明被遗忘的命运。但是这种努力的代价是惊人的，其中一部分代价就是造成了父亲与母亲之间更大的、更令人痛苦的差异。在后荷马时代，已经尖锐的矛盾继续恶化。

希腊人很早就创造了民主，比任何其他文化都要早，但是他们带给这个世界的创造物事实上是不成熟、未完善的。奴隶制度依然盛行，一如其他古代社会文明，母亲们没有任何权利，她们无异于奴隶。理性的知识出现得很早，但是这些新生的父亲感到一阵不安，他们希望看到自己成为世界的轴心，因此他们要创制科学和哲学——最初，二者是交织在一起的。科学和哲学借由否定人们对母亲腹部的古老崇拜，来解释胚胎受精和繁殖的现象。早期对女性生殖能力的无限崇拜被一种短视的狂热取代——近似于每朝每代的种族主义，取而代之的是对男性之生产全能的忠诚。母亲的子宫不过是一个温暖的马房或一块有待耕耘的土地：孩子真正的父母——事实上是唯一的父母——变成了父亲。古代的赫拉克利特（Heracleitus）与现代的荣格（Jung，1921）都提到了逆向转化的例子，即事物会向其反面逆转。当事物瓦解，突然转向其反面，就像镜中的映像互相映射，我们会采取极端的立场，因为发现对方与自己高度相似而互相否定，因此竭尽全力地互相排挤。

正如古代战争结束时战败城市的废墟上总会被撒上一层盐，以免宫殿重新拔地而起，父亲取得胜利后也在母亲的生殖器上撒上盐，让她们永远也不会超过自己。

现在我们来听听古希腊最权威的声音，埃斯库罗斯的《俄瑞斯忒德》（*Oresteiad*）三部曲：《阿伽门农》（*Agamemnon*）、《奠酒人》（*Cophores*）与《欧墨尼德斯》。

在第一部戏剧中，俄瑞斯忒斯的母亲克吕泰墨斯特拉与其情夫埃古斯托斯暗杀了他的父亲阿伽门农，他要为父亲讨回公道。他的任务就是杀死母亲。俄瑞斯忒斯必须做出选择。他不能侍奉二主：他内心的英雄主义让他选择站在父亲一边。

第二部戏剧《奠酒人》，以俄瑞斯忒斯和姐姐厄勒克特拉在阿伽门农的墓前悲叹开场。如果我们仔细聆听他们的祈祷，会发现那不像两个孩子在父亲的墓前哀悼，倒像一个门徒在真神的祭坛上祈祷。

俄瑞斯忒斯：父亲，热爱您的儿子对您说，帮帮我吧！

厄勒克特拉：还有我，父亲，也眼噙泪水，呼唤您。

合唱队：我们都说着同样的声音，有着同样的哭声。

合唱队、俄瑞斯忒斯和厄勒克特拉：噢，父亲，出现吧，来看看我们的祈祷吧！（《奠酒人》，456~460）

厄勒克特拉：噢，父亲，听听我们的哭泣吧，看看您的孩子吧，他们匍匐于您的墓前；可怜可怜您女儿的孩子，和您儿子的孩子吧！

俄瑞斯忒斯：保证珀洛皮德斯的种子不会丢失或腐烂，即使在您长眠不醒的地方也不会。

厄勒克特拉：让孩子们拯救仙逝的父亲的名誉与荣耀！就像用软木高举渔网，不让海底冒出来的水溅湿了衣裳。

俄瑞斯忒斯：听吧！这些都是对您的祈祷。（《奠酒人》，500~508）

与父亲的灵魂对话后，俄瑞斯忒斯的力量增强了，他下定了决心杀掉母亲。

在结束剧《欧墨尼德斯》中，俄瑞斯忒斯因犯有弑母罪而受到审判。他遭到了复仇女神厄里倪厄斯等女神的迫害。她们是复仇与忏悔之神，同时也是母权制度下残忍势力的残余，反抗新建立的父权秩序。俄瑞斯忒斯杀死母亲是出于对自己血管里的血液的尊敬。在希腊人看来，这只与父亲有关，因为血液源于父亲。他被赦免了，复仇女神战败，缴械投降。自此以后，她们的狂暴只能禁锢在新体制的约束中。不仅在俄瑞斯忒斯的生活中，而且也在整个希腊社会中，实际上，也在西方社会，母亲成了父亲的祭品。

阿波罗——一个较晚出现的神，是有男子气概的太阳神，还是艺术和文明的保护者，他显然与扭曲的、不合情理的力量不相容——也参加了俄瑞斯忒斯的审判，并借着这个事件大声宣告伟大的胜利。

被称作母亲的人并不会生孩子，而只是种植胚胎的保姆。能繁殖后代的是多产者，而她，如果神不阻止，只是将种子带入安全的地方，就像主人与客人的关系一样。我有证据给你们看。即使没有母亲也会有父亲。证人就站在你们的面前：奥林匹亚之神宙斯的女儿，她就是没有经过母亲黑暗的子宫而生出来的。（《欧墨尼德斯》，658）

阿波罗说的是雅典娜，她同样也参加了审判，她接着说：“我是父亲生的。因此我对凶残的女人的命运不感兴趣。”她这话指的是克吕泰墨斯特拉。“我只对作为一家之长的男人感兴趣。”（《欧墨尼德斯》，739~740）接着，她在女神佩托（Peito，意思是“说服”）的帮助下驯服了有魔力的复仇女神。她们不再反复无常、不可预料，而是答应接受她们在雅典神庙的荣誉，她们变得温和仁慈，成了善的女神。男性的法则节节获胜，有时通过武力，有时通过妥协。

奥林匹斯山上的众神没有谁得到过像俄瑞斯忒斯和厄勒克特拉对阿伽门农这样的祈祷。只有父亲既是强大的又是善的。只有父亲既可以提供身体上的保护，也可以提供超自然力量的保护。

甚至公正的、权威的宙斯似乎也成了父亲在奥林匹克山上的延续，而不是作为一位父亲，是神在地球上的延续。在《被缚的普罗米修斯》的开头说到宙斯时，埃斯库罗斯宣称："违抗父亲是很严重的。"普罗米修斯对宙斯的不顺从不是因为触犯了神，而是因为背叛了父亲。背叛父亲比背叛神的罪孽更深重：神对人类漠不关心，他们的权利——要求人类服从他们——是间歇性的，而父亲总是拥有这种权利。

继续往后，我们听到："谁最后获得力量，谁最厉害。"埃斯库罗斯指的是，宙斯在众神中具有最高地位。赫西俄德将此视作晚近发生的革命的产物，但是，我们会发现这一措辞包含了更具象征意义的、更重要的含义：父亲的地位刚刚在社会中奠定，他们只能维护自己的权威。父亲们——像宙斯，他是其神话投射——总是记得他们最近才获得权力，记得他们的浴血奋战，因此他们不得不在捍卫这一权力时日趋僵硬：这也是赫克托耳的心理武装，而直到今天，父亲们依然包裹在这种武装之下。

不过，在这一点上，我们必须小心谨慎以免产生误解。这一法则在希腊社会中强有力地建立起来，从根本上来说，它并不是男性对女性的统治问题。首先，这一法则是要确立优先权，界定血亲关系的本质。或者说，界定血缘关系——基于共同的遗传特征，让另一个人成为自己的一部分——的本质。希腊人只在父子之间发现了血缘关系——在这里，我们看到极端的大男子沙文主义——从来没有提到母亲。

索福克勒斯通过女主人公安提戈涅之口简洁地表达了他的意见。安提戈涅不是一个特别崇拜男性的女人。事实上，她告诉我们她永远也不会成为丈夫的祭品。但是，她为了给哥哥举行一个隆重的葬礼而献身。她对哥哥承担着绝对的责任，因为他们有共同的父亲，他们流着相同的血。（《安提戈涅》，94~102）

几年之后，欧里庇得斯笔下的俄瑞斯忒斯用更清楚的话语表达了上述意思。俄瑞斯忒斯对他的外公，即克吕泰墨斯特拉的父亲，解释自己为什么要杀母亲时，说："是父亲生育了我，您的女儿只是生下了我。她就像收获他人播撒种子的耕地。没有父亲，就没有孩子。"（《俄瑞斯忒德》，551）

又过了一段时间，我们发现了一系列更世俗化的思想。科学与哲学是通向真理的新途径。然而，科学和哲学也会用理性的论述重新肯定父权社会的神话。

让我们听听亚里士多德是怎么说的吧。

有时候，这位两千年来西方思想的大师毫不犹豫地把自然科学装扮成一个欧里庇得斯剧中的人物形象。女性不能播种：种子源于父亲。（《动物繁殖》，727a-b）母亲在生育过程中所起的作用完全是补充性的，这在不同的章节中都有例证。（《动物繁殖》，728a-b, 729a-b,730a-b,741a-b,766b;《形而上学》，1032a,1033a-b）

种子，携带着父亲的特征，会在其后代身上表现出来。母亲为后代提供养分，提供物质材料——其可见形式就是经血，其先存形式被这些物质材料覆盖着。这两件事情能处于同一层面吗？亚里士多德说得很清楚：男性和女性在生孩子中所起的作用如同木匠和木头在制造家具的过程中所起的作用。父亲的作用是积极的、主动的；母亲是被动的、消极的。生殖行为创造的产品具有决定其形式要素的特征；物质的贡献是不确定的、不起决定作用的。生殖产品就是父亲的孩子，因为他是按照父亲的种子中的遗传模式生长的；他不是母亲的孩子，因为简单的原始物质中没有遗传特征。“砖房”或“木雕、大理石雕像”之类的字眼并没有暗示产品的创造者，这和“苏格拉底的演讲”这样的字眼不一样。创造这些产品的材料（比如木头或大理石）可能与其他完全不同的产品的材料是一样的。木头、砖块、大理石以及经血都没有生殖能力；生殖能力属于苏格拉底，属于雕刻家，属于木匠，属于精子。母亲没有生殖能力，只有父亲才有。

结论是：“即使在形式上，男孩和女孩相似（在青春期之前）；女人就像不能生育的男人。她的特征之一就是虚弱无力。”（《动物繁殖》，728a）

把生殖能力完全归于父亲的神话在希腊文明中达到了顶峰，也在古代世界许多其他地方广泛流传。如印度［“女人是土地，男人是种子”“种子与子宫比较，前者更重要，因为种子决定了后代的特征。”（《摩奴法典》，IX，33，35）］；又如埃及［埃及人相信只有父亲能生育，母亲只是为胎儿提供养料，提供可以生存的空间，他们把结果实的植物称为“父亲”，而把不结果实的植物称为“母亲”（《西西里的狄奥多罗斯》，I，80，3~4）］。就是21世纪的今天，在一些简单的社会还相信绝对的父本繁殖观点（我们已经清楚地知道原住民有一种生育观念……只有男性起着积极作用，女性只是简单的接受容器）。但是，真正令人吃惊的是这种偏见在科学发达的西方社会也根深蒂固。受到亚里士多德权威的支持，父本完全生殖的神话在整个中世纪传遍了欧洲，其中一部分残留下来直到启蒙运动开始。

不难理解使这个根深蒂固的偏见合理化的论据，难的是理解希腊人深信不疑的品质：对他们来说，这不是一个推理的问题，它是独立于感觉的。相反，他们认为这是一种原始的情感经验。正如我们从俄瑞斯忒斯的故事中看到的，它联结了父亲与儿子的关系，却割裂了母亲与儿子的亲情。广义地说，这个神话为父亲远离异性之爱的温情提供了客观基础。在现代人看来，这是再自然不过的爱情；但是“自然”一词指本能，而爱是本能与文化的结合。爱的经验应该符合当事人的神学与哲学设想。希腊人关于女性的爱的观点，以及对异性之爱的能力都被希腊神学与哲学的尖刺扎得千疮百孔。随着时间的流逝，神学与哲学也能伪装成自然科学。古希腊人为了生子而结婚；但是，他们与妻子没有什么共同语言。男人与女人之间的情感距离也投射到了生理学观念中，反过来，这些观念又巩固了父本血缘关系的理论，尽管极其谬误。

否认母亲的创造能力与强调父系的能力结合起来，解释了人们为什么低估横向关系。夫妻之间的横向关系远不如代际的纵向关系重要：男性的恋童癖是最普遍、最真实的性激情表现。

我们来看一个非常明显的例子。古希腊城邦最初以开发周围的土地为经济基础，但是他们成功后却常常陷入危机。他们促进人口增长，并继续集中居住在市中心，最后导致食物供应不足。而且，希腊人反对扩大城邦的规模，因为他们不相信扩张。但是他们都是伟大的水手，而且被地中海冲刷过的海滩还有大片无人居住的土地。因此，两个多世纪以来（从公元前7世纪到公元前6世纪），通过殖民探险、建立新城市，多余的人口自然而然地被清除了。殖民地是独立的新国家，尽管它们与祖国有血缘关系。这里尤为需要提及的是，大多数的冒险队都由男人组成。

当然，航海需要专业水手，需要冒险家以及能占领新的或敌国领土的战士，最后，一旦他们安顿下来，还需要建设家园的人。但是，如果这些殖民者不带女人同往，他们怎么繁殖后代呢？似乎被征服的土地能提供女人，然而我们知道对殖民者而言，对传统血缘关系的崇拜与对祖先的忠诚是非常重要的，现在他们发现自己面临一个崭新的、完全不同的情况。不过，男人们对保存他们与祖国的血缘联系很自信。女人可以互相交换，因为母亲与孩子之间没有血缘关系。既然母亲即使在怀孕的时候也只限于滋养父亲的后代，那么她究竟是希腊人还是巴比伦人就无关紧要了，正如孩子喝的是牛奶还是羊奶都无所谓一样。子宫唯一的功能就是为父亲——真正的生殖者——放置在里面的孩子提供养料。

这些具有高尚思想的人怎么会犯这样低级的错误呢？希尔曼（Hillman，1972b）提到过“阿波罗幻想”。希腊的文明之花被危险地分成了两部分，“阿波罗幻想”是这一原型思想的上半部分，它试图超越所有陆地上的、物质的、繁重的事物。这也是“用农业来比喻生殖”的错误。欧里庇得斯通过俄瑞斯忒斯之口委婉地说明了这一比喻。希腊人延伸了这一比喻，想象自己已经证实了他们早已深信不疑的东西。

答案在于，当时希腊文化正是极富创造力的时候。男人不信任女人，因为他们认为女人显然不能为文明的创造贡献力量。女人的行为是由本能控制的，这一事实让男人相信女人也不能做出清晰的心智选择，而只有接受了严肃的纪律训练，心智选择才能落到实处。女人总是受心情的影响，又很健谈，而且缺乏严厉的作风。巴比伦人也是这种情形，他们被认为是完全不同的人。（《阿伽门农》，918~920）

女人似乎沉溺于需要被即刻满足，而男人因为外在满足有限而进行创造，因此成为象征性的父亲。因而，男人的创造更有利于其内在的发展。结果就使男性感到，他们与女人有一种不可逾越的差距，既是体质上的，也是生理上的，仿佛男人和女人属于两个不同的种族。赫西俄德提到女人是“种”时，心里就是这样想的：我们知道单词“性别”（gender）的确就是源自“种”（genos），但是，赫西俄德用“种”来表示男人和女人本质上的不同，而不是与性别或性别差异有关的问题。

现在我们知道，男人和女人之间的性别差异，以及许多其他曾经被认为绝对的和遗传性的差异都是相对的、可转换的，属于文化造就的差异。但是，西方思想最持久的特征之一在于坚持既得优势，并企图使其永恒不变，其原因恰恰是他们意识到了自己的不稳定。

古代社会的父亲通过创造文化获取了其地位。他们颠倒了事物的次序，并认为他们所创造的文化是自然本身已经认可了其优势地位的证据。早在西方人创制理论，为他们征服不幸的人类之行为寻找依据之前几千年，希腊人就已经相信了“昭昭天命”，这让他们获得了许可去征服巴比伦，也征服了他们自己的女人。

希腊人已经察觉到自然法则的存在，而且认识到它们比神灵更可靠。他们的方法是直接观察，对繁茂的、不断繁殖的植物世界的研究，占据了希腊人的想象力。把植物的种子与父亲的精子联系起来不是最本能的行为吗？所以父亲提供种子，就像开花的植物。但是，把母亲比作什么呢？比作土地，土地先让种子寄生，提供养料，然后又为植物的生长提供养料。这不正和怀孕、养育是同样的原理吗？而且，在希腊人看来，母亲仅仅具有乳母的功能，这一点不仅可以从农业的观点进行论证，而且也是直接观察女人得出的结果。可以倒过来看事情，从养育开始，然后根据这一点来看待生殖的问题。既然母亲对隆起的肚子的态度与对新生儿的态度是连贯一致的，为什么不能推断在第一阶段，母亲对她子宫中的孩子也起着完全的养育作用呢？

从现代的观点来看，通常认为这些自然观察只不过重制了原型崇拜的概念，这是一种自发的、无意识的概念。那些农业的象征再现了父亲作为创造者、母亲只是不相关的劣等人种的神话，这是逆向转化的必然结果，是史前极端的女性生殖崇拜走向另一极端的结果（希尔曼提醒我们，真正的起点都是“原型幻想”，而不是客观的场景，将幻想当作事实“观察”）。从真正的观察角度来看，雄性和雌性之间简单的差别可以看成任何动物或植物的固有的差异。但是，希腊人也非常恐惧母性的巨大力量，他们不能让女性力量接近其生活中心。他们的论点建立的前提是两性有不可逾越的差距，他们担心，如果男人和女人都有同样的本性，女性的特质就会在男性身上呈现出来，从而抹杀了男性的特异性，而这一特异性正进入强大发展时期。他们完全相信女性的品质会让事物往后退：从成人退到子宫，从精神退到尘世，从历史退到史前。因此，这个问题不是依据真正的观察，它只是容许了一种预料之中的结果发生：用波普尔（Popper）[①]的话说，这并不能证伪。

这不是一个关于生殖器官功能的信念问题，这是综合的价值体系问题，全部的精神都囿于其中，不能超越。正如中世纪的哲学家不能形成不属于基督徒的思想，亚里士多德的知识范围也不会超越其文化中关于父亲之优越性的信仰。他的作品中很大一部分都与遗传学有关（据希尔曼统计，有将近37%），有一部分暗含创造哲学，暗指创造能力属于男性。

雄性是唯一的生殖体，这一概念的权威性主要源自亚里士多德的权威。它流传了一千年，然后又由托马斯·阿奎纳（Thomas

① 批判理性主义创始人。波普尔认为经验观察必须以一定理论为指导，但理论本身又是可证伪的，因此应对之采取批判的态度。在他看来，可证伪性是科学的不可缺少的特征，科学的增长是通过猜想和反驳发展的，理论不能被证实，只能被证伪，因而其理论又被称为“证伪主义”。——编注

Aquinas）移植到了中世纪。直到1660年，尼古拉斯·史蒂诺（Nicolus Steno）才描述了卵巢的本质。而直到19世纪，人们才弄清人类受精的机理。

因此，男性崇拜的偏见大行其道，横扫整个西方文化，最后在精神分析上体现出来。

在亚里士多德看来，雄性与雄性的生殖的重要性是根本议题。这正是那个时代的全部精神。二者联合起来，可以视为雄性创造力被持续崇拜的源头：与雄性相比，对父亲的痴迷更甚。其显化就是相信雄性的能力：他们能生孩子，能做父亲，能创造艺术和社会。或者简单地说，雄性能以前所未有的速度创造文化；当时，人们确实也只能认为父亲是唯一能生孩子的人，因为母亲被恶意地隔离，不允许出来作证。

这种对父本繁殖的过分崇拜——父亲的代表宙斯用头生出了智慧的化身雅典娜——不正是从新石器时代以及早期旧石器时代人们对怀孕的母亲的巨大崇拜，对女性生育能力的狂热兴趣的男性化版本吗？最初丰产的形象只被认为属于女性，然后由于受到赫西俄德《神谱》的影响，转而倒向另一边，即认为只属于男性。意象的极端性没变，但是逆向转化的过程使其重心由一个性别转向另一个性别。在史前时代，文化依然表现为自然之延续，因此文化意象也以自然最直观的面向生殖表现出来：母性生殖。而在希腊，文化被视为自主的心理活动的产物，因而总是无意识地把自己描述成一种只有心灵能生产的意象：父亲用头生孩子的意象。

在上述两种情况下，潜在的无意识知觉会发现，自己处于注定要产生新生事物的复杂运动的开端：生殖就是生产先前不存在的东西。新石器时代和古希腊都有惊人的新发展，但不同的是，古希腊人认为他们的文明充满英雄主义色彩，这主要归结于他们对自律的近乎军事化的需求。这种变化势必压制女性的品质以及随之产生的意象。

至此，我们应该非常清楚一个问题。像所有的神话一样，关于造物主父亲的神话也只能辉煌一时，即使那个辉煌时刻被记载下来而且长期被世人传颂。

古希腊父亲的形象是丰满的、完整的，既有公共性，又不乏人性。虽然他经常远离家园，把对孩子的教育全部交给妻子或家庭教师（至少在孩子达到一定年龄前），但是没有他家庭将不可想象。所有的家庭情感都与他有关，以他为轴心，就像车轮的车轴聚集在轴心。

从荷马的史诗到几部悲剧，希腊的历史围绕的都是强大、完美的父亲形象，或者说因他离家而引起的乡愁。个人生活中最重要的感情以及社会生活建立的基础都不在于男人与女人的关系，也不在于男人与男人的关系，更不在于男人与神的关系（人们最多是畏惧神），而在于父亲与孩子之间的爱。柏拉图（Plato）的《理想国》甚至认为，暴政邪恶是由人格退化到前文明时期造成的。用我们的话来说，就是退化到“前父系社会”。而这种退化又被认为是由希腊人最恐惧的罪恶造成的：儿子反抗父亲，而不是向父亲学习。

父亲典型的感情和态度——克制、保守、精于世故——在一段时期的美学（包括文学与艺术）中扮演了重要角色，尽管不大被人认可。强调克制保证了平衡，保存了尊严，赋予了作品以深度，也可以说作品本身间接地具有父亲的特征。母爱、浪漫之爱以及对神灵的崇拜都不要求遵守这种高度严格的礼仪禁忌，叙述中如果带有这些感情很容易显出夸张的语气，从而使作品失去深度。古希腊父亲的保守与自制深深地感动了一代又一代人，但是同时也冒着不再被人认可的风险。我们在现代社会再次见到这样的“父亲”时，却发现他们是无能和病态的。

在几部悲剧（5世纪）提到的苦行时代，父亲的完美典范，或者说真实的父亲正好与神话同时出现的时刻，已经发生了扭转。在欧里庇得斯的《阿尔刻提斯》（*Alcestis*）中，父亲与儿子的关系由于互相争吵、缺乏理解而遭到破坏，而就在几十年前父子关系还充满了宗教的虔诚气氛。

曾经在很短的一段时期——仅仅一个多世纪——确实有过预兆，当时喜剧取代了悲剧。阿里斯托芬（Aristophane）的喜剧经常围绕着孩子与父亲之间一些琐碎的事情：挥霍无度的儿子与吝啬小气、缺乏自信的父亲之间的冲突。希腊社会作为整个西方社会——深深地钉上了希腊社会的烙印——的先驱，迅速地变得越来越世俗化：它不再向神话的高峰攀爬，而是将注意力转向了事实与数字。

社会结构继续维持父权制，但是父亲作为一个人越来越难以表现为一个理想的自我。父亲的形象曾经是英雄式的、完美的：他形成了美学理想的典范。接下来父权制的发展是以令父亲变得强硬：制度甚至取代了他的位置，因为他越来越难以成为人类情感的对象，更多的是成为制度职责的代名词。

希腊和罗马融合的时候，罗马父亲形象的新力量与古希腊父亲形象的力量交织在一起，但是很少产生能与《奥德赛》中强大完美的父亲相提并论的美学理想典范。

希腊化的罗马转向基督教时，继承了对绝对的上帝圣父的崇拜，上帝圣父源于犹太教，是犹太教的基础。对我们而言，我们要讨论的最重要事实是：上帝圣父的形象是如此强大，以至于上天吸纳了父亲的神话中关于生殖能力的面向。正如希尔曼指出的，今天我们仍然接受这一希伯来/基督教的公理，即“先有亚当，后有夏娃”：这种差距确立了男人相对女人而言的优越地位，而不是父亲相对母亲。它和长子的继承权有关，而不是男人与女人的生殖能力问题。《圣经》上说，上帝是生产的力量。基督教，尤其天主教就是要废除耶和华心安理得的沉寂，而引入恋母情结的三角关系的动态性。神圣的家庭似乎又向原始的神秘与女性的价值敞开了一扇门。

然而，我们究竟是正在见证心理学真理的复苏还是对基督教的偏见呢？第一种可能性是犹太人落伍了，仿佛他们是在进化过程中没有迈出最后一步的基督徒。但是，也有另外一种和生殖有关的观点，关于生殖的问题——即把耶稣基督看成一个不完全的犹太人（在他之后，基督教成为一种犹太教的不完整形式），因为他与父权社会的联系被切断了，而对于包括基督教在内的所有一神论宗教，父权制正是其中心结构。

第十二章　埃涅阿斯

《埃涅伊德》与《伊利亚特》和《奥德赛》一起，形成了西方世界史诗的基础：包括欧洲，甚至美洲，因为《埃涅伊德》是关于外邦人与本族人相遇、作战并最后与之融合的故事。

然而，维吉尔与荷马属于两个完全不同的社会。他能明确分清虚构的神话与历史事实的区别，他知道要把这些完全不同的成分统一到诗歌中是一项多么艰巨的任务。

维吉尔生活在历史中，他知道历史给每个人提供了一个不同的生活情景。没有一个人立于历史的中心。然而，维吉尔知道自己站在其中的一个最高点上。罗马是当时最强大的国家，权力已经达到了登峰造极的程度。奥古斯都（Augustus）是国家的首领，是罗马有史以来最有权势的统治者。奥古斯都最为人所知的是他希望出现一首史诗，这首史诗要凸出他个人的伟大，一如他所在城市之历史的伟大。诗人多如牛毛，但是他们很疑惑，不知道取悦这位赞助人会带来什么灿烂前程。他们双手发抖，他们颤抖的声音渐渐消失了。

在开始创作《埃涅伊德》的时候，维吉尔已经是一个社会名人，而且有充分的证据能证明他的能力。他将这个任务推迟了相当长的一段时间，因为他想确认他的写作范围，以及创作一首有生命的诗歌究竟还有多大的空间。

他知道，他首先得重新组合希腊神话与荷马史诗。罗马的伟大就在于，在战场上征服希腊后，反过来又被希腊的文化征服。在艺术、文学以及其他创作表现形式方面，罗马基于希腊的传统——以《伊利亚特》和《奥德赛》为开端的传统——建立了自己的文化。

创作这首诗歌的另一个前提是尊重历史，尊重奥古斯都的期望：这座城市的起源以及它的制度都应闪烁着高尚的光芒。

维吉尔对自己还有第三个要求：避免有失偏颇或歪曲事实，避免阿谀奉承。他自己良好的品位与高度的敏感性杜绝了这些可能性，奥古斯都也很聪明，他知道维吉尔行事严格也是为他的最大利益着想。这种不同寻常的组合——在历史上罕见的，尤其是在两千多年前——最终导致了今天我们所见之巨著的产生。

维吉尔采用冷静的语言来创作无异于用希腊的文体来歌颂罗马的兴起。因而调和了创作这首诗歌的前两个条件：希腊的价值在于自制，在于对狂妄自大的斗争，以及就神而言，人类的谦卑。

维吉尔同样也知道，他的诗歌要保证统一与自洽，不仅取决于对口述与风格的尊重，更取决于他能找到一位英雄作为作品的主角。《埃涅伊德》就是关于埃涅阿斯的史诗。

埃涅阿斯是特洛伊人，这一点与维吉尔准备继续写作希腊经典史诗并不对立。荷马总把希腊人与他们的敌人置于同等的位置，特洛伊的赫克托耳就是他所喜爱的一个人。无论如何，人类都只不过是神灵与命运手中的工具而已。如果诗歌要歌颂古代英雄，并不是因为有的英雄好有的英雄邪恶，而是因为他们都向我们展示了其曾经经历过的伟大与壮丽的生活。

维吉尔时代的人知道许多关于希腊王子在特洛伊战争后历尽千辛万苦返回希腊的故事，以及叙述幸存的特洛伊人向西逃走的故事。埃涅阿斯，一位女神与特洛伊王子的儿子在意大利建立了很多城市，包括罗马。维吉尔没有采用这个版本的故事，因为它太直接了，众所周知，特洛伊的灭亡与罗马的兴起相隔好几个世纪，另外，维吉尔喜欢使用诗意的隐喻语言，与其宣传性语言的粗糙与直率截然不同。

《埃涅伊德》只是间接地提到了罗马。诸神以及英雄的父亲安喀塞斯都劝诫埃涅阿斯到意大利建立家园，为将来的统治做准备。他的儿子阿斯卡尼俄斯打算创建阿尔巴城，后来这个地方被认为是罗马的发源地。这一城市慢慢地发展起来，拓宽了其地理范围。阿斯卡尼俄斯的第二个名字——尤路斯，就是沿着这条线流传下来的：他是朱利安人的父亲,奥古斯都就属于这个家族。

维吉尔找到了能满足几种不同要求的办法。一方面，他尊重真正的年代次序，让他的诗歌能立于历史中；另一方面，他把罗马的起源穿插在希腊史诗中。他的诗歌因此与神的宗谱联系起来了，因为埃涅阿斯是主神的儿子；同时也和诸神的意愿联系在一起，他们都同意并坚持认为埃涅阿斯应该到意大利建立一个伟大的家族。他也暗指奥古斯都是罗马尊贵的“生父”。最后，他歌颂了埃涅阿斯，还有安喀塞斯和阿斯卡尼俄斯，表现出在罗马，父亲被尊为家族中最重要的权威，是罗马人的力量之源。这种连续性的法则也是我们自己的法则。

维吉尔意图追随荷马，这一雄心让他必须尊重许多已经被人认可的重要事实。《荷马赞歌》（*Homeric Hymns*）是古希腊幸存的几个可信的篇章（是否的确是荷马所写并没有多大的意义），其中一篇讲到埃涅阿斯的出生。就罗马创立的根源而言，这个神话特别重要，因为它决定了英雄的人格品质，以及他注定要建立的社会的性质。他的父亲和母亲在他出生中所起的作用是非凡的：埃涅阿斯给罗马社会留下的遗产是亲近父亲，冷落母亲。

《阿芙洛狄忒的赞歌》讲述了被罗马人称为维纳斯的爱神之非凡力量。阿芙洛狄忒能激起爱的激情，只要她愿意，这种爱就是意志不能控制的。她随时都能把爱情带给任何一个凡人或神祇，并让他们变成爱情的奴隶。只有三个女神不畏她的法力，她们是：战争之神雅典娜、狩猎女神阿耳忒弥斯，以及忠于家庭与贞洁的女神赫斯提。这四种难以控制的女性特质一定让古代的父亲们感到万分恐惧。阿芙洛狄忒和赫斯提令人恐惧是太女性化，与男人大不相同；雅典娜和阿耳忒弥斯则太强大，精于打仗，与男人竞争。从这些女神身上我们看到古代父亲的恐惧，他们害怕在社会秩序中的女性以及其灵魂中的女性部分会逃脱他们的控制。必须决定性地、永远地对这些绝对的女性自主权加以统治，神话才能完成。

甚至众神之王都不能摆脱阿芙洛狄忒法力的控制。她可以在任何时候让宙斯爱上另一个神，甚至一个凡人；而这对于古代诸神来说是最大的耻辱。

宙斯想要报复阿芙洛狄忒，他让阿芙洛狄忒爱上一个凡人：虽然是凡人，但很高贵，而且和神一样漂亮。

安喀塞斯在离特洛伊不远的艾达山弹奏七弦琴。美丽绝伦的阿芙洛狄忒走过去勾引他。那个高贵的特洛伊人立刻迷恋上了她，但是他害怕她是女神，就请她可怜可怜他。他很清楚，根据当时的道德观念，希望得到太多的幸福会导致毁灭。女神撒谎说自己只是个凡人，命中注定要做他的妻子，并给他生一个很了不起的儿子。命运和她的父母已经同意了，还会给他们丰厚的礼物。安喀塞斯十分渴望得到她，立即与她激情做爱，然后睡着了。

在这一点上，宙斯的愿望达到了。阿芙洛狄忒卸去了自己的伪装，粗暴地摇醒了那个男人。（《阿芙洛狄忒的赞歌》，117）“特洛伊人的儿子，你为什么睡着了？睁开你的眼睛看着我，看看还是不是刚才的我？”安喀塞斯立刻明白了，并为他的所作所为感到十分恐惧，请求女神饶恕他。阿芙洛狄忒让他放心：她说神很珍爱他。她还说了很多其他的事情。

埃涅阿斯将会是他们爱的结晶——“埃涅阿斯”一词源自“ainos”，意思是“巨大的”——因为阿芙洛狄忒爱上一个凡人是很可怕的事情（《阿芙洛狄忒的赞歌》，198~199）。那个儿子将由艾达山上的宁芙女神（水中女神，水精灵的代表）抚养。在他5岁时，她们会把他带到父亲的身边，然后由父亲把他带到特洛伊。那个男孩长得像神一样漂亮。安喀塞斯必须说，他是宁芙女神的儿子。没有人知道他的母亲是伟大的女神。所有人都得相信他母亲是森林的精灵，是一个有魔力但不太重要的非人格化的精灵。如果有人敢揭露事实的真相，宙斯就会用雷电击死他。

我们得记住这些细节，因为它们告诉我们关于英雄与母亲的一些很重要的事实。母亲是个说谎者。她同时也否认了自己作为母亲的身份。她是一个从来没抚爱过孩子，也没有关注过孩子需要的母亲。当看到伟大的埃涅阿斯成人后总是表现出一种隐隐约约的忧郁时，我们真的应该感到惊讶吗？

这是荷马的故事结束的地方，也是维吉尔开始的地方，只是把希腊语的“宙斯”改成了拉丁语的“朱庇特”，“阿芙洛狄忒”变成了“维纳斯”，“赫拉”变成了“朱诺”，等等。我们也会跟着他使用这些名字。也有其他的传说，比如有人说，事实上也可以预见，安喀塞斯有一天酒醉之后不小心说出了埃涅阿斯的身世。他被朱庇特用闪电猛击，结果双腿瘫痪，我们在《埃涅伊德》中看到的他就是这种状况。

在《奥德赛》的开始部分，尤利西斯快要完成他的旅程，然后大部分的故事以倒叙形式开始讲述。《埃涅伊德》采用的也是这种记叙方法。

《埃涅伊德》的第一卷以埃涅阿斯已经看到了意大利的海岸开始。朱庇特的妻子朱诺也已经发现了这一点，这是她不能容忍的事情。古代读者都知道，她的理由是自私自利的。一方面，朱诺已经偏向迦太基——罗马的大敌；一方面，她轻视埃涅阿斯，就像她轻视所有特洛伊人一样。盖尼米德曾经是她丈夫的情人，也来自特洛伊；同样来自特洛伊的帕里斯在评判最美的女神时选择了雅典娜而没有选她。凭着一系列自私自利的论据——在希腊罗马的多神论背景下，这很正常，神不一定是道德的，他们只要人们尊重他们的力量——朱诺说服风神埃俄罗斯帮助她，并许诺如果他把特洛伊人吹回非洲的海岸，她将赐他一位漂亮的仙女作为奖赏。埃俄罗斯被女神说服，刮起了一阵大风。

此刻，维纳斯有理由感到恼火生气。她找到朱庇特，提醒他不要忘了自己的诺言：埃涅阿斯要到达意大利，并在那儿建立一个伟大的家族。

在朱庇特的回答上，诗人巧妙地把神话及其政治意义联系起来了。

朱庇特的诺言没有改变。事实上，现在她儿子的伟大命运更加确切地被揭示出来。埃涅阿斯将到达意大利，经过三年的战争后将成为国王。他的儿子阿斯卡尼俄斯——在伊利乌姆（Ilium，即特洛伊）生活时他叫伊路斯，现在叫尤路斯——将在30岁的时候建立阿尔巴城，在300年后阿尔巴城将发展成罗马城。众神会赐予这个城市无限的权力与存续时间。朱诺也会改变态度并支持这个城市。尤路斯的后裔朱利叶斯，将成为这个城市的最高领袖。

读者现在知道埃涅阿斯得到了神的保护，因为诗人总是把他描写成“虔诚的”，意思是“尊敬神的”。现代读者会注意到他的虔诚、无可非议的勇敢和慷慨，这些不仅源于自由选择，而且也源于内在压抑。他的这种对外在之神的顶礼膜拜是想减轻盘驻于他内心那过于严厉的权威压力。这种永不满足的完美主义精神与他内心的深深忧郁不无联系。在最后的分析中，维吉尔把他的人格特点完整无误地向我们展示出来：跟着父亲长大，从幼年期起就缺乏母爱，这个人现在开始关心他出众的儿子，只是为了扩展他自身的利益。

此时，特洛伊人已经在离迦太基不远的一个峡谷登陆了，狄多是当地的女王。维纳斯为了给埃涅阿斯增强信心，降临到地球。然而，这位热切的母亲又使用了当年诱骗他父亲安喀塞斯同样的把戏。埃涅阿斯没有认出她来，但是相信她是一位女神，并且非常崇拜她。维纳斯告诉他这块土地的一些情况，但是隐瞒了自己的身份，只告诉他自己是个女猎人。在她消失的时候，埃涅阿斯才意识到与自己说话的是谁。他哀叹自己又一次与亲情失之交臂。“您为什么残忍地伪装起来欺骗您的儿子？为什么我们不能牵着彼此的手，互诉衷肠？”（《埃涅伊德》，I，407~409）我们要反思这种残忍，因为如果这不是属于神的反复无常，这种做法显然不合情理。诗人一定是想告诉我们一些什么。女王狄多听说埃涅阿斯的到来后，非常高兴地接见了他，因为她早已听说了他的英雄事迹。

我们再仔细看看下一场。埃涅阿斯立即派人去接他的儿子阿斯卡尼俄斯，因为“父爱从没让他放松过”。这句话（《埃涅伊德》，I，643）包含了维吉尔关于罗马父亲的全部概念，以及由这个概念发展而来的所有社会制度与历史事件。自相矛盾的是，这种爱关乎大脑，而非关乎心灵或感觉；这是与思考、评价与意志有关的问题。这也是一个持续不断的智力活动，围绕着稳定、责任与安全的主题。

女王同意了，阿斯卡尼俄斯可以平安无事地来到她的王宫：他带着海伦佩戴过的饰物赠给狄多。男孩与女王的见面笼罩着一种阴柔的气氛，并没有火药味。

维纳斯从天上看到了这一幕。她担心朱诺想利用狄多使埃涅阿斯成为她的奴隶。出于敌意，出于对儿子自私的爱，也出于她作为爱神的身份，她为埃涅阿斯在迦太基女王的心中种下了爱情的种子。我们从第四卷可以看到，她的计谋会产生什么后果。

埃涅阿斯要阿斯卡尼俄斯去见狄多，狄多张开双臂欢迎他，并表现出十分的热情。其实真正的阿斯卡尼俄斯被维纳斯暂时拐走了。在她的邀请下，爱神丘比特做了阿斯卡尼俄斯的替身。

由于埃涅阿斯和阿斯卡尼俄斯十分相像，维纳斯的计谋使狄多对那个孩子的母性之爱转变成了对其父的异性之爱。

朱诺和维纳斯是敌人，但是她们联合起来让埃涅阿斯置身于危险的迦太基，让他走进狄多脆弱的心中。她们企图让他忘记自己的职责。她们的行为极不光明、神圣，也没有母爱的情感。就像英雄被剥夺了自己的命运，开国者被剥夺了职责，无异于没有箭的弓。

两位女神都受自己一时的兴趣驱使，置命运给她们安排的伟大任务于不顾。《埃涅伊德》是一首歌颂家长制的诗歌，它似乎要提醒我们，只有父亲——天上的朱庇特，地上的安喀塞斯——会担负职责，完成长远任务。父亲深知责任与理想，母亲只知道欲望。

不过我们是从心理学的角度来看问题，我们看到维纳斯代表的并不是一种自觉的、不同于埃涅阿斯的力量。恰好相反，她代表了他有魅力的一面：迂回、间接、难以控制，都是完全无意识的结果，从他的意志——他过分直线型的、男性气质的、可预见的、沉迷于履行职责的——中分裂出来。埃涅阿斯命令阿斯卡尼俄斯带着海伦的珠宝——诱惑的原型——来到狄多的宫殿，这是他的策略支点。在这一点上，埃涅阿斯表现出他与母亲维纳斯完全相同的无意识。诗人在正式宣称父爱的优越性的同时，也隐秘地揭示了它的阴暗面：无意识里受到感情的支配。

狄多接见了埃涅阿斯，她问候他，带着隐秘的情感然后请他讲述离开特洛伊以后发生的故事。维吉尔开始了他漫长的荷马式的倒叙（卷一和卷二），埃涅阿斯开始讲述他在特洛伊旅程中头七年的事情。

卷二讲述了特洛伊的沦陷。

埃涅阿斯说，回想那些故事就忍不住掉眼泪，但是他已经准备好了。

特洛伊战争已经接近第十个年头了，希腊人假装泄气，放弃围城计划。他们把船拖到很远的地方，做出他们已经离开的样子，然后他们在沙滩上留下一匹巨大的木马，最好的士兵都藏在马肚子里。

看到这匹木马，许多特洛伊人都像孩子一样好奇、贪婪。就在这个时候，埃涅阿斯的家族——被荷马描述为贵族但并不是第一等级的——表现出领导性的号召力：在孩子以及市民中发挥了父亲的作用。海神尼普顿的祭司拉奥孔，同时也是安喀塞斯的兄弟，第一个站出来喊道：

“你们怎么就看不到危险呢？只有疯子才会接受敌人的礼物。”

然后他用一支矛掷向木马，随即木马发出了凶险的回响。特洛伊人准备听从拉奥孔的劝告，如果是这样，那么特洛伊也就能免遭灭顶之灾。但是新的诡计又出现了，愚蠢、轻信、幼稚的特洛伊人又要上当受骗了。

一个留在海滩的叛徒，扬言木马是准备献给密涅瓦（即希腊神话中的雅典娜）的，建造得这么大是为了防止特洛伊人把它运进城去作为市民的礼物。他自己侥幸逃过了充当祭品的命运，没有被杀死在木马旁。故事讲完后，两条大毒蛇从海面飞来撕咬拉奥孔的儿子，拉奥孔帮助儿子时也被咬死。这样，怪物便消除了阻碍特洛伊灭亡的最后一个声音，正好印证了叛徒讲述的故事：拉奥孔对木马的态度亵渎了神灵密涅瓦，因而遭到了惩罚。幼稚的人群相信了最容易让人相信的事情：希腊人已经逃走了，战争结束了，木马是他们胜利的见证。为了把木马运进城，他们打掉了一部分城墙。他们举行庆功宴、唱歌、喝酒。他们上床睡觉，也没有安排任何哨兵。

埃涅阿斯讲述（《埃涅伊德》II，270~297）：

我刚睡下几个小时——在漫长的一天过后，在十年的战争结束后，人们真的为能睡上一觉而感谢神灵——突然，在梦中，赫克托耳出现在我面前：不是大家都记得的那个已经被我们埋葬了的光荣的赫克托耳，而是被阿喀琉斯射死了的、蓬头垢面、身上布满了血渍、脸上淌着泪的赫克托耳。他这种意想不到的形象让我心碎，我也哭着问他：

——你从哪里来，为什么来找我？你这张恐怖的脸是什么意思？

赫克托耳没有回答我的这些个人问题，而是哀伤地哭着说：

——快逃走吧，埃涅阿斯，快逃！一切都燃烧起来了。敌人已经横扫街道。特洛伊从顶峰垮下来了。我们已经为国王普里阿摩斯和我们的祖国尽忠了。一切都太晚了。如果还能够保卫我们的堡垒，我自己就去战斗。快逃吧！埃涅阿斯，特洛伊的圣物和家神雕像都托付给你了。

说完这些话，他给了我一些神像以及庙宇里永不熄灭的圣火。我的痛苦远没有结束。虽然我们的房子已经崩塌，我听到不远处传来了哭喊声。直到我痛得醒过来了。梦醒了，但噩梦远没有结束。嘈杂声越来越大，但现在是不同的声音，是焚烧特洛伊的声音。

家神雕像与圣物在这里比任何相关的人都重要。他们联结了父与子，联结了希腊社会与罗马社会，联结了被毁的城市与待建的城市。

通常家神没有具体的名字。他们是统治房屋、城市、家园与国家的神灵。国家实际上是家庭的延伸。虽然罗马的家神相当于希腊的家神，但是在罗马，家神受到更多的崇拜，被视为罗马社会与罗马家庭在鼎盛时期的权力象征。《埃涅伊德》是一首关于国家宗教的诗歌，这首诗巩固了家神的核心地位，同时又使他们变成城市谱系的守卫者：他们代表了埃涅阿斯的后裔们在精神与物质上的生存。

家神的中心地位不仅是隐喻性的。“Penus”是家庭与神殿中最重要、最安全隐蔽的地方：一个供着小雕塑与其他图像的祭坛，供奉着保护家庭与人民的神灵。“Penus”是动词“穿透”（penetrate）、术语“家神”（penates）等词语的词根。家神崇拜有正式的宗教地位，只要法律有规定就可以付诸实践。除此之外，这种崇拜也产生了一种心理学态度，既深刻又生动的态度。本质上，家神代表一个人所属的集体、家庭和城市，一种亲密的、完全与感觉相关而非理性的东西，它是很难定义的。事实上，如前所述，家神没有具体的名字。家神是一代又一代人的保护神，是他们之间连续性的最真实、最赤裸的表达：他们的崇拜发生在室内，没有暴露在阳光下。由于被晦暗笼罩——不仅缺少光线，而且没有确切的定义——对家神的崇拜与对家庭守护神拉列斯的崇拜混合在一起了，也与对亲密女神香火永继的崇拜混合在一起了（《埃涅伊德》，II，297）：在古希腊被称为赫斯提的害羞的处女，在罗马被称为“维斯塔”，并受到所有人的尊重。这些形式的崇拜都包括了对父亲的热爱，不仅是公民性质的热爱，也是一种宗教的热爱，还涉及男性与女性永恒的任务的截然分离。而且，家神不仅存在于罗马的神话。黑格尔——他的思想深刻地影响了整个西方社会，他也认为家神是家庭的普遍性之基础。

家神是罗马家庭延续的种子，是使男性保持父亲地位的情感之源。在现代语言中，相关的词语的乏味和单调显示了一种并行的退化已经发生，父亲的身份已经下降到男性的身份。“Penus”和“Penates”等词早已被人遗忘，只能在“阴茎”（penis）和“穿透”（penetration）中找到它们的词源。通过这些语言表达出来的集体意象已经不能认同男性在家庭感情与延续性（家神）中的价值，相反这些词完全只有性方面的意义。

在特洛伊被大火焚烧的时候，在人群流落街头的时候，人们的情绪也变得暴躁和集体化。埃涅阿斯忘却了他的父亲角色，退行成为一个好斗的男性。

我疯了一样，握着剑，激动地渴望战斗，组织抵抗。但是，我无法形成任何计划。我所想的就是最光彩地死去，手握利剑，为保卫我的家园及其象征而战死。我穿过火光照亮的街道。阿波罗的祭司潘土斯向我跑来，手里拿着家神雕像和特洛伊的圣物。

——潘土斯！战场的中心在哪里？我们从哪里突围？

——啊，埃涅阿斯！我们没有什么可以保卫的了。特洛伊、特洛伊人以及我们城市的辉煌都已成过去了。连神都离开了特洛伊。

在街上我碰到了一群勇敢的年轻人。

——你们愿意和我一起打一场没有希望的仗吗？神灵已经离开。我们在这里保护一座已经崩溃的城市。我们的勇敢在于我们不再抱有幻想。

他们跟着我，勇猛地冲过街道，在希腊人群中浴血奋战。但是，敌人越来越多。潘土斯死了。我也渴望在血流成河中死去，但是死神不收我。我们来到普里阿摩斯的宫殿，那里的战争最激烈。在最后的保卫战中，我们把塔车扔向敌人。王宫是围着神坛建造的，因为他们相信这个神圣的地方会拯救他们的生命。

这个时候，阿喀琉斯的儿子——比鲁斯（荷马称之为尼奥普托列墨斯）出现了。这是一个预兆。与阿喀琉斯一样，比鲁斯也是个战争与鲜血的机器。他追击普里阿摩斯的儿子波利特斯，当着他父亲的面杀了他。老国王号啕大哭：

让所有的神都来谴责你！你当着我的面杀了我的儿子，你亵渎了一个做父亲的人的脸面。连阿喀琉斯都尊重一个乞求者的权利。

（真正难以忍受的事情不是杀害了他的儿子，而是丢了他的脸面。）

比鲁斯回答：那你去找他吧！捎个信给他，把我的残忍都告诉我的父亲。你的死期也到了。

他把普里阿摩斯拖到神坛上，国王在那儿瑟瑟发抖，倒在了儿子的血泊中。比鲁斯用剑把他砍死了。

埃涅阿斯接着讲：

然后，突然间，我的头脑中第一次闪过我父亲的形象，他也是普里阿摩斯这个年纪。

（维吉尔采用了《伊利亚特》的一个题材，阿喀琉斯遇到普里阿摩斯的时候想起了他自己的父亲：父亲在儿子的头脑中出现，使儿子有了一份同情心。）

安喀塞斯在哪儿？我的妻子克列乌莎和儿子阿斯卡尼俄斯在哪儿？我好像回过神来了，朝周围看看：我的同伴们都走了，有的被屠杀，有的逃跑了，有的被火烧死了。

我穿过沉浸在黑夜中的特洛伊往家跑。但是，一直躲在黑暗中的海伦突然在火光中出现在我面前。这不就是那个女人吗？为了她我们丢了性命，现在她又要回到希腊去做王后。不，杀死一个女人不是什么光荣的事情，但是我必须主持正义。我转向她。

突然，我的母亲维纳斯出现了。

——我儿，你为什么失去自我控制了呢？为什么不把握飞速流逝的时间呢？诸神，包括尼普顿（希腊神话中的海神波塞冬）、朱诺、密涅瓦甚至朱庇特驱散了烟雾，让我找到你，他们都在毁灭特洛伊，而不止轻佻的海伦。赶快跑吧！跑到你父亲身边，拯救你的家庭！（《埃涅伊德》，II，589~620）

（虽然这段话打动了我们，这是埃涅阿斯的母亲第一次出于爱，理智地对儿子的事务进行干预，但她这么做同样也是出于私心。不像现代读者，古代读者很快就能理解埃涅阿斯会放过海伦，因为她是维纳斯自私自利的活见证。事实上，维纳斯买通了帕里斯，说服他宣告自己是最美的女神，同时许诺让他得到地球上最漂亮的女人，也就是海伦，希腊国王的王后。海伦的被拐引发了特洛伊战争。）

接着我看到特洛伊在崩溃，就像巨斧下的大树摇摇欲坠。我气喘吁吁地跑回家。但是我的父亲，我第一个想救的人（《埃涅伊德》，II，35~36）却不肯走。

——我的归宿就在这里，在这个死亡的城市，因为我已与死人无异。你还年轻，你逃命吧！

——父亲，您怎么会认为我会丢下你不管呢？如果您和众神都认为这是我们的死亡之地，那我就只有一死了。让我穿上盔甲，重返战场与希腊人战斗！

（《埃涅伊德》，II，660：“您和众神”。父亲的意志与神的意志被置于同一层面。命运要求儿子与父亲死在一起：波利特斯死在普里阿摩斯身边，普里阿摩斯倒在祖先的祭坛上，现在又轮到埃涅阿斯与安喀塞斯、阿斯卡尼俄斯与埃涅阿斯死在一起。）

克列乌莎抱着我的膝盖哭泣：

——你为什么要离开你的父亲、儿子与妻子，我们都需要你。首先保卫你的家吧！（《埃涅伊德》，II，674~677）

克列乌莎的话立即得到了意想不到的支持，一系列的征兆出现了：一道闪电划过天空，照亮了阿斯卡尼俄斯的头发，接着从左边传来一声惊雷，这是朱庇特发出的信号。安喀塞斯是个会观天象的人，他叫喊着：

——神在和我们说话。他们要求我们拯救我的孙子，并通过他来保护我们的人民。我不再坚持留在特洛伊了。全家人都必须离开！

我披了一张狮子皮在肩上，跪下求他：

——父亲，快点坐到我脖子上来，拿着家神雕像和圣物：我的手上沾满了污秽的血渍，我不能碰它们。

我肩上背着跛脚的老人，怀里抱着我的儿子，我的妻子远远地跟在后面，我再一次冲进火光冲天的街道。

［此时的场景和刚才相同，街道上火光蔓延，鲜血流淌，但是，埃涅阿斯与刚才判若两人：他的性格变了。就在片刻前，他还斗志昂扬。他在战场上左冲右突，看到希腊人他既憎恨又高兴。用剑刺死一个敌人就意味着为一个死去的生命报了仇。那时，埃涅阿斯就是阿喀琉斯。可是现在，每一声警报、每一阵风声，都让他更为慎重或准备退却（《埃涅伊德》，II，726~729）。他计划着、盘算着，他在逃跑。埃涅阿斯这时像逃跑中的赫克托耳。他怎么啦？他的力气和胆量到哪儿去了？我们看到他在两种职责之间摇摆：瞬间的、个人的、阿喀琉斯式的，依照本能投入战斗；拯救他自己、延长家人和仆人的生命，这是赫克托耳式的职责，更为复杂。我们看到他分裂成两部分，男性的角色与父亲的角色。］

我背着父亲，挪到了特洛伊的城门外，来到了谷神建在陡峭的山上的庙宇里，我将和幸存的人在那儿会合。安喀塞斯、阿斯卡尼俄斯与家神都安全了。克列乌莎呢？我回头去找。克列乌莎不见了。我绝望地再一次穿上盔甲，回到城市，在每条小路搜寻，回到我们曾经在那里过着平静生活的房子。除了希腊人我什么也没找到，希腊人在清理他们的战利品以及俘虏来的女人和孩子。我不顾危险，在大街上大声呼喊克列乌莎的名字。她的魂魄出现在我面前。

——不要绝望，埃涅阿斯，那样做并无意义。你已经为我做得够多了。我的生命已经结束了。振作起来吧！我不会成为希腊人的战利品。我的灵魂会安静地躺在这里，而且我很高兴能留在这块土地上，与女神西布莉相距很近。你要拯救我们的家、阿斯卡尼俄斯，以及我们对他的爱：有一天你会拥有另一块国土，拥有另一位妻子。（《埃涅伊德》，771~788）

说着，她消失了，留下穿着派不上用场的盔甲的我，暗自神伤。

保护我们的黑夜慢慢消退，天快亮了。我匆匆忙忙地跑出城，跑到我们藏身的地方。

我碰到了很多侥幸逃生的特洛伊人，他们都想跟随我。这让我很吃惊，也给了我力量。在我身后，特洛伊被希腊人包围起来。我们没有退路了，没有其他的人会加入我们。我又把父亲背到肩上，带着一群衣衫褴褛的幸存者向山区进发。

《埃涅伊德》的第二卷也是最生动的一卷就这样结束了。我们可以停下来想几个问题。为什么埃涅阿斯来回摇摆变得这么快，为什么他不能坚定立场？为什么维吉尔要赋予他两种如此泾渭分明的个性？

诗人旨在刻画战争中所表现出来的两种性格，比希腊人和特洛伊人的性格更为激烈。这是两种心理学的态度，是残酷的男性态度，类似于荷马笔下的赫克托耳和阿喀琉斯之间的生死之战，也类似于尤利西斯在两种矛盾心态之间摇摆不定。但是，在维吉尔的故事里，这两种情形被刻画得更有意识、更有教育意义、更少宿命论，我们能看到动机与选择的可能性。

一方面，埃涅阿斯总是屈服于战斗的冲动。没有任何外因，他就可能被这种冲动捕获。这构成了他最简单的职责，这是当时的价值观，是他自己的内在判断或超我施加给他的，也是读者的期望。他的冒险故事总会让我们想起这一点，他甚至为他自己能够逃命而请求宽恕。他置身于最危险的境地，但是，神认为他还没到殒命的时刻。这是一场整个国家对抗共同敌人的斗争。朋友与敌人的名字都只是偶尔提起，与故事的讲述者并没有任何个人关系。英雄的行为与他碰到的其他人——不管是友是敌——并没有连续性，相反只是瞬时性的。所有关系都是水平的，存在于一个集体中，或发生在部落之内。

这里的“集体”不能用弗洛伊德或恩格斯采用的前人类学术语来理解。相反，它是动物行为的心理学问题。一群武士，让人想起全由雄性组成的群体（在与我们亲缘最接近的猿猴身上，我们能看到这一情形），它们集体出来寻找食物与雌性，但是时候一到他们就分开，随时准备向另一个雄性发起挑战。这种类比是不是太牵强了呢？不过，我们也看到，特洛伊的史诗故事其实是一个神话隐喻故事。在这个故事里，原始时代的一群男人为了争夺女人海伦大打出手。

与荷马不同的是，维吉尔坚持一种意识形态。他想对罗马社会有所贡献。他感觉到——事实上在很多方面——这首诗的影响注定要扩大到全世界。对维吉尔来说，冲动的一群人已经属于过去，有责任感的父亲组成的社会属于未来。这个社会就像一台织布机，罗马人决定在它上面织布，法律体系就是它的轴心。因此在《埃涅伊德》的第二卷中，没有一个希腊人能摆脱内在的限制，只能组成游牧部落，而特洛伊人无论在多么混乱的情况下，总会产生一个计划，围绕着埃涅阿斯组成有序的队伍。

埃涅阿斯除了有出去打仗的冲动，还有挽救他的家人及其国人的冲动。这种冲动比前一种冲动更复杂，和尤利西斯做计划很相似。这是一个永远也不能立即明朗的目标。他必须被赫克托耳、他的母亲维纳斯以及克列乌莎的灵魂说服。我们已经看到，父亲身份通过家庭与社会表现出来了。埃涅阿斯似乎总想抛弃自己的任务，总想履行那个即刻的职责，重返战场。更确切地说，拯救家人和国人，似乎需要有能力进行推理，这种推理对一个沉浸在血与火、陷于动物间的战斗的心灵来说未免太抽象。虽然建设性的冲动更为强大，但是它仍然不确定或不怎么成熟。

诗人已经描写出一种革命性的转变，只是这种转变不够彻底、不够坚决。这一点不仅是指埃涅阿斯的个性（个体发生），而且由于埃涅阿斯是新社会的象征，也是指罗马的建立者们（系统发生）。

这正是我们感兴趣的发展变化，也是维吉尔感兴趣的。

埃涅阿斯必须做出选择。最后的防守时刻已经来临，时间和力气已经耗尽，他得选择是抵御敌军还是拯救家族。两种矛盾不可调和：一方面是一种简单的职责，只是一种本能的延续（凭着这种本能，世世代代的年轻人自愿舍生求死，老人也认为这是他们的自由选择）；另一方面，是必须与这种本能抗争的职责。在第二种情形中，即刻的冲动被满足，是不被允许的。精力被用于复合运算，对那些能够遵从计划和意图的人来说，可以立刻从这种复合运算中获得满足。其他的都被搁置起来。

大脑并没有天生的功能，可以处理这样的复杂性。它必须先倾听各种不同的声音。埃涅阿斯必须倾听他的母亲、父亲、妻子克列乌莎说了什么，倾听理想典范赫克托耳的声音（究竟是真实的人还是内在的权威，都无关紧要）。因为意图不是根植于本能的，它不能立即产生安全感。埃涅阿斯拿起他的剑与背起他的父亲时的两种感觉无法比较。前者是简单的，令人满足的；后者依赖于探究心灵深处带来的理解。它只属于那些由拥有横向力量的年少战士成长为拥有纵向力量的父亲的人。

水平状态是一群年轻的狮子们好斗精神的典型特征，它们迈着轻松的步子，因为它们不知道责任的分量。它们个个英俊、显赫，但是它们都没有自我，它们站着不动时是一个集体，发动袭击时是一群散兵游勇。垂直状态可以从树木直插云霄与扎根土地的力量中发现。埃涅阿斯肩上父亲给他的压力是垂直的。当他理解了作为父亲的责任后，就会决定背负起这一重担。年轻的狮子——年轻的斗争精神——留下的唯一东西是它的皮，对成人背负的重担来说，它是一个缓冲垫。儿子的肩膀支撑着已经不能负荷自身的父亲。他们都有求生的本能，但是只有一个人有求生的能力。从含蓄的意义上说，垂直的结点也是有等级的，而背起父亲正好补偿了高度差。背负另一个人的行为源于对差距与补偿性的认识：这种认识使他与那群分散的年轻人完全不同，在他们那里“平等”与“无名”是同义词。

年轻的狮子埃涅阿斯已经死了。但是作为人的埃涅阿斯没有倒下，相反他又站起来了，代替了父亲在链环上的位置。安喀塞斯在他上面，阿斯卡尼俄斯在他下面。他们三个人构成了延续到未来的一棵家谱树。他们通过一代传一代的父亲纽带联合在一起，通过种子与出生联系在一起，通过埃涅阿斯的身体进行传递。他们逃脱了死亡，获得了重生，通过埃涅阿斯的手，又再度联合在一起，是埃涅阿斯用手托起了上一代与下一代。

埃涅阿斯带着父亲和儿子逃亡时的意象，是构成社会的父亲链中最重要的一环。很少有意象能如此彻底地表现一个有系统的计划（见图1）。

对古罗马而言，这位创建城市的英雄的手臂——右手牵着阿斯卡尼俄斯，左手稳住肩上的安喀塞斯——是最高理想的象征，罗马人看到它就像基督徒们看到耶稣张开的双臂。雕像、油画、镶嵌图案以及钱币上（公元前6世纪，罗马刚刚诞生，维吉尔出生前500年），都显示这是古代用得最多的一个意象。奥古斯都委托维吉尔撰写《埃涅伊德》，以此巩固罗马父权制的胜利，他下令在罗马广场的中心修建埃涅阿斯背着父亲和儿子逃跑时的雕像。

为什么要表现被尊为神的创建者逃跑时的形象呢？只要我们把注意力从故事的字面意思转向其内在象征意义，就能找到清晰的答

图1　埃涅阿斯逃离特洛伊（罗马　文化部档案馆）

案，那才是真正让维吉尔和奥古斯都感兴趣的东西。

希腊人和特洛伊人之间简短的、偶然的冲突并不是关键性的斗争（他们在《埃涅伊德》的第三卷中甚至结成盟军）。相反，这是已经存在了上千年，至今仍然悬而未决的两种心理结构之间的冲突。一方面是游牧部落中的男性，另一方面是有着个人责任感的男性，这才是罗马社会想通过父亲体现出来的男性身份。

埃涅阿斯的行程并不真的是从特洛伊到罗马发源地（我们会看到这是一条环形线路，从起点回到起点）。相反，他永远告别了“燃烧的状态”——不仅是告别了被大火烧成灰烬的特洛伊，而且也告别了水平状态的年轻人激情冲动，目的是致力于一种不能逆转的、垂直的事业，比如建立一个家族。

埃涅阿斯的慷慨是他的堡垒，保护他的是他的虔诚。在艰苦逃生的途中，他对父亲表现出这种虔敬；作为父亲，他在日常生活中对神怀有同样的、坚定不移的虔敬之心。古代地中海地区的人们（不止古罗马人）认为，这些品质是最基本的。古代还广泛流传另一个传说——可以想象维吉尔肯定忽视了这个传说，因为它削弱了埃涅阿斯在旅程开始时的英雄气概。这个传说认为，埃涅阿斯带着父亲和儿子逃跑时被希腊人发现了。据说希腊人大受感动，即使他们陶醉于胜利与战利品的喜悦中，他们还是让埃涅阿斯逃走了：事实上，他们甚至允许他带走他的财产。这种情节在古代关于洗劫的故事中也是独一无二的，同样也揭示了古代社会对这种情况下表现出的美德有着很高的尊重。

《埃涅伊德》从一开始就勾画出了罗马社会的结构体系。它不仅描画出了社会的基石——父亲的形象，而且描绘出了女性的辅助形象，她们的命运是巩固父亲的地位。

早在读这首诗歌之前，公众就完全知道了男主人公的出身：他的母亲是一个神，但是完全没有做母亲该做的事。同时，她与安喀塞斯完全不同，安喀塞斯对埃涅阿斯的责任感可以回溯到我们称之为“潜伏期”的年龄，他与儿子的关系比特洛伊的堡垒还要坚固。

《埃涅伊德》中的女性形象被分成截然不同的两组：一组立即引起人们的怀疑，另一组则全力支持男性，没有任何与他们抗争的迹象。

作品的开头以描写朱诺为主。在希腊和罗马的神话中，她是最接近史前文化中的“大母神”的一个人物，但是在这首诗歌中她只表现出了其贪婪、阴险、破坏性的一面。她与丈夫朱庇特发生了激烈的冲突，他宣告了埃涅阿斯辉煌的前程并监督他实现自己的命运。众神之王已经摆脱了希腊神话中常见的不成熟的特点。他变得越来越像父亲了，也越来越明显地区别于他的妻子。相反，朱诺是女人作为母亲的原型的退化，就像维纳斯，根本不知为母之道，贬损了女人作为爱人的原型的价值。

我们可以想到，最主要的女性形象是男主角的妻子。作品中描写克列乌莎的内容不多，但是她的声音和她复杂的感情，让我们凭直觉就感到这个女人的存在，不过，这也意味着她可以在某种程度上制约埃涅阿斯——父权制度的传道者。因此，在很多讲述埃涅阿斯带着父亲和儿子逃亡的情节中，没有提到克列乌莎，最多也是以跟在他们后面的形象出现（她甚至会拖他们的后腿）。同样，她在诗歌刚开始时就死掉了，这也很符合逻辑：她的作用就是请求埃涅阿斯竭尽全力保护家人，摒弃他少年似的冲上前线的冲动；如果她成功了，就为他进一步的旅程扫清了障碍，命中注定英雄还要进行其他冒险，并再娶一位顺从的妻子。

女性的形象被简化了。她们与复杂的人格个性化无缘。相对于朱诺和维纳斯两个危险的形象，作者也描写了两个正面的女神形象，她们也同样具有片面性。具有象征意义的是她们都住在高高的地方，在特洛伊城之上。我们在那儿发现了谷神的庙宇，她是掌管收获的女神，也是一位慷慨的母亲，一点儿也不可怕。在更高的地方——艾达山上，有西布莉女神的神庙，她也是一位好母亲，她为克列乌莎提供了永久性的住所，让埃涅阿斯自由地去追求一种新生活。

虔诚的、慷慨的父亲总是与恶毒的、不值得信任的母亲有计划地并列在一起，这一对比正是维吉尔笔下罗马人生活结构中隐藏的秩序。男性都应发展一种复杂的、个性突出的人格：这样的人将为家庭以及全体人民担负起责任。相反，女性只能是有用的、慷慨的，否则就是有害的、有破坏性的：她们被宣布缺乏深度，因而彻底处于从属地位。与希腊相比，罗马给了女人更多的权利。但是，它也禁止了人们对女性形象进行心理学的深层理解。

在埃涅阿斯寻找新国土的过程中，父亲们越来越雄健，精力越来越充沛了：在维吉尔看来，特洛伊人船队的前进意味着新社会向前发展。

在第三卷里，安喀塞斯仍然指挥船队。这个老家长决定什么时候起帆并确定路线，直到他生命的最后一刻。但奇怪的是，埃涅阿斯也负有责任，他负责决定他们前进的总体方向。不过，他对航行进程所起的作用仍然是间接的、被动的。

“找回古代的母亲。”阿波罗神发出了神谕。（《埃涅伊德》，III，96）他在预言中允诺特洛伊人在他们祖先出生的地方建立一个新国家，在远古的时候，他们的祖先离开那里来到了特洛伊。这个主题既有诗意又有心理学意义，包含着原始部落返乡的全部过程——那是他们渴盼的、困难重重的回归之原型，其特点在尤利西斯、阿伽门农以及其他英雄的冒险历程中表现出来。安喀塞斯基于历史记忆，认为发源地应该在克利特岛。因此航海者应该在那儿登陆，建设一个新的特洛伊。

然而，埃涅阿斯做了一个梦。他梦到了家神雕像与奄奄一息的、血渍斑斑的赫克托耳交给他的圣物，在他们漂泊在外的时候，这些东西陪伴着他们。安喀塞斯，这位家长解释了儿子的梦，认为这是神透过儿子的异象与他说话。因为他顺从神的旨意，所以能认出神的声音。埃涅阿斯无意识的原型思维比安喀塞斯有意识的历史思维更有力。克里特岛不是他们古老的——也不是新的——家园。他们应该继续向西走，直到他们到达希腊人称为“埃斯佩里亚”或“意大利”的地方。在久远的年代，特洛伊的祖先达达努斯正是从这里离开的。他们将在那儿发现克里萨姆城。

埃涅阿斯又一次显示出他具有预言家与梦想家的品质。像所有的空想议者一样，他的激情深深地打动了我们，但是他不能把情感变成意志的行为。埃涅阿斯是通过他的父亲得以完整的：安喀塞斯关于历史的回忆比不上埃涅阿斯的异象有力量，但是他能把异象变成现实。因而，他在家族等级中位列首位。

“克里萨姆”是科托拉的托斯卡纳城最初的名字。维吉尔在埃涅阿斯的梦中安排这么一个意象是因为，对他来说，对开国之父以及“古老的母亲”的崇拜是一种真实的信仰。克里萨姆是伊特鲁里亚的一个城市，就像曼图亚，这是维吉尔出生的地方，也是他为之感到骄傲的地方，因为伊特鲁里亚人是一个非常古老的民族，是罗马人曾经同化但从来没有消灭的民族。他也知道有传说认为伊特鲁里亚人来自东方，来自吕底亚——与特洛伊接壤而且部分并入了特洛伊。因此，人们总是不停地做圆周迁移：起点与终点总是重合，父系链是某种永恒的、神圣事物的世俗表达。

我们在埃涅阿斯身上找到了这种崇拜的神圣原型，但这一崇拜确实是出自维吉尔，它与我们研究的主题有很大的关系。其形式是子孙对先人的尊崇，后代热情地凝视着先人，或凝视母亲与父亲的原型。但是尽管父系链由真实的人组成，但是随着时间向前回溯，他们逐渐变得神秘起来，直到最后人与神产生了关联。母系结构完全不同，它呈现给我们的是断裂而不是连续：我们很快就可以碰到一个只关注自己的女神，或者说缺乏真正的女性品质的古代母亲。父权崇拜表现的是对真正的父亲的热爱。母权崇拜是空洞的。

了无止境的航程还在继续。沿着爱奥尼亚海岸，他们在司特洛法德斯停下，那里到处有牛群。给神献上供品后，他们举行了丰盛的宴会。地中海似乎又一次变成了不断提供营养的伟大母亲。女神出现了。但是，她们是女妖哈耳庇埃：胸部以上是女人，下半身是贪婪的鸟身，她们掠夺成性。哈耳庇埃总是饥渴难耐，她们贪婪地偷吃食物。她们的身体不仅不能获得营养，反而总是产生与此相反的东西：恶臭难忍的排泄物，那些即使没有被她们偷去的食物也被她们弄得不能食用。她们预言特洛伊人一定会挨饿。安喀塞斯命令船队离开这些不但不提供食物、反而给他们带来饥荒的母亲们，并祈求神灵的祝福。

老人继续带领船队前行。但是，男性除了充当赶走贪婪母亲的好父亲，还有其他意义。这是荷马曾经告诉过希腊人的，也是维吉尔想提醒罗马人的。在洞穴中，在远离日常生活与文明习惯的地方，还有另一种非父系的、无可救赎的男性人格，他们用利爪武装自己，随时准备搏斗。《埃涅伊德》（III，561~692）中的背景与《奥德赛》完全一样，但是后者比前者至少早六个世纪，而且也是基于若干世纪前的系列故事创造的。男性的双重性格是一个原型，因此总是不变地出现在不同的地方、不同的时代。

现在的场景是埃特纳火山侧面的西西里，这是一个可以从地底下喷出火来的地方：这是有关内在冲动的意象，它直接爆发形成事实和行动，从来不在天空中展现自身，从没穿过白昼，从来没有接受过理性的审查与神的凝视。登上这些海岛后，特洛伊人碰到了一个神秘的生物，事实上他已经不像人了：阿凯墨尼德，那个陪伴尤利西斯在波吕斐摩斯的岩洞中历险的希腊人。在匆忙离开的时候，尤利西斯把他给遗忘了。从那以后他过着一种可怕的生活，以树根和种子为生，努力不让瞎眼巨人抓到。这个怪物摸索着前进，极度渴望人类的肉。阿凯墨尼德再也不想过这样的生活，他宁可投降于他的敌人特洛伊人，哪怕特洛伊人会因为他毁了他们的城市而将他杀死。但是埃涅阿斯收留了他，因为一个虔诚的人会以宽容的心对待乞求者。

至少，这些都是神话的措辞。但是，我们可以想象埃涅阿斯宽恕阿凯墨尼德是服务于维吉尔的目的，维吉尔想表明一点：最后的、决定性的斗争不是希腊人与特洛伊人之间的斗争，而是男性的兽性与父亲的虔诚精神之间的斗争。男性——不管是罗马人、巴比伦人、希腊人还是特洛伊人，都得摆脱可怕的、充满冲动的青春期，从而毫无保留地承担做父亲的责任。“父亲”是历史航行的海岸。无限延长的航行——象征着永无止境的努力——不允许放弃。

就在这里，家长去世了。第三卷以安喀塞斯的死结束了。

卷四讲述了一个有史以来最重要的爱情故事。如果事情不是这样发生的，维吉尔——这位更擅长描写感情而不是战争的诗人——不会关注它，而我们也没必要讨论它。它向我们表明即使在顺从上天、神祇、命运的意志时，世上的事情也有自己的自主性：在此，面对狄多，埃涅阿斯既没有展示他的勇敢善战，也没有表现他的慷慨大方。

天刚破晓的时候，埃涅阿斯的故事讲完了：狄多听着听着，对他产生了爱情。

狄多是个年轻的寡妇，自从死去的丈夫带走了她全部的爱后，她就决定不再嫁人。狄多是一个发号施令的女王，也是一个款待朋友、热烈地爱着朋友的女人。她是一个游移的人，至少与埃涅阿斯一样复杂。在接下来的几天里，她的心中充满了痛苦。她的妹妹兼知己安娜倒是没有那么多顾虑：狄多为什么要永久地弃绝爱情、孩子以及与特洛伊人联姻带来的政治优势？为什么要让女人孤独，尤其要让这个被敌人包围的国家的首领孤独一生？这个问题不仅关系到计划她的未来生活，正如一个男人也感到有必要这么做，狄多的心中已经注入巨大的激情。安娜明白了。

《埃涅伊德》显示，女王的心变得越来越兴奋、狂热。她沉浸在爱恋中，不理国事。而且不只她妹妹一个人推波助澜，维纳斯也让阿斯卡尼俄斯在狄多心中的印象加深她对埃涅阿斯的幻想。阿斯卡尼俄斯长得很可爱，酷似他父亲。看到她如此强烈的感情时，维吉尔自己都感动了。但是，父权神话与制度早就决定了事情应该怎么发展。诗人按照既定的事实叙述这个故事，无意对女王所遭受的不公平现状做任何改变。狄多是个忠诚、有人情味、有激情的人，但是《埃涅伊德》称她也是个着魔的疯狂之人。古人认为，被激情与隐藏在身后的神灵左右的人都是“有罪”的。这样的人会陷入灾难，即使以我们的观点来看，他们并不应该受到惩罚。

维吉尔对狄多抱着阿斯卡尼俄斯的描写（《埃涅伊德》，I，657，717；IV，84~5），让我们想到罗马父亲对孩子的爱仍然是“从来没让人安心过”的。他同样认为父亲对孩子的爱高过其他任何情感，因此不愿把这种爱与母亲的爱放在同一水平。女人的情感是缺乏意志之行为的结果，没有自觉的意图，也没有选择性的计划，即使照顾孩子也是她本能和激情的表现形式。母性的爱，像我们在这个情节中看到的，与对性爱的占有没有两样。这是一个单方面的、不可控制的冲动。如果孩子与情人在同一张图中被画出来，其中包含的就是同一种感情。阿斯卡尼俄斯是个酷似他父亲的孩子，因此狄多喜欢他，母性的爱与性爱没有区别。维吉尔坚持认为，父亲的爱是完全不同的东西，有控制力和辨识力。难以想象一个男人会因为一个女人的女儿坐在他的膝上而激情燃烧。古人会觉得这种事情很荒谬，现代人觉得这违反常情。

与此同时，朱诺和维纳斯也在不顾神的尊严而互相竞争，这种不顾尊严一点也不亚于人类的情感。朱诺假装赞成埃涅阿斯与狄多的婚事；维纳斯假装相信她并同意她的做法。维吉尔把故事描绘成仿佛女王疯狂的幻想并不是由埃涅阿斯引起的，而是她热情的、反复无常的女性本能使然。两个女神联手制造了一场暴风雨，于是狄多与埃涅阿斯为了躲雨进了同一个山洞。他们离开的时候，女王已经失去了为已故丈夫保守的贞操。她不经考虑地宣布决定和埃涅阿斯结婚，为自己又添上一条罪过。

然而，天父朱庇特看到了这种反复无常不会有什么好的结果，他提醒埃涅阿斯记住自己的职责，继续前行。（《埃涅伊德》，IV，219~278）埃涅阿斯的生父安喀塞斯也出现在他梦中来重复这个警告。（《埃涅伊德》，IV，315）我们现代人只会感到奇怪，为什么在这里职责与命运会重合在一起。埃涅阿斯不仅对他的孩子有道德义务，而且对遥远的未来的子孙后代也有义务。他们虽然还没有出生，但是注定要出生。

埃涅阿斯再一次感到犹疑不决，他并不是想留在迦太基：他的苦闷在于在什么时候以什么方式告诉狄多自己要离开。考虑到埃涅阿斯的正直与道德一致性，这个戏剧显得有点夸张。虽说不是直接地，但是维吉尔确实是在表现一个正直、坚决的父亲阴暗的一面。如果我们从字面来理解这个故事，我们会觉得奇怪：一个英雄竟然这么畏惧被女人责怪，他的男子气概哪儿去了？但是如果我们从心理学角度来看，女王的热情在埃涅阿斯心里并非是异物，激情也是他性格的一部分，他的无意识立即就察觉到激情的重要性。但是，他处理激情的方式是他必须拒绝。

狄多心里也有一个关于后代的意象：她和埃涅阿斯将来有一个儿子，酷似埃涅阿斯［正如我们在卡塔路斯的当代诗歌中看到的，此处，维吉尔也间接地回到了希腊关于只有父亲与孩子有血缘关系的观念上］。但是，《埃涅伊德》没有打算将两种关于后代的观点放在同一层面考虑。埃涅阿斯的承诺是基于他作为建国者的职责，他对整个社会都要承担责任；而狄多的希望只在于母性的渴望，是由本能引发的，因此只关心她自己。

维吉尔提醒我们，爱情是不能容忍欺骗的。狄多事实上已经感觉到特洛伊人准备离开了。她站出来责备埃涅阿斯。她四处奔走，她责备自己。她想调和两人的关系，她想推迟他们离开的日子。她变得神经错乱，更加恶毒地谴责埃涅阿斯。她后悔没有杀死她的情人，肢解他的尸体，把他的四肢撒遍田野；她后悔没有将他的儿子五马分尸，然后把他当作食物祭奠他的父亲。她发誓永远憎恨埃涅阿斯和他的子孙后代，这被历史学家认为是日后罗马和迦太基发生战争的预言，但是我们认为这是父权社会与母权社会之间敌对的象征，它们从心理上彻底分离了。就在埃涅阿斯的船只准备扬帆远航时，她站在高高的柴堆上自杀身亡了，柴堆是她早就准备好的，目的是让远处的特洛伊人看见她的死亡。

卷五描述船队继续航行。考虑到航行条件不适宜，他们在西西里岛登陆了。为了纪念安喀塞斯的周年忌辰，特洛伊人举行了各种比赛活动。阿斯卡尼俄斯已经长大了，非常出众：他像他的父亲，以及父亲的父亲。

但是，古代社会被分成了两个社会。特洛伊的女人们在远离男人的另一边举行纪念活动。她们哭泣着，希望能找到一个安身之地。可恶的朱诺抓住这个机会与埃涅阿斯作对。她招来女神艾丽斯，并命令她来到特洛伊妇女们中间。艾丽斯来到海边，在妇女中间散布不和的种子。

艾丽斯哭着说："我们已经漂泊了七年，从一个地方到另一个地方。难道我们把家神雕像从特洛伊背出来就是为了让他们漂洋过海吗？我们为什么不在这里建立新的特洛伊城？为什么新的特洛伊城总是建不起来？拿起这些火把！"（《埃涅伊德》V，618）说着，她抓起了一个火把。

特洛伊女人们犹豫不决。当意识到是女神在与她们说话时，她们很激动。海岸上挤满了困惑的女人们。她们缅怀过去饮酒作乐的时光，但对男人的性激情在这里化作了仇恨。伴随着怒号声，女人们将火把扔到船上，那个复杂的、强硬的父权制度的木制躯体。船体着火了。

父亲们必须立即行动起来，熄灭急躁的怒火，重新宣告命运与计划的意义。这次，行动是由年纪最小的人发起的。阿斯卡尼俄斯看到远处的火光，第一个跑出去灭火。"可怜的女人，你们在这里焚烧的不是希腊人，而是你们自己的希望。”（《埃涅伊德》，V，670）埃涅阿斯向朱庇特祈祷：“天父啊，如果你依然眷顾我们，那就请给我们一个征兆吧；否则，你就毁了我们！”领袖埃涅阿斯面临失去希望与威信的危险。但是天父立场坚定，它唤来了一阵暴雨，雨浇灭了大火，也浇醒了发热的头脑。大多数船只都保住了。

航海者们刚刚经历了一场永难弥补的决裂：父亲和母亲之间的差距从来没有这么大过。故事意识到了这种危险，安排了一个折中的情节。安喀塞斯出现在儿子的梦中，建议他让渴望在这里安营扎寨的人留在此地。之后，只有埃涅阿斯和最勇敢的人继续航行。

卷六描写了埃涅阿斯造访冥界。他将去造访安喀塞斯并征求他对航程的指示。但是在众多死者的灵魂中，他难免会碰到狄多的灵魂。埃涅阿斯感到很内疚，他企图同她谈话。女王一句话也没说就隐退了。即使她死后，他们之间的敌意还是没有消除。

维吉尔和罗马人认为死者们将在阴间，这一点不在我们的讨论范围内，而且他们的看法与希腊人的没有多大的区别。然而，我们感兴趣的是，造访安喀塞斯以及阴间，这就是对父权体系的抽象表达。安喀塞斯的精神对整个航程与计划的完成是必不可少的。航行首先是家族谱系的，而不是地理空间上的。老人没有告诉儿子下一个要停泊的地方，而是向儿子说明了，未来世纪里将有几个灵魂会投身为罗马的重要人物。

《埃涅伊德》用了一百三十行列出了这些将来会光耀埃涅阿斯家族的后人。至此，我们丝毫也不会感到奇怪：其中没有一个女人。

这样，诗歌的前半部分就结束了：一共用了六卷描写航行的过程。从当代人以及罗马人的观点来看，维吉尔的目的是想让人回忆起希腊两部卓越的史诗：《伊利亚特》和《奥德赛》。《埃涅伊德》的第一部分是埃涅阿斯版的“奥德赛”。在接下来的第七卷到第十二卷，英雄到达了拉丁姆，在朱诺的鼓动下，特洛伊人与当地人展开了致命的战争。《埃涅伊德》的第二部分可以视为在意大利土地上的“伊利亚特”。

《埃涅伊德》的第二部分带有更多的战争倾向，因而对罗马父亲的神话描写比第一部分要少，但是我们还是可以来看看其中的几篇故事。

仍然仿效《伊利亚特》，战争的一个重要动机同样是一个女人，男人们为她而战。拉提努斯王的儿子死了。在这块本来传统上由大母神管辖的土地上，拉提努斯是父权制的不稳定状态的象征。这一制度摇摇欲坠地苦撑着，等待着族长埃涅阿斯从东方到来。他唯一的继承人是拉维尼亚，是一个会笑、会哭、会害羞的公主，但是她从来没有说过话。从心理学的观点来看，她有点太温柔、太宽容，与狄多相比，缺少自己的个性。与其说她不是一个真正的女人，还不如说她是男人在幻想中创造的一个女性对象，这些男人掌握着史诗的发展方向，为了自己的目的而改编神话故事。社会与个人的心理都要求女性不能做出惊人之事。

鲁图利亚王图尔努斯想娶拉维尼亚为妻，从而统一两国。然而，有个预言告诉拉提努斯王要等待一个外邦人的到来。拉提努斯是个仁慈的人，他对埃涅阿斯的款待让读者立即想到他打算让埃涅阿斯做女婿。一个仁慈的年老父亲、一个善战但虔诚的年轻父亲，以及一个安静温顺的公主：这些都是罗马的父权制度诞生的前提。

但是时机还不成熟，因为首先必须面对那个可怕的母亲。朱诺（《埃涅伊德》，VII，293）派复仇女神阿列克托来到人间：她的样子是一条毒蛇，她进入到王后阿玛塔（即拉维尼亚的母亲）的心中，激起她对埃涅阿斯的仇恨。阿玛塔是个精明的女人，她拒绝接受埃涅阿斯，因为他是一个没有国家的流浪汉，她选择图尔努斯，因为他有坚实的国土。然后复仇女神又飞到图尔努斯那里，也激起了他的愤怒。《埃涅伊德》抓住每个机会表明父亲与母亲之间的敌对：即使是拉维尼亚的父亲和母亲，即使在同一个家庭中。好的事情都是父亲带来的，恶的事情都是母亲造成的。

很快，特洛伊人与意大利盟军展开了一场生死战。特洛伊人在数量上处于劣势，他们被图尔努斯的人包围起来了。情况变得万分危急：当特洛伊人在战场上疲于奔命之时，鲁图利亚人放火焚烧他们停靠在河里的船只。但是那些船只是艾达山上的树干，是西布莉的圣物。众神之母不想看到它们被毁，就让船只变成宁芙女神游走了。因此，只要有需要，特洛伊人就可以获得女神的帮助，是她的树木建造成了这些船只——她在某些方面是个好的神灵，对埃涅阿斯很尊敬；他们也可以依靠隐藏于自然中的女性——宁芙女神，把埃涅阿斯养大的人。

这时，埃涅阿斯与邻近的一个希腊殖民地之王厄凡德尔结成了联盟。他派儿子帕拉斯去增援。战争还在激烈地进行，最后结果还不能确定。帕拉斯被图尔努斯杀死了。（《埃涅伊德》，X，480）在这里，我们又一次看到埃涅阿斯的忧郁气质以及他崇尚的责任感：他为帕拉斯的死感到内疚，就像从前他认为自己应对狄多的死负责任一样。

图尔努斯的盟军中最危险的是亚马孙，她们是传说中的女战士（希腊人称之为“antianeirai”，意思是“与男人平等的人”或“男人的敌人”：两个概念颇有歧义，都隐含了对独立女性的恐惧）。她们的首领是无敌的卡米拉。

但是卡米拉也成了反复无常的牺牲品。她不是死于英雄之手，而是死于一个与她同样浅薄的战士之手。《埃涅伊德》站在男性心理的立场上认为，她的弱点与一个战士的人格弱点一致：即女性的虚荣心理。卡米拉在战场上追赶一个披甲与装饰物都镀金的战士，她想把它们抢来当战利品。她没有注意到自己在战场上的处境，暴露了侧面，完全没有听到长矛的声音，直到长矛深深地插进了她的胸部。（《埃涅伊德》，XI，777）

这是一个很有启发意义的情节。从《埃涅伊德》反映的心理状况来看，女人太强大是很危险的事情；同样具有象征意义的是，男人有过多的女性气质也是很危险的事情。只有致力于发展更高级的、父亲的理性思维与遵循计划的能力才能消除这两种危险——内部的与外部的危险。相反，女性的思维看不到全局与最后的目标，她像只蝴蝶总是飞向最近的花朵。

在诗歌的最后，特洛伊人与鲁图利亚人暂时停止了战争。一切都取决于埃涅阿斯和图尔努斯两人的决斗。决斗出现了好几个更迭阶段，因为朱诺和图尔努斯的姐姐不公正地干预了他们的决斗过程。最后鲁图利亚王倒在地上，埃涅阿斯的剑悬在他头顶。图尔努斯乞求饶命："想想我父亲的痛苦吧，那可能会成为你的痛苦。"（《埃涅伊德》，XII，930）我们还记得在《伊利亚特》中对父亲的回忆诱发了一种无法抗拒的情感。虔诚的埃涅阿斯一向尊重乞求者，他停住剑，看着被征服的战士，感到一丝怜悯之情。突然，他看到了死去的帕拉斯的腰带，现在图尔努斯当战利品戴在身上。他想到了帕拉斯的父亲，仇恨又涌了上来，挥剑刺进了图尔努斯的胸膛。正义与邪恶之间是无法妥协的。在想起图尔努斯的父亲时，埃涅阿斯准备放过他；但在想起另一位父亲（帕拉斯的父亲）时，又把他杀死了。

在《埃涅伊德》结束的时候，它带着父权的计划坚决地迈进了一个截然不同的世界。特洛伊的家神找到了他们的新家。男性在两种对立的形式之间长期的挣扎——父亲的与非父亲的形式——似乎在《埃涅伊德》中宣告结束了。大约在这个时候，英勇不屈的赫克托耳战胜了阿喀琉斯。伴随着《埃涅伊德》的结束，真正的史诗也宣告结束了，它把我们带回了希腊神话最后的壮丽、深刻和悲剧性中，并且开创了通向以罗马的法律体系为基础的正义却又抽象的制度之路。

正如区分了正义与邪恶，《埃涅伊德》在结尾处也区分了父亲与母亲的世界。每一种女性都被赋予一种人格，比如狄多；或者具有独立性，像亚马孙女战士，她们在诗歌的情节发展过程中就一个个地死去了。唯一留到最后的好母亲是西布莉，她是心甘情愿成为父亲手中的工具。她是一个物体，是屈服于他们的意志与需要的木头。她是埃涅阿斯离开他的祖国时带走的一个工具——不仅用于交通运输的工具。

众神之父朱庇特与拉提努斯王联合起来。众神之母朱诺的顽强抵抗——阿玛塔王后与复仇女神阿列克托是她仇恨的延伸——最后也以惨败告终。

父权心理如此彻底地、完全地战胜母权心理，是不能持久的。《埃涅伊德》意识到了这一点，在结尾处采取了调和折中的策略。朱诺同意不阻挠埃涅阿斯的后人成为伟大的人物，朱庇特同意战败的拉丁人，这些朱诺的保护对象可以保留自己的名字和作为人的身份。不管在天上还是地上，这样做都避免了最后的决裂。

在这里，我们发现了罗马政治中的一个预兆。这确实完全是个政治策略的问题。一首长诗的最后几行被迫加上这些内容，显得很虚伪。但是，也不是说这不可信：从某些方面说，它也是在寻求一种理解。然而，它确实是一种抽象的意向性。它没有描写什么深奥的东西，注定要维持其虚伪性，就像所有对霸权的妥协。

有一部分政策是成功的，而且体现在罗马最好的某些方面：被征服的人没有被处死，而是被同化了。另一部分——我们不关心的那部分——不会取得成功。大母神将继续被获胜的朱庇特压迫，在将来的几个世纪里，一神论的上帝天父将取代朱庇特并继续压迫她。原始大母神的根本面向受到压制所换来的，是罗马人对女神的崇拜。虽然她事实上也存在于人们的心目中，但是她主要是伴随邪恶出现的，而且总是与迷信的、对退化的恐惧联系在一起。

西方社会一直避免对神话表现的这种深层次的内涵做出任何让步。父权意识构筑了我们的文化，伴随着对女性形象越来越简单化的处理——就像我们在《埃涅伊德》中看到的，父权意识将继续将女性概括化、母亲化。一个华丽辉煌的母亲，如阳光普照；一个恶意般的母亲，如阴影瞬时落下。所有的宗教和诗学都没有想到，玛利亚的形象与天使般的女人也成了简化女性的产物。因此，人们难免会对事物受压抑的、阴险的一面感到恐惧。整个中世纪，女巫被焚烧在柴堆上。几百年后，女性邪恶的原型的主题表现为“夜晚的王后”，成为莫扎特的《魔笛》（*Magic Flute*）。

第
三
部
分

走向现代与颓废

第十三章　从罗马时代的父亲到儿子，再到法国大革命

上帝把他儿子的灵魂，送到了你的心中。

呼叫阿爸，我父；从此你不再是仆人，而是儿子。

——《迦拉太书》（*Galatians*）

罗马发展最辉煌的几个世纪为未来欧洲的文明奠定了基础，罗马竭尽所能地吸收了希腊的文化，“罗马父亲”就是其文化延续的另一种形式。正如我们在《埃涅伊德》中所见到的，罗马神话的起点在希腊。事实上，罗马撰写了希腊神话的续集，就像基督教在犹太人的《圣经》中加入了《新约》的内容。它把希腊扩展成了一个宏大而复杂的社会，把它纳入了一个系统法律体系的框架：这种事情以前从来没有过，在某种意义上说，直到近代才再一次出现。

要概括描述罗马社会是一件很不容易的事情，因为它延续了一千多年，横跨三大洲。然而有一点很清楚，即“罗马父亲”是建立与维护罗马社会秩序的支柱，不管是公共秩序还是家庭秩序，因此他们与“希腊父亲”大不相同，后者总是与家人分离。罗马父亲有决定孩子生死的权力，不仅在他们成年以前，而且贯穿他们的整

个生命。只有到临死的时候，父亲才放弃他这种非同寻常的权力。在罗马社会，父亲对孩子的权威达到了登峰造极的程度，对妻子的权力却不一定。

罗马的强大与复杂也体现在“罗马父亲”的形象上。父亲身份被明确地用社会和法律的概念进行定义。一个人不是在生物学的环境下成为父亲，而是通过一种正式的行为。与一个女人生下一个孩子不意味着就拥有父权，父权的获得在于表达做父亲的愿望：父亲当众将儿子举到空中（如果是女儿，他只是命令人去喂养她），以此表示他愿意承担责任。与希腊父亲不同，他也是孩子的老师。在这个意义上，在罗马，真正的父亲身份源于对孩子的“收养”，而简单的生物意义上的父亲则不具重要性。

父亲把儿子举到空中来，用这个动作来揭示自身的父亲身份。这一做法成型于赫克托耳，不断地被重复着、继续着。这个姿势的重要性不仅在于它对法律的影响，而且在于它不完全属于过去的习俗。它存在于时间之外，高于一切制度。

抚养儿女的法律义务直到公元2世纪才开始实施，当时的社会道德风气变得混乱，出现了大量离婚与非婚生子的现象。然而，改革并没有让人认识到这个问题，只提供了最低限度的社会求助。它将权利与义务结合在一起，这样做互有利弊：孩子也有法定的义务要赡养父母。义务与责任的范围逐渐扩大，义务被扩展到一个更为广大的关系圈。

父亲的形象渐渐变成了养育者，但后者的功能只是技术性的。尽管父亲包含了表现出集体意象的最高权威的原型，养育者的新形象却完全是抽象的，没有任何心理学意义上的重要性：事实上，父亲总是被迫重申、澄清他的职责。因此，毫不新鲜，男人与他的孩子的唯一联系就是法定的抚养义务：正如在当代，在罗马社会，这也算部分地补偿了家庭的缺陷。男人不再被允许对孩子漠不关心，但是不能强迫他宣告自己是孩子的父亲。父亲的身份——不是父母身份——仍然是很重要的事情。为了当一个父亲，仅仅成为一个血缘关系上的父亲还不够，那只是像参与了一个自然事件。他得采取一个特定的行动，积极主动地宣告自己愿意成为孩子的父亲，就像在我们现代社会，收养是一个意志行为。

在罗马法律中，每一个单独的、个人性的确立父亲身份的事件都是对我们已经看到过的史前人类父权制度的重复。这是一种行为，不管有多简单，都不只是生理上的，它显示了男人除了生育孩子，还愿意与孩子建立一种稳定的关系。事实上，我们是在讨论某种规范罗马家庭的事物，它不仅仅是法律。尤为重要的是，我们注意到这个规范不是抽象的、随意的，而是对家庭的史前起源的简单重复。罗马家庭法能够传播和长盛不衰，靠的不仅是它的政治和军事力量，而首先在于它重现了一种远古时代的意象——人类从动物走进了一夫一妻制的家庭生活。

罗马法律的演变特征是不断规定父亲的义务，而义务总是与不断扩大的权利密不可分，它同样也隐含了一种无限的爱的能力：最后父亲变成了一个比历史上任何时候都要高大、强壮、坚定的形象。我们可以从罗马最著名的抒情诗人卡图卢斯的诗歌中清楚地看到这一点。为了表达对他所爱的女人强烈的爱慕之情，他说他爱她

“不是像男人爱自己的爱人，而是像父亲爱自己的孩子”。然而，父亲的爱一直是个自由选择的问题。在内心中，我们可能会觉得这有点荒谬。如果父亲与孩子之间的血缘关系是最强有力的人类关系的纽带，唯一牢不可破的纽带，那么对父亲的权利提出质疑，有什么意义呢？但是从罗马人的观点来看，这种特权是父亲不可置疑的权威导致的必然结果。

由于罗马的法律体系已经在很大程度上渗透到了现代社会，这是以往任何古代法律体系都不可比拟的，我们很容易认为，在集体无意识中，这种选择能力与父亲意象的关联已经持续了几千年。显然，这是有因果联系的。

“Suspicere”——举高。这个动词至关重要，因为把孩子举高的身体动作意味着将孩子提升到更高的社会和道德层面，永久性地，从生到死。父亲有权选择：是否给予孩子社会生活或道德生活，这和母亲给予孩子的最初礼物，即孩子的肉体生命，是完全不同的。所有的孩子都会收到第一份礼物，但是不一定能收到第二份。这种模式包含了一个基本的直觉。

如果父亲根据自己的自由裁量权，不举起孩子，那么这个孩子就不会得到父亲的关心。我们的社会认为，将一个无辜的生命排除在社会生活之外是让人无法忍受的事情；但是在那个时候，这与宣布许多同样无辜的人生来就是奴隶的逻辑是一样的。出生并不意味着被授予权利，权利是被那些拥有它们的人授予的。父亲身份是一种属于父亲，而不是孩子的权利。他为此也付出了代价，这一代价是罗马社会认可的。举起孩子相当于通过了一个仪式，而这一心理学的维度在后来“父亲身份经验中”丧失了。从这个意义上说，现代的父权模式，虽然废除了父亲的不公正特权，但内涵上变得更狭窄了。它削减了亲子关系在文化上的重要性。为了建立一种固定的、普遍的原则，现代社会回到生理学，似乎我们都是动物。今天的父亲，在孩子出生的时候仅仅是一个概念上的男性，是一个有限的角色。母亲接过了责任。但是，从文化的角度来说，父亲的作用晚于母亲的作用这一点不仅对孩子的个体生命来说是如此，也存在于一夫一妻家庭的发展历史中。在他们彼此完成角色确立后，父亲才出现。

人类区别于动物在于人有一种心理上的出生，通过一种启蒙仪式来获得心理上的身份，不管是宗教的还是世俗的仪式。对女人而言，自然本身赋予了她们一系列的身体经验来完成这个启蒙仪式。受孕、怀孕、生产、哺乳都是一个女人变为母亲的自然的、富有韵律的经验。然而，男人为了体验他们相对简单的生物生命的成长过程，被迫创造了许多非自然的仪式。

在古罗马，成为一名父亲意味着立即履行一种法律行为，完成一项隆重的仪式：在启蒙的时候，孩子变成了儿子或女儿，这绝不是出生就一定会带来的结果；男人也完成了他的启蒙仪式，获得父亲的身份，这不仅是个人生活的高潮时刻，也是社会生活的顶点。早在玛格丽特·米德（Margaret Mead）的作品问世之前几千年，人们就知道不管从个人意义还是文化意义来说，父亲身份不是生而知之的，而是通过后天学习而获得的。

几个世纪后，为了提高儿童的福利与合法家庭的稳定性，查士丁尼一世以及后来的教会法规试图阻止非婚生子，并规定丈夫自动地成为其妻子所生孩子的父亲。这样保证了家庭的经济稳定性，也限制了过度的性自由。但是，这也终止了这一促进罗马男性公民成长的仪式，废除了通过这个仪式而承担父亲角色的做法。

教会再次确认了母权（罗马法律中表明母亲权利的一个词）的严肃性。这一严肃性不亚于精神的诞生，而精神的诞生是洗礼象征的，以及其他许多人生中的神圣时刻象征的。但是，获得父亲的身份不再需要从前的那些仪式（与父亲的权利并列的另一个词“继承权”，完全与经济资源的管理有关）。教会权威简单地规定男人自动地成为他们的妻子所生孩子的父亲，而没有考虑到亲生的和领养的孩子。但是，直到今天，“父亲节”还是圣·约瑟夫（Saint Joseph）节日，耶稣之父约瑟夫是最杰出的养父，有力地证明了父权的核心不在于生殖，而在于抚养。

举高仪式让父亲和儿子的相互映射——这种思想早在希腊就已经很牢固——在一个不可逆的个性时刻成为唯一的、独特的事件主体：“你是我的儿子，我是你的父亲。我选择了你，因此，你是独特的。”由于孩子不是生下来就有权利被举高，因此举高也是一种选择行为。被父亲选择使儿子成为独特的人。同样，父亲自己也成为独特的个体。

人们对举高的动作在意识上已经淡忘了，但是在现代社会，在西方众多的意象中，我们看到把孩子举到空中的仍然是父亲而不是母亲。在接下来的几章，我们还会更透彻地讨论这个问题。

如果不是因为他们上帝父亲的选择和高举，希伯来人有什么特别之处？是什么使得罗马彻底征服了以色列？而罗马人为什么不能像同化其他被征服的人民那样同化犹太人？答案很可能在于罗马要求皇帝必须遵从上帝的旨意，因为上帝是万物的精神之父：天父已经选择了犹太人，这种选择是独特的、永恒的，因此也是排他的。

在罗马帝国边境上的一个小省巴勒斯坦，拿撒勒的耶稣开始撼动父亲所代表的基柱。

事实上，他也宣传对皇帝的服从和对唯一的上帝的忠诚，但是他也是倡导减少对世俗制度的崇拜的第一人。他是世俗社会的先知。在世俗社会中，家长不再是最高的统治者。他与上帝的关系是直接获得的，省却了拉比这一中间人。

这位新老师谈论天父，因为他与天父交流，而不是与其有着血肉之躯的代理人对话。他与上天沟通，也在内心深处与自己对话（这是我们的说法，或者说是一种隐喻的说法）。无论在什么时候，他对世俗父亲的态度都是革命性的：他将他们视作一个心理问题。而且，他不认为自己的世俗父亲——约瑟夫，足以成为权威的化身。

虽然他并没有发布反对父权的计划，也确实赞同遵守传统的道德，但是耶稣变成了基督（这涉及一个高度扩张的宗教的建立），并且开始动摇父权社会，而罗马丝毫没有察觉。但是以色列人看到了这一点，这是导致他们抵制新教的一个因素。

基督教关于对邻人表示仁慈和爱的观念是现代平等主义思想的先驱，也是反父权制的先驱。在历史上，平等主义总是与反父权有着密切的关系。在18世纪，与此类似的思想——无等级观念的友爱挑战了以色列的父亲崇拜、鼓舞了美国和欧洲的革命。20世纪，发生在巴黎和加利福尼亚的起义表现了这种精神。父权秩序的稳定性被充满矛盾和冲突的一代人的活力所取代。基督是上帝，同时也是上帝之子，也可以说父亲不再是上帝在尘世的化身，天堂中的上帝意象也不完全是父亲意象。两种现实，无论世俗的还是神圣的，都表达了全新的、激进的平等观念，都把儿子与父亲置于同一平面，儿子被当成终极价值，这不是日常生活中的策略性说法。因为基督本人从没做过父亲，他终止了生殖之轮的转动并把儿子置于最高位置。

这种转变在新的圣经教义中也很清楚。福音书（Gospel）改变了《旧约》（关于父亲的篇章）中的偏见，是从有利于儿子的角度来写的。新教义的“诋毁”［“诋毁”一词是由保罗（Paul）使用的，他在古代一直传播新的信仰，见《歌林多前书1》（*Corinthians*）第1章第23节］，不仅是它总体方向的问题，而且是它确切的主张。在经文中，如果有指责儿子忘了天父的内容，不足为奇。但是如果有儿子在绝望中指责自己被父亲抛弃了，这肯定是新奇的事情。［《马太福音》（*Matthew*）第27章第46节；《马可福音》（*Mark*）第15章第34节］

作为教师的基督在言辞上支持父亲；但是，作为实际儿子的基督则不再重视他了。

这种自相矛盾在罗马天主教会中也有体现。一方面，对父权的崇拜使牧师被称为“神父”（peter），其首脑被称为“教皇”（pope），也是“父亲”的意思；但是另一方面，这些父亲都是不被允许生孩子的，而所有对教会的赞美都是称作“母亲”。从礼拜仪式的意义上说，基督的母亲玛利亚显得越来越重要，以至于最后教会宣布了“圣母升天”。

在新纪元的头几个世纪，基督教遭到异教徒的迫害。最让人痛心的是阿里乌斯派，他们认为儿子是从属于父亲而不是与父亲平等的。我们认为，这是对父亲与儿子平等观念的集体无意识抵制。除了把基督教定为整个罗马的国教，从而为基督教敞开了大门，罗马皇帝君士坦丁还帮助提升儿子的地位，他主持尼西亚议会，在会议中，阿里乌斯派被击败，并被宣布为异教。神学的争端并没有结束，但是关于父亲和儿子的地位的反转已经确定，即使几百年来这一转变一直是在历史的地窖与神学家的实验室里秘密进行的。

教会的权威在中世纪达到了顶峰。它的道德准则、教会法规以及社会体系传遍了整个欧洲。性与生殖都在很大程度上，至少是正式地纳入了家庭范围。认为这个世界属于父权世界的观念是不精确的，也是不正常的。它主要的方向是垂直的、上升的：它求助于上帝，在必要的时候，退隐到山林。横向的活动大大减少了，人类生活在有限的区域，享用有限的物质条件，这是人们很少注意的现象。强大的轴心阶层——诸侯、贵族、国王、皇帝——受到万民景仰，但是家里的父亲被冷落了。庞大的穷人群体混乱地居住在一起。相反，比起现代家庭来，贵族身份源于更广泛的实体，他们按照血缘、宗族以及门第来标明身份。

在中世纪末与文艺复兴初期，罗马的天主教会强调玛利亚的功德，使母亲的形象变得很有活力。她怀抱着圣子，这种造型艺术表现出一种二元体，其他的意思则很少。男人的意象就是儿子的意象，反过来儿子又是母亲的意象。

文艺复兴与宗教改革为父亲地位的改变提供了转机。对新知识的好奇、流动性、都市化、新的经济活动以及资本主义的诞生都为现代家庭的产生创造了前提条件，现代家庭并不太大，家庭成员之间具有一定的亲密度。父亲在这种家庭中作为家长的地位很牢固，即使我们很难确切地评价这种地位。有些观察家认为这种家庭的出现是个新现象，标志着父亲地位的提高。另外有些人则认为这种现象早已存在，只是相当抽象，现在变得越来越明显、越来越具体化了。父亲拥有一家之主的地位是因为那是所有有效的准则预先为他设定的位置：虽然他拥有这个地位，但是这个地位不断下降。而对父亲地位的不同评价，也是各自研究目的的不同所致。从社会学的观点来看，核心父权制家庭力量的增长持续到19世纪末，甚至20世纪；父亲在家庭中的权威也将很大，而且会持续到法国大革命之前。但是从心理学角度来说，父亲意象——是指导世间制度的天上之星——在古代就已经发展到最高点，从那以后它就开始走向衰落了。这也是我们这几页文字所表达的观点。

正如人模仿神（模仿基督），儿子也效仿父亲。父亲就是家庭的神父。但是，中世纪时期、文艺复兴时期以及宗教改革时期的父亲——与罗马家庭的父亲不同——总是某位神圣祖先的儿子。慢慢地，他的新形象在家庭中失去了地位，不亚于无所不包的上帝形象的丢失。首先是修道院［尤其是本笃会］，其次是大学——他在那里讲学——不再受人尊崇。儿子所宣扬的计划逐渐实现了，他们呼吁降低世俗的父亲权威，把它转交给天堂。“也不要称呼地上的人为父。因为只有一位是你们的父，就是天上的父。”（《马太福音》第23章第9节）

家庭与中层阶级是那个时期的新鲜事物，二者与宗教改革结合起来组成了强有力的“红衣主教团”，以更迅捷的步伐迈进现代社会。新教教义要求人们充满活力、积极、冷静、意志清晰：从象征性的角度上说，这种风格是属于男性的、父亲的。从生物学的意义上说，新教的神父也可以是父亲，这与天主教神父的不生育（也有人认为这是隐喻性的）形成鲜明的对照。而且，在家庭宗教仪式中充当神父角色的也是父亲，这种现象在犹太教中一直存在，但是天主教社会没有这一现象。

在进行宗教改革的北部地区，人们声称他们从不知道那些表现地中海地区的宗教的意象大量存在着。在地中海地区，宗教改革没有找到立足之地。但是我们可以不管这种说法，不去管那些大量的意象，而是特别关注一个能代表那个时代的父亲的意象。

尽管意大利的文艺复兴运动中出现过许多版本的圣母怜子图，即玛利亚怀抱着死去的耶稣，但是德国出现了完全相反的版本：圣父怜子图（蒂尔曼·里门施奈德，1515年所作雕刻画，现存于柏林艺术史博物馆，见图2）。

图中，父亲把儿子抱在膝上。这和我们所见到的地中海地区的圣母像是同样的情形。即使如人们所说，这幅雕刻画代表了缺失圣灵的三位一体，但这种说法还是不能解释它想表现的关系。事实上，我们在这里只能看到二位一体的、自我封闭的、自我满足的意

图2 圣父怜子图——里门施奈德

（Riemenschneider, Bildarchiv Preussischer Kulturbesitz，柏林）

象。即使是三位一体的一部分，它所体现的也只是圣父和基督之间的直接交流。为什么它如此集中地刻画父亲对死去的儿子、不会给予他任何回报的儿子的强烈的慈悲之情呢？虽然处在同一时代的两个雕刻师远隔千里、互不相识，但他们不约而同地雕刻了两种非对称的却相互补足的情感：父爱与母爱。里门施奈德在雕刻时，路德正在把95条论纲钉在威滕伯格大教堂的门上。这恰恰是问题的关键点。这种伴随宗教改革而出现的将注意力转向父亲的转变既不是马丁·路德的抽象建构，也不是他的私人发明：这是当时北欧的集体无意识中已经存在的感情和意象的反映。这种心理前提是南欧缺乏的，它促进了新教教义的确立。

综观历史，改革后的教会在天平上更偏向于父亲意象。在相反的方向也有一些发展，比如，妇女被任命为神职人员，但这更多的是民事权利的发展，而不是象征意义上的根本变化。它是父权意志范围内的一种发展，法律实施一直就属于父权范围。

我们似乎碰到了一个悖论。如果说在新教国家，世俗化的速度更快、更彻底，那么这其中部分的原因在于宗教改革对父亲的依赖促使这一形象发生了缓慢的、持续千年的退化。在上几个世纪西方社会的集体意象中，父亲的形象注定要日趋衰落，与母亲稳固的形象形成鲜明对照；事实上，当我们看到父亲只是一个晚近出现的、人造的文化现象时，我们应该早就想到这一点。同样，父亲本人作为集体意识的引导者，他更青睐理性的“进步”，而不是符号的静止。新教教会和天主教会不一样，它顺应了父亲形象——其完全依赖的这一形象的退化潮流。

自由主义、激进主义以及主要是男性伦理观念促成了新教在欧洲和美国——很大程度上是美国——的现代化运动以及教会与国家的分离。但是除了让公共生活更世俗化，它也破坏了父亲权威的形而上学基础，而现代化运动恰恰源于父权。

特利腾大公会议①在天主教的发展史中起了至关重要的作用。宗教改革与特利腾大公会议的分歧不仅意味着两种教义或宗教典律之间的分离。它也把历史一分为二，让欧洲被一层浓密之雾分开，甚至在随后的五百年，还构筑了一道界限。这是铁幕的形成与拆除所需时间的十倍。

与新教崇尚理性与内心自由相比，罗马天主教很注重宗教仪式与象征。尽管它在象征与圣徒方面取得了辉煌的成就，但是圣·约瑟夫作为基督之养父这一点却很少被人提及。我好不容易在意大利找到了其中很重要的一幅画（见图3）。

从数量上说，对圣母玛利亚的崇拜要超过对上帝的崇拜。在意大利的许多地方，90%的教堂都以她命名，其他教堂则分别以基督、圣灵以及其他的圣徒命名。从质量上说，对圣母玛利亚的崇拜是古希腊—罗马多神论中的女神崇拜［主要是德墨忒尔与谷物女神克瑞斯］的延续，也是对史前地中海大女神崇拜的延续。无论哪种情况，都突出了女性作为母亲而不是伴侣的重要性，同时也反映了

① 教会第19届大公会议，从1545年12月13日开始至1563年12月4日止，含4阶段共25场会议，中间经历过3位教宗。特利腾是一小城，位于意大利北部。这个酝酿了25年的大公会议召开的目的，除了规定并澄清罗马公教的教义，更主要的是进行教会内部的全盘改革。——编注

图3　多米尼科（Domenico Piola）——约瑟夫与神圣家庭
（日内瓦，圣·多纳多教堂）

她们远古意象的回归，这种远古意象虽然其形式已经丢失，但是从没被人遗忘。这片曾属于罗马人的土地不再认为埃涅阿斯——曾被尊为罗马的保护神——是他们最为重要的象征，他们重新发现了克列乌莎（埃涅阿斯的妻子），那个跟在后面的女人，以及她对西布莉女神虔诚的崇拜。而且罗马帝国本身——曾经是父亲意象的堡垒——已经不复存在一千多年，后以德意志民族的神圣罗马帝国的面目出现，马丁·路德就生活在那里。

克伦威尔在英国发动的革命——也是宗教改革的直接延续——给欧洲敲响了警钟。它鼓励了神学讨论，对传统的等级制提出了质疑。它唤醒了人们的欲望，恢复了儿子们的手足情谊。它迫使社会放弃静止不变，重新发现功绩原则：男人之间永恒的动物性争夺的现代版本。最后，革命处死了国王。

社会上君主的权力、家庭中父亲的权力都不再是绝对的，而是相对的。但是这种变化不是突变，而是一个渐进的过程，是按照它背后的主要人物约翰·洛克（John Locke）①的思想一步一步演变而

① 约翰·洛克（1632－1704），英国哲学家。在知识论上，洛克与乔治·贝克莱（George Berkeley）、大卫·休谟（David Hume）三人被列为英国经验主义的代表人物，但他也在社会契约理论上做出重要贡献。他发展出了一套与托马斯·霍布斯（Thomas Hobbes）的自然状态不同的理论，主张政府只有在取得被统治者的同意，并且保障人民拥有生命、自由和财产的自然权利时，其统治才有正当性。洛克相信，只有在取得被统治者的同意时，社会契约才会成立，如果缺乏了这种同意，那么人民便有推翻政府的权力。洛克的思想对于后续政治哲学的发展产生巨大影响，并且被广泛视为启蒙时代最具影响力的思想家和自由主义者。他的著作也大为影响了伏尔泰和卢梭，以及许多苏格兰启蒙运动的思想家和美国开国元勋。——编注

成的。

到目前为止，暴动并没有蔓延到整个欧洲大陆。但是，它为英国及其美国殖民地之间的关系打上了永久的烙印。殖民地很快就形成了具体的新教父权制度，它以家庭和附近民众的代表为基础：远在英格兰的国王权威成了一个问题。

在现代社会初期，法国社会开始了一场更激进的复兴运动，这场运动被认为影响了全球。18世纪，巴黎的妇女们就开始了母亲世俗化的运动。孩子们在保育院中与护士们一起生活几年，而他们的母亲则尝试从片面的玛利亚形象中解脱出来，开始过一种智性生活。

启蒙运动最初由一批精英人物发起，并由他们推而广之。对父亲而言，这又是一个转折点，也是权力的又一次丧失。他的教导，同他与孩子的紧张关系一样成了人们讨论与争议的话题。遭儿子诅咒的父亲形象成了讨论的主题，并且通过狄德罗、卢梭和拉布雷东大量地进入文学，通过格勒兹表现于绘画中。被一个片面的、过于正面的好父亲形象压抑了几千年后，恶魔般的、具有破坏性的父亲形象出现了。成为祸害的父亲也引起了意象的转变：儿子没有升入天堂，而是被打进了地府。这种集体象征预示着一个不可挽回的危机即将发生。

新思想怀疑所有的权威，包括个人的与公共的权威。他们敢于对从未被人怀疑过的事物——这些事物被视为理所当然的——提出质疑，不管它是由出生带来的还是上帝的恩典赋予的。

启蒙运动时期，与父亲关系的变化发生在两个相互影响的层面。一方面，政治的进程影响了与父亲和家庭有关的法律；另一方面政治革新的进程受到私人情感的影响：我们都把权威（首先是国王的形象）与我们的家庭记忆、与我们自己的父亲形象联系在一起。事件的私密性和个人性的面向无法被量化，但是它是联结各种不同的革命的纽带。它对法国大革命是必不可少的，正如对之前发生的美国革命来说也是必不可少的。我们应该把这个时期的政治理论与倡导这些理论的人的个人传记一起理解。

倡导法国大革命的两位主要思想家与父亲的关系对他们产生了决定性的影响。

伏尔泰用尽全力攻击他的父亲，并企图抛弃他。

在这里，个体依然变成了象征，个人行为表达出了集体意象。从远古时代起，父亲给孩子的礼物就在于公开认可孩子；同样，父亲也有抛弃孩子的特权。伏尔泰试图建立另一种可行的做法：如果认可与抛弃都可以选择的话，那么孩子也可以选择。这就是他反抗父亲的形式。无论从历史还是心理学的角度来理解现代少年的反抗，我们都应该记得伏尔泰的第一部剧本是《俄狄浦斯王》（*Oidepus*）——比弗洛伊德早将近两个世纪。他笔下的俄狄浦斯遭到了诅咒，却是英勇的，本质上说也是无辜的。这预示了新的、不同时代的到来，这部戏剧也给作者立即带来了巨大的成功。

让·雅克·卢梭的生活似乎是围绕着他的父亲展开的，但是方式与伏尔泰完全不同。

卢梭的母亲在他出生的时候去世了。他的父亲是个尽职的钟表匠，对他倾注了强烈的情感，并教会他热爱书籍。他生来就享有这两种“福报”，也许二者太过重要，使他无法将二者融为一体。于是，他选择了书，而舍弃了父爱。他有五个孩子，但是他把他们全部送到了当时的弃儿收容机构。卢梭对教育改革感到很着迷，这也为他无法顾及自己的子女提供了一个很荒谬的解释。他做父亲的能力也许被他对事业的执着侵占了，因而他不能给他的孩子们留下任何人性的东西。他在孩提时期所知道的那个父亲也许太好了，让他觉得自己不可能有能力做好一个父亲。因此，潜心投身教育问题也许就是一条赎罪之路，按照他的理解，这是很自然的事情。

伏尔泰反对他外在的父亲并抛弃了他。卢梭与他的内在父亲进行斗争。这些背景事件都揭示了一个共同的时代特征，都表明质疑父亲权威的时代已经到来。

卢梭在1762年发表了教育论著《爱弥尔》（*Emile*），使发展了几个世纪的父系权威迅速崩溃。这一权威发端于古希腊，而后罗马建立了持续几百年的坚固堡垒。希腊父亲强有力地出现在社会、神话与文学中，但是唯独没有出现在孩子的教育中，他把孩子的教育托付给了家庭教师。罗马父亲以强有力的形象出现在家庭中，因为他自己充当孩子的老师。卢梭突然回到了古希腊：他的爱弥尔从陌生人那里接受了他认为的新教育范式。在随后的几个世纪里，教育系统都致力于把卢梭论述的内容付诸实践，让孩子从绝对的家庭权威中解脱出来。父亲从家庭权威中让位，与国王从国家让位是相辅相成的。

法国大革命席卷了整个欧洲，动摇了它的指导原则。不仅人头砰砰落地，那些从前规范着人类生活的核心象征也被砍掉了脑袋。

心理学成了结束国王特权的利剑，也把安喀塞斯从埃涅阿斯的肩上卸了下来。

法国大革命发动的运动机器将从前那些高不可及的专制君主打倒在地（直到今天，直接针对权威的最常用词组都是以“打倒……”开头）。君主的权力由一个漂浮于天地之间的意象合成，一方面由上帝形象赋予，另一方面则是父亲的形象。在国王倒台的时候，上帝的形象没有恢复，父亲的形象也没有回归。在第一种情况下，教会丧失了权力，世俗主义得到了发展；在第二种情况下，父亲让渡给君主的权力仍然属于国家，这实际上继续剥夺了孩子在家庭中接受教育的权利。孩子们不再垂直从属于他们的父亲，他们在学校与同学的关系是横向的，他们平起平坐，同龄青年应召服兵役也变得越来越平常。婚姻被视为一种私人的、世俗化的契约。社会再一次公开认可领养的孩子，或非婚生的孩子。离婚可以作为这类社会问题的补救措施：它属于可以重新谈判的契约。父亲仍然是一家之长，但是母亲也获得了横向流动的权利，因为她们可以再婚，至少在理论上是这样。法国开了离婚的先河，在这方面英国同样也是先锋。“可以重新谈判的契约”这一概念的基础是约翰·洛克的思想。

自由、平等、博爱。这个新的世界之轴是水平状态的。这些词承载着远大理想的力量，不亚于横扫欧洲的军事风暴。

兄弟之爱（The brotherhood）的光明计划其核心在于创建一个远离屈辱的社会：不公正的事情可以被纠正，正义是真实可靠而不是形而上学的。儿子们不再指望被父亲举起：他们准备自己举高自己。[①]

从物质主义的观点来说，这个计划的实行得益于现代社会的诞生及确立，以及它提供的一切公正待遇：无论大小，都比革命前的任何时候要大。从心理学的观点来说，这个计划使我们获得了我们更大的精神自由，同时也创造了更广泛的不稳定性条件，因为衡量公正的标准总是不能令我们满意，也因为父亲的优势地位是固定不变的，不受儿子们的兄弟之爱的平等性的影响。这种闪光的新思想阴暗的一面不在于将旧制度送上断头台，而在于对父亲的否定。即使没有国王了，其他方面还可以恢复其稳定状态。但是，谁来恢复家庭的稳定呢？权威的父亲一直是个原型意象。儿子的情况却不是这样。

这种内在的绝望，先是在法国，后来波及全世界，在1806年卢浮宫画廊的一幅画上表现无遗（见图4）。

特里奥松（Anne-Louis Girodet de Roussy-Trioson）创作的油画描绘了一个家庭，家人们围绕在绝望的父亲身边。一个老人（父亲的父亲）重重地伏在儿子的肩上：不像安喀塞斯给了儿子生命，又收回他的生命，祖父是一块下坠的石头，正将他的儿子拖下悬崖。为了显示新出现的平等主义，男人拉着女人的手，以免她重蹈克列乌莎的覆辙，但是她似乎执着于自己的痛苦，以致她成了一个妨碍

① “这就是兄弟互助的故事结局。我们凭直觉感到它与上升的故事不无联系。这不是前进，而是提升……” Derrida, J. (1994) *Politiques de l'amitie*. Paris : Galilee, charpter10. 文章包含对兄弟互助的哲学批评。

图4 洪水现场（巴黎 卢浮宫画廊）

物，尽管她肌肉发达（我们怀疑这是有意而为的，就像旧版故事对克列乌莎的描述一样）。儿子与父亲没有直接接触，他们手牵着手，都拉着母亲的手。他们似乎没有意识到母亲与他们一样脆弱，仿佛受到母亲的心理影响，也在模仿她的态度。这是对母亲形象最好的否定。她是一个不肯自救的人，消极抵抗，以自己为中心，歇斯底里。父亲收缩弯曲着他有力的肌肉，但是他的双眼充满了恐惧：他手里抓住的树枝，以及他脚下踩着的岩石都不能支撑他太久；底下是万丈深渊，波涛汹涌。这幅画的标题是“洪水现场”（*Scene of the Flood*），其作者是否联想到《圣经》中所记载的人类的毁灭，或者社会上父亲的毁灭都无关紧要，因为我们知道无意识的动机往往比我们意识到的更有决定性。

第十四章　从法国大革命到工业革命

在工业革命初期，父亲走进了他最黑暗的时代。

在欧洲社会，最底层是农民，最上层是贵族，中间是小部分中产阶级。尽管有国家和学校施加的种种限制，父亲依然是三个社会阶层之家庭中的榜样。为了当好榜样，他必须让孩子看到他。为了让孩子看到，他必须在离家不远的地方工作。

在许多欧洲国家，农民占了总人口的90%以上。其他阶层除了少数贵族，主要有手工业者、职业艺人及商人。因此，父亲几乎是在儿子的眼皮底下进行工作。几乎没有什么娱乐活动，同龄人之间的交往在数量和质量上都很有限。在农村，收割季节的工作很辛苦，但是在其他时间就闲下来了。孩子们大多数闲暇时间都是与家人一起度过的，听父母或祖父母讲故事。在书本缺乏、大部分人不识字的时代，他们保存了许多关于世界和家庭的记忆。这种安静的、勤勉的生活模式维系了父亲的权威，甚至比法律赋予他的权威还要大。人类，尤其是年轻人，总是要寻找一个符号，但不是抽象的符号，而是在其他人类身上具体化了的符号。没有人教我们这么做，我们总会选择一个榜样，然后按照他的样子去做。自出生之日起，在婴儿时期，我们就开始模仿大人或兄长。

这种模仿大人的风俗一直延续下来，从婴儿到成人，没有间断。这是工业革命之前的典型特征——在最发达的国家不到两百年前，在大多数其他国家也只是三四十年前。同时，这也是孩子获得身份、接受教育的来源，这种东西不是来自学校，并且至今我们都觉得难以传授（比如，想一想一个人在家庭中学习母语是多么轻松，而到学校学习一门外语却要付出极大的努力）。

对男性而言，这个过程确实会中断，永远也不可能是直线发展的。这是一段艰苦的过渡时期，但所有传统社会都成功解决了这一问题，这并不是什么大问题。依附于母亲很长一段时间后，男孩们进入了父亲的生活圈子，用眼睛、脚和手，甚至在某种程度上用思想模仿父亲。这让他们对男性产生了认同。同时，他们渐渐发现自己变成了成人，也学会了一门职业技能，通常是他们父亲的职业技能。力量、灵敏度以及职业能力——或者缺乏这些——都是源于他们的父亲。这就是父亲形象的作用，很少有人怀疑过。年轻人几乎不认识其他可以充当这一角色的成人：甚至也不能在故事中找到这样的人。不像现在，由于大众传媒的普及，他们每天都可以认识成千上万的偶像。

这种小农经济是一种贫穷的经济。对那些拥有一点儿土地的人而言情况稍微好一些，而没有土地的人情况则比较悲惨，事实上，大多数的家庭都是自给自足的。农民的儿子也是农民，因为他早已熟悉了农事；因为这样他会有一点儿经济上的安全感，也许更大程度上是心理上的安全感；因为他没有别的选择。一般来说，他只是不去想象自己还能不能做任何其他工作。为了度过一些重要时期，比如准备结婚、准备成为神职人员或获得一个新的职业身份，他首先得进行一些精神训练来加强自己的心理力量，他得为自己打造一个在新环境中的新形象。这就是想象的作用。年轻人通过观察他们的父亲和祖父，发现了自己作为农民的意象：借由父亲的、父系的、家长式的生活方式的意象。生活就是以父亲为中心的故事。

工业革命粉碎了这种稳定形式，瓦解了社会关系。然而，随着时间的流逝，它也创造了新的财富，从而纠正了新经济带来的不公正问题。社会财富必将增加到以前难以想象的数量。但是，这种新的生活方式也破坏了家庭关系；社会进入了不稳定的状态，而且从此再也逃不出这种状态。

革命是从底层、从最贫穷的人们开始的。这些家庭的父亲进入了一种未知状态：他们对于自己所从事的新活动没有心理意象，无法把自己想象为工厂的工人。

农村地区不断加剧的贫穷、人口的普遍增长，再加上新机会的出现，把更多的人推进了工厂。出于经济史上的某些原因，这个过程一直没有中断过，而且还传播到了其他国家和从未受工业革命影响的社会阶段。没有返回田园生活的后路了，都市化在加剧，在那些越来越拥挤的城市里，物质生活的综合条件变得越来越糟糕。图书馆里充斥着关于这种剧变的历史书籍。

首先，特别是在英国，在诸如纺织工业这样的行业中，制造商们倾向于雇佣妇女和儿童：他们工资低廉，即使他们的工作环境令人难以忍受。

这种新情况严重打乱了家庭生活，父亲——因为这一称呼是确认他的身份感必不可少的东西——一度被认为是永恒的，工业革命却撕碎了他的权威，使妻子和孩子脱离了他的控制，把他们交给了一个对他们的人际关系一无所知的、外在的统治集团。很可能，家庭其他成员的收入第一次高于父亲的收入。他突然失去了权威和尊严。

直到后来，随着工业化的逐渐扩大，人们在工厂工作成为常态，随着第一部劳动者保护法的出现，男性工人才再一次占据了主要地位，并一直持续到今天。美国超过欧洲成为最大的工业强国，在19世纪以及20世纪的部分时间里，工厂女工的比例大大地降低了（1897年只有9.7 %）。经济大权又一次落到了父亲手里。但是为了获得这一权力，他不得不离家人更远。

这标志着一个有趣现象的开始，我们称之为“隐形的父亲”。

从父亲丢掉手中的锄头、走进工厂大门的那天起，他也走出了孩子们的视线，突然而且彻底地。逐渐地，工匠、铁匠、木匠们都经历了同样的命运。他们的产品被机器生产的、更廉价的产品挤占了，被迫从市场中撤出。这些父亲被迫背井离乡来到工厂，与木头或钢铁打交道，服务于机器，而这些机器又是那些没有人情味的经营者们的工具。他们常常失去劳动技能，因为他们的工作任务很有限而且总是重复。他们也常常失去主动权，因为他们总是碰到无法预料的事情，他们除了重复一系列特定的动作就没有别的责任可言。他们总是失去职业自豪感，因为他们没有职业专长；他们生产的产品不再是他们自己的，甚至看不到它们。然而，他们知道——即使他们没有失去其他东西——他们失去了对孩子的权威以及他们在孩子心目中和想象中的安全地位：他们的工作、他们的日常生活、他们的感情都离孩子很远，与孩子的生活无关。他们为孩子提供生计来源，但是不再被作为榜样，或直接的教育者，或引导孩子进入成人生活的教育者。事实上这些教育都很宝贵，其作用是各类机构和组织提供的教育无法取代的，就像学校教育不能取代家庭中的语言学习。

显然，这种古代的父亲角色是理想化的角色。许多父亲都很粗暴、残忍，在情感上离孩子的教育和启蒙很远。但同样显而易见的是，集体心理已经遭遇了无法挽回的损失，这与个人的失败无关。社会与家庭的平衡不仅依赖于个人经验，也取决于神话和意象。父亲的形象是个象征，绝不仅是个体父亲的总和。现在，这个重要的意象裂成碎片，甚至开始与恶魔的象征联系在一起。

工业时代的儿子既没有看到也不了解父亲的日常活动。他不再有父亲作为成人和一家之长的意象，不知道父亲是全家维持生计的支柱，就像埃涅阿斯的家庭成员依赖于他身体的支持一样。周围的世界也突然失去了自然的品质与影像。孩子们没有人物可以模仿，不知道该用什么来描画一个成人的精神面貌、他所从事的工作、他具有的力量，也不知道他是如何活出神话中英雄的品质的。

工业化使得父亲每天耗在工厂，晚上被赶到离车间不远的宿舍，与其他男人共住一间房。对他的孩子来说，他是陌生人。有时候，以牺牲物质和精神利益为代价，家庭也会团聚一次。但这并不意味着分离的结束，更可能象征着幻觉的中止。这种重新团聚是地理意义上的，不再是心理意义上的。[①]一旦融入了城市的活动，田园式家庭生活那种永恒的心理就不复存在了。

家庭在都市里的生活是流动的、不确定的，缺乏自然的、安全的、既定的生活节奏，这使孩子们感到害怕，大人也不例外。在集体想象中，父亲的相对稳定与田园生活的相对稳定密切相关，这并不需要具体的现实来证明，因为他们是同时失落的，勾起了人们相同的乡愁。

在工业化成功之前，这样的家庭在城里的生活比乡村的生活好不到哪里去。家庭成员也第一次体验到低人一等的感觉。不同年龄段的儿子或者在泥泞的大街小巷游荡，或者进工厂做事。无论哪种情形，他都能认识一些与他一样的落魄少年，这些人促使他的人格从模仿性的转变成竞争性的，不然的话，他就变成一个彻底的恶

① 在20世纪50年代和60年代间，一家之长把家人留在遥远的农村，自己搬到城里打工的现象在意大利的农民中还很普遍，尤其多见的是南方的农民到欧洲北部打工（现在主要是来自东欧的移民）。这是一种很艰难的处境——但是，结合父亲坚定不移的事业而言——最终还是取得了胜利。我有一个病人，他是个受过教育的、住在城里的专业人士。他花了几年时间分析探讨他父亲最伟大的梦想。在他的童年印象中，他父亲只是偶尔回家一次，带些小礼物以及一点积蓄，以便有朝一日能买到一块土地（他通常在父亲节那天回家）。他父亲是个贫穷、寡言的农民，他却认为父亲很了不起。就像忒勒马科斯崇拜他的父亲尤利西斯一样，我的病人也是在这个不知名的父亲的影响下进入了成人阶段。在意大利的时候，他学会了德语（这是他的文盲父亲不可能做到的），以便自己也能经历父亲的旅程与冒险，至少在文化方面没有障碍。没有忘记家庭的移民，最终回家的移民都受到了尊敬。把家人接到城里的移民则很快就花光了他辛辛苦苦挣来的钱，而且他还发现孩子们与自己形同陌路：他们接受另外一种语言的教育，很快就融进现代社会，并且嘲笑他们的父亲；有的家庭成员甚至成了与他辛勤劳动相反的好吃懒做的所谓“城里人”。

棍。城市生活也使孩子可以看到其他成人。他会碰到各种各样的男人，并意识到他父亲并不是一个完美的偶像。有些人比他的父亲更强壮，有些人更聪明，还有些人更富有，他的父亲事实上只是一个负面典型，尤其是刚进城还不熟悉城市生活的父亲。

反过来，父亲——用今天的术语说——也患有慢性抑郁症。他对工作失去了兴趣，也失去了大部分的家庭关系。乡村生活与手工业贸易遵从季节变化和韵律感，因而家庭经常可以聚在一起。而在城市生活，每天的工作时间通常很长，而且抵达工作场所还要花费大量的时间。即使父亲有空，他也不再渴望回到自己肮脏的小屋，去忍受家人的不停抱怨，他再也没有什么可以对他们讲述的了：既不必说怎么用犁翻新土地，也不必讲自己怎么弄弯一根木材。他唯一要做的就是把工资带回家。但是，由于他不再拥有任何值得分享的东西，分享也就变得没有意义了。分享一堆数字是冰冷的，既没有在田间分享一碗汤时的温暖，也没有在庭院中长大的猪被宰杀的气味，也没有在葡萄园里采葡萄时的喜悦。都市化的父亲开始逃避，用喝酒来打发时间。他重新发现了酒，但不是葡萄酒，只要他待在酒馆里，它就能给他慰藉。在家里他更是一个陌生人，几乎无话可说，即使有也只是火药味很浓的话。第二天，他会回家得更晚，把口袋里剩下的几枚硬币送给以前认识的乡下女孩。现在，他沦落到做一些比以前更低级、重复性更大的工作的地步。

在其他人都有关于父亲的意象时，孤儿们对父亲却有一种心理隔阂。但是，孤儿并不是我们要讨论的父亲的儿子。父亲的儿子不同，因为他不能在明明有父亲的情况下，假装自己没有父亲。历史上第一次，儿子为父亲感到羞愧。并且这不是个别现象：他为有父亲而感到羞愧，为做父亲的儿子而感到羞愧。从那天起，就产生了不想长大的孩子的问题，反过来，这也是今天的成人不想做父亲的根源。

一个史无前例的形象出现在西方社会的集体意象中：不健全的父亲。19世纪的小说、艺术插画，最后连法律都开始注意这一现象。这种家庭结构的衰落（部分真实，部分只是资产阶级的幻想，他们对社会上和心理上一些新的未知物感到恐惧）使得国家在日常事务中取代了父亲的权威，正如当时法国革命也质疑过它的原则。这是一个循环的过程，父权秩序就像雪崩一样崩塌下来。即使在设立学校校长——这是一个能与父亲竞争的人物——的时候，学校考虑的也只是为家庭提供一个让孩子可以接受教育的地方。现在，必须强迫孩子们上学，为的是把他们从没有文化的父亲身边解救出来。

贫穷的、都市化的父亲——没有了乡村生活、没有了自己传统的工作，也没有了自己的身份——失去了自尊，也失去了他人的尊重。当他置身于新环境中，他可以水平地接触无数像他那样的人时，他找到了一个改变状况的新机会。在集体中，他找到了归属感，一时的力量感弥补了他持久的无力感。这种补偿支持了工人联合会的成立，逐渐减少了工人的贫穷。但是他作为父亲的贫乏是史无前例的，也许他自己并没有感觉到，因为他已经不知道做父亲意味着什么了。他的孩子和妻子不再理解他，而且轻视他。他的雇主将他的时间禁锢在工厂，工厂将他的思想禁锢在工作中；革命者想让他加入他们的运动，但不是作为一个父亲——在马克思看来，父亲履行其职责已经力不从心——因为他们已经在提议建设一个可以取代父亲的国家，既能解决国家越来越功能不足的问题，也能解除父亲复辟资本主义家庭的幻想。

但是问题的本质不全是物质上的，也不只是和穷人有关。所有的人都受到了影响，既受到了实际的影响，也受到了精神上的影响。父亲在家庭中的缺席是为了从较低的阶级升到较高的阶级，然而，父亲同时在文化中消失，也使他又从较高的阶级变为无产阶级。

不健康的父亲形象——人们普遍对父亲缺乏信心，父亲自己也缺乏自信——从下层阶级扩展到了其他阶级。城里的中产阶级没有像工人阶级那样经受过贫穷的折磨，这些家长们并没有随着土地和行业的消失而失去荣誉与身份。可以想象，那些坚持子承父业的人很乐意这样做，然而在巴黎商人中，把自己的职业传给儿子的人数从18世纪的75%降到了19世纪的约34%。逃离父亲这一现象不止限于贫困地区，不仅根植于经济危机，而且也是由时代的变迁引起的。这不仅是从贫困中逃离，也是从某个象征中逃离。以前，这个象征是一种赐福，现在似乎已成为该诅咒的东西。

即使在上层社会，父亲也越来越不能满足于依靠收取房租与投资维持生活。为了维护他们的地位，他们不得不从事一些更复杂的活动，离家更远，离家更频繁，这样他们也离开了孩子们的视线，变得不可理解。他们这种亲情失落比工人阶级来得晚，但激烈程度不相上下。社会地位更高的家庭在这方面的情形似乎更好些。但是他们也越来越多地涉入了那种增加集体父亲意象的脆弱性、挑战传统权威思想的传播中。新的水平方向的文化价值首先在有教养的人群中得到了肯定，然后向下传到贫困阶层。社会的世俗化在无休止地继续。尼采在19世纪末从哲学层面上首次提出了上帝之死，从象征的角度说，这是处死国王后必然会得出的结论。国王被处死，上帝已死，这两个事件结合起来就是一个父亲已死的巨大隐喻。

这些问题互相缠绕、彼此喂养，分化了不同的阶层。此时，新的事件发生了，它更简单、更明显、更普遍地造成了父亲的缺席，那就是两次世界大战的爆发。在不到一代人的时间里，战争让某些男人尝到了“儿子被父亲抛弃、父亲失去儿子”的滋味。

第十五章　对战争的祛魅

现在，我歌颂战神恐怖的武器……

——《埃涅伊德》I，D-1

……年轻人的生命在遥远的帝国被粉碎了，

在那里唯一的法律就是死亡……

——摘自D.G.在1917年8月写给家人的信

由于写了关于诽谤的信件，他被意大利第24军团军事法庭判处监禁

像尤利西斯的儿子一样，我的父亲刚出生，祖父就离开他去参加第一次世界大战了。意大利的战争比其他国家开始得稍微晚一点，但是战后的不稳定使得复员过程无限漫长。数百万的孩子在大量时间里都处于没有父亲的状态。可怕的“西班牙流感”爆发了，所以我的祖父，某医疗军团的一名军官，在停战协议签订后很长一段时间都留在军队。祖父回家的时候，我的父亲已经4岁多了，并且在女人堆里长大：他的母亲、姐姐、两个女仆以及托儿所里的阿姨。父亲的祖父和外祖父都去世了。虽然他还有几个叔叔活在人世，但是他们也在军队。其中一个在军队待了很多年。在意大利对奥地利宣战之前，就已为争夺北非土地而同土耳其开战了。

我的父亲显然也知道成年男人的存在，但是在他看来，他们都是迅速穿过街道，然后躲在另一堵墙后面的动物。只有女人的世界才有正常的生活。女人的世界，加上资产阶级生活的舒适，对他意味着保护与纵容，同时也弥补了他担忧父亲是否归来所带来的不安全感。显而易见，这个家庭缺少一家之主，由此给他带来了很多困扰。

但是当我的祖父回来的时候，真正激动的是女人们。父亲对这种欢迎一个陌生人的气氛感到厌倦。只有当饭菜都上桌了，他才高兴起来，也许部分原因是好东西终于摆上了桌子，还有部分原因是他也想回到舞台的中央，也许还能赢得一个新的崇拜者。

饭吃到一半的时候，活泼的他变得吵闹不安，而我的祖父，一个停留在19世纪的人，依然穿着军人的制服，制止我的父亲，把他赶到厨房。我的父亲表示抗议，因为他不理解自己为什么会受到这种待遇。他一边大哭，一边问："那个人是谁？"女仆示意他安静，并回答他："你不知道吗？他是主人。"

是祖母告诉我这些故事的，而不是我的父亲或祖父，他们都养成了沉默寡言的习惯。

在战争史上，发动国民参战的人都喜欢用雇佣兵。而且由于人类历史几乎就是一部战争的历史，年轻的父亲总是被迫与他们的孩子分离，参军入伍，而且也许永远都回不来。

但是，这两次世界大战开启了这种古老历史的新篇章。

在进行一般性的历史概述之前，我们先考虑一下两次世界大战对欧洲和意大利的意义，把它们看成从希腊到罗马的发展链条中的一环。今天的意大利社会遵循的是西方世界的，尤其是美国的一般性道路，只是发展比美国要晚；但是在20世纪初，它是许多事件的发起者，这些事件随后给其他西方文化打上了印记：首先人们经历了第一次世界大战，全社会都卷入了战争；其次从战争中生还的退伍军人的生活受到了影响；最后集体意识退化，它以独裁的名义进行，毒害了20世纪的历史。

在现代，就战争时间及民众参与的广泛性而言，之前能与两次世界大战相提并论的只有欧洲的拿破仑战争与美国的南北战争。现在，我们结合心理学的新经验，来讨论这种全民参与战争的新维度。

在进入第一次世界大战之时，很多国家的人们都体验到了一种深刻的国民身份感。1914年夏天，第一次世界大战爆发，“八月社区”运动诞生。人们怀着“手足情谊”进攻街道。我们不要忘了这些用词，大体的感觉不是跟随某个领袖，而是属于一个大的兄弟团体。

在新的、不同的措辞中，才会产生战争意识。在第一次世界大战前夕，报纸的发行以及各政党组织的成立把大部分民众拉进了一个史无前例的大论战中。意大利公众热烈地讨论是否应该参战，并且分成了明显的两派。支持参战的人不仅有民族主义者和军人，还有许多知识分子。《未来主义宣言》（*Futurist Manifesto*）早在1909年发表于巴黎时就曾呼吁：“战争是世界上唯一的卫生事业！”这个运动由马里内蒂（F.T. Marinetti）发起，立足于行动和美学，针对全人类的生活提出了新的原则。它那充满活力的教条扩展到了意大利以外的国家。它预示了存在于欧洲潜意识里的意象一定会被激活。

以前全世界的普通人都把战争视为冰雹风暴，避之不及。如果实在无法逃避，他们会等到战争结束，然后尽快恢复被毁的家园。无论如何，他们不会浪费时间来讨论战争是对是错，因为这并不能弥补战争必将带来的损失。

然而，现在战争被视为人民的战争，人民第一次有权对此发表意见。战争爆发一年后，在意大利，赞成参战的观点开始占上风。意大利参战了，就像其他此类事情开始时的情形，大多数人表现出了好战的热情。

但是战争变得比预计的时间要长，破坏性要大得多。1916年，在法—德前线开始传言战争永远也不会结束。战斗一年一年地继续着。教皇先是因为支持其他的参战国或不发表任何言论而被指责，后来也认为战争是“无谓的屠杀”。在意大利，人们在家里诅咒战争，前线的不满情绪也难以控制。军事法庭对在言论或信件中表现出不满情绪的军人实行严厉的制裁。但是，不想参与进攻的士兵还是越来越多。于是产生了战争简易审判庭，由意大利军事警察负责执行。有时，鉴于不能惩罚整个部队，就随意枪决几个士兵了事。对这种莫名被处死的恐惧彻底破坏了士兵与其上司的个人关系。破镜再也不能重圆，它们成了这个新的、不同的时代的象征。虽然前线的射击班还能在表面上遵守军规，但是先前的英雄主义气概无论如何也不能恢复了。战争本来是以增进民族团结的名义开始的，但结果是一些意大利士兵死在另一些意大利士兵的枪下，从而使战争得以继续。

不服从之后便是逃亡，开始是个别的人，逐渐变成了普遍的现象，最后大量的人开始逃亡：1916年有2.8万例逃亡事件，1917年有5.5万例。士兵对内在权威的理解从来都与长官的外在权威无关。平民生活中父亲形象的瓦解也必然会影响军事生活。从众行为——在各个方面都是悲剧性的，也是适应性的——又一次从心理的最古老层面浮现出来。

战争被想象为一个国家对另一个国家的对抗。但到最后，战争往往变成了儿子们用兄弟情谊对抗象征性的父亲——各国都一样，而且与战线无关。在第一次世界大战期间，意大利的军官为国王效忠，但是士兵们却鼓励彼此去杀死那些长官。反叛者结下深厚的交情，与父权秩序对抗，越过了既定的边界。意大利的士兵和奥地利的士兵在各自的战壕里互相打招呼并交换礼物，他们的战壕离得很近，而且很相似。这是水平的兄弟感情取代垂直的等级制度的极端表现。这种行为受到了更为严重的处罚。

对逃亡和不服从命令的严惩，事实上造成许多人都有了投降的念头。但是，那将以生命为代价。两边的军官都经常威胁说要对投降的士兵开火：一方面是防止投降，另一方面也是为了避免关押战俘的麻烦。但是厌恶战争，厌恶愚昧服从，这种心理是不能遏止的，尤其是在那些古老的父权秩序即将被推翻的国家。在意大利，被关押的士兵人数在53~60万之间。奥匈联军有220万囚犯，而俄国也有2.5~ 3.5 万囚犯。

在俄国，儿子的反抗在划时代剧变中达到了顶点。沙皇、贵族以及古老的秩序都被铲除了，至少在名义上，所有的权力都交到了“无父”的群众手中。这项新事业博得了其他军队的同情，并激发了他们坚决反抗的想法。统治阶级感受到普遍否定的冲击。这不再是一个重新划分地理边界的问题，像从前的战争希望的那样。现在的问题在于构建一个新的内在结构，建立自我与权威的新关系。

对战争的祛魅是所有塑造现代世俗社会的祛魅中速度最快的一次。战争不再是一个醉酒的异教神，而是对屠杀技术的一个统计练习。有史以来第一次，“祖国比敌人还陌生”。

早在越南战争之前，伴随英雄式神话的结束，以及和平的反神话运动的兴起，典型的对战争不信任的现代伤感主义，在第一次世界大战中就有所表露。在意大利，这样的情绪尤其活跃，而且威力很大，尽管当时的官场社会——先是军事审判员，后来是法西斯政府——企图消除并隐瞒它。一旦和平来临，曾经在意大利前线打过仗的海明威（Hemingway）就在《永别了，武器》（*A Farewell to Arms*, 1929）中表现了这个强有力的主题。这部小说与雷马克（E. M. Remarque）的《西线无战事》（*All Quiet on the Western Front*, 1929）的成功提醒我们注意，否定战争第一次比赞美战争有更多内容可写，而且能被更广泛地传播。

但是，第一次世界大战中的经验也有其无意识的一面，而且这与我们要讨论的主题相关，因为它批评政府与军事组织有着非理性的本质，而非理性最后也冲垮了家庭。后者的影响更持久也更个人化。对政府引发战争的罪恶行径所进行的批评，事实上很快就变成了一句空话。在第一次世界大战结束的时候，四个曾经参战的帝国不复存在了，而一大批独立的新国家出现在欧洲版图上。即使有些国家的形式没有变化，但是其政府变了。另一方面，父亲并没有被杀死，他们仍然在管事，比如，我的祖父就想明确这一点。

这时，退伍军人和儿子之间、与周围环境之间的紧张达到了空前的高度。集体象征宣告了父亲的困窘，但是父亲不想听到这样的说辞，因为在宣告之时，他们已经远远地离开了家园。

与以前的战争相比，父亲不仅仅是长时间地在家庭中缺席。前所未有的事实是，他们不是在父权价值稳定的时期，而是在对父权的批评最激烈的时候离开了家人。教育学和心理学并没有经过有意识的协商，就消除了家长的绝对权威，而新的政治运动也对政府给予了类似的打击，同时，实证主义和世俗化运动也都在摧毁天父的统治地位。

在意大利，迎接20世纪的不是爆竹而是无政府主义者布雷西的枪声，他在蒙扎的皇宫枪杀了国王。大多数民众都对这一事件感到愤怒，但这不是问题所在。集体意象现在被当权人物的临终痛苦控制，而国王为了成为名副其实的国王，他必须坐在王座上且不可接近：他可以弯下腰触摸他的臣子，臣子却不能主动上来触摸国王。家庭的父权秩序也是这样。一个是枪口下的国王，一个是吵着要名分的父亲，现在他们都被除名了。

德国社会心理学家米切利希（Mitscherlich）告诉我们，19世纪的父亲由于工业革命而离开了家；他们的儿子再也看不到他们是怎样工作的，因而感到精神虚无困惑，继而充满了错乱的幻想。世界大战可以视为这种失落的重复，突然且彻底的失落。这不仅是一个逐渐形成的问题，其特征是即使一个健康的人格也会被这种真实的创伤撕裂。它对正常生活的干扰、它的彻底性与悲剧性使战争不仅刺激了个人的想象，也催生了无数种形式的集体的、大众化的幻想：一些真实的、独特的传说，其内容都是恐怖的、反英雄的，它们取代了不可信的官方消息。这些故事和流言有着明显的“退行”特征。比如，据说在敌对战壕之间的“真空地带”里挤满了逃亡者，他们像蠕虫一样生活在隧道里。如此，20世纪又见证了一次自发性的传说与口头文化意想不到的回归，这些传说秘密地穿过战壕，传到了敌方的军队。这种现象是战争国的当权者们无力控制的。

这些传说主要是由前线士兵创造的，后方的普通民众也有功劳，不过二者有所不同，因为他们没有能力考量虚构故事与真实战争之间的区别。因此，他们出于更复杂的动机，更随意地发挥他们的想象力。这些无意识传说中的反英雄特质，加上对发动战争的当权者的有意识批评，对退伍回家的父亲形象的恢复很不利。一旦官方的欢迎仪式结束，他们所受到的待遇就与他们预想的完全不同。

我们触到了父亲神经中的矛盾之处，这是我们一开始就提到过的。士兵的职责是很清楚的。当兵的父亲知道上司的期望。但是回家后就不一样了，经历过战争后，生活方式变得高度复杂起来。作为父亲，他享有极大的权力，与之相应，孩子们也对他抱有极大的期待：除了要求他付出感情，他还得是一个成功者，既是成功的家长，也是成功的军人。父亲不在的时间太长，以致孩子都感到了爱的饥渴，他们的心理处于类似忒勒马科斯的忧郁状态。尽管母亲的调停也起了很重要的作用，但父亲还是很难向孩子们解释他离开家人是因为他要履行作为军人的义务。除非能够具体化为强有力的意象，否则义务这一概念只是苍白的抽象物。

孩子的需求既是心理上的，也是物质上的。父亲如果被孩子们视为英雄，可以给他们提供精神支持，从而，在某种程度上弥补他不在的缺陷。但是第一次世界大战是一个转折点，一方面，有关战争的集体意象变得非常复杂，甚至第一次出现了反英雄的现象。听到人们在家里批评战争，孩子们无法把父亲想象成正面的角色；在孩子的无意识中，军队的总司令与作为士兵的父亲只是同一套俄罗斯套娃中的两个不同角色，他对军事指挥高层的憎恨常常会溢出来，投向在参加过不正当行动的父亲身上。我们再次重申：父亲客观上做过什么是孩子们看不到的。最后，传统上，孩子们能从参与战争的父亲身上获得的——一个值得骄傲的意象——第一次遭到了否定。

另一方面，孩子的失落史无前例。父亲离家这么久，家里越来越拮据。父亲几乎都被遗忘了。就在这个时期，心理学和教育学越来越引人注目，人们开始关注，如果没有父亲，孩子的发展会受到什么影响。这个观点的新颖之处在于它强调了孩子的地位，而不考虑传统的家长特权。意大利人的父亲们不是被无政府主义者布雷西的手枪打死的，而是被玛利亚·蒙台梭利（Maria Montessori）的作品打死的。

父亲参加战争使得孩子在性格形成的关键时期缺少了父亲的支持。没有参战的父亲必须进一步承受传统意义上的羞耻，尽管他不参战的理由根本就不是可耻的。英国的一张宣传海报也许是最好的例子（见图5），图中有一个显然是中产阶级的父亲和他的两个安静的孩子，但他的内心却不宁静。男孩坐在地上，在玩玩具兵团，小女孩坐在父亲的双膝上，问："爸爸，你在第一次世界大战中做了什么呀？"问题很天真，与之形成鲜明反差的是父亲眼中流露出内疚的神色，他紧闭的双唇表明孩子没有从他那儿听到任何关于英雄的故事。这个海报的有趣之处不在于将父亲的羞耻作为卖点来获利，这在宣传广告中是再平常不过的事了，有趣之处在于孩子施加的压力。孩子期待父亲讲述战争的故事，这并不新奇；新奇的是父亲有义务向孩子讲述他自己的事情，然后交由孩子做出评判。

心灵激烈的动荡之时，大街上同样也出现了骚乱。

整个欧洲的社会稳定已经难以维系。战争使工厂的工作环境日益变恶化，工厂的老板（the padroni，"padroni"从单词"padre"演变而来，是"父亲"的意思）受到了严厉的批判。俄国游荡着共产主义的幽灵。虽然意大利是战胜国之一，参战的最初目的是为了把特伦托和的里雅斯特地区的人口纳入国家共同体，最后的结果是更多的人被驱逐：死的死，残的残，伤的伤，还有的永远被排除在外。街上到处是退伍军人，他们不可能恢复平民生活。

墨索里尼，这位能干的前社会主义政治家，曾与自己的政党决裂，并极力主张意大利参战。此时，他面临以上两个难题。他发起

图5 爸爸，你在第一次世界大战中做了什么呀？（伦敦 帝国战争博物馆）

了一场法西斯主义运动，运动得到了退伍军人的支持，并镇压罢工。他的成功赢得了很多人的赞同，追随者遍及欧洲，也赢得了意大利资产阶级家庭父亲的支持。他全力创造一个属于他的团队神话，他高举传统遗产，宣扬古罗马的价值观：外在表现为地中海霸权，内在表现为私人生活中的家长权。反英雄的感觉并未消失，而是被政治审查官们掩藏起来了。独裁政治所起的主要是负面作用，颁布禁令，并企图恢复某些旧秩序。它作为正面的权威——提出具体的建议并使屈辱的父亲恢复尊严的理想——被大大削减了，尽管这一点不容忽视。企图重建罗马的辉煌，巨大的压力笼罩着地中海地区，然而，还是有10万意大利人移民到了北非，还有数百万人去了美国，那里被宣称为反英雄主义的、唯物主义的社会。

有人会认为，墨索里尼出现在20世纪标志着父亲力量的提升。但是，这样的印象只是错觉。墨索里尼加速了父亲的衰落。

第一次世界大战促使四个帝国灭亡（俄国、德国、奥匈帝国与土耳其帝国），和约的签订使其成为事实。借助新生的大众传媒，其影响史无前例。

但是在脆弱的集体意象中，不仅不死的父亲突然死亡了，而且还突然诞生了一位新的男主角，取代了父亲的位置，这是一个反父权的形象，他直接起源于遥远的阿喀琉斯。虽然墨索里尼把自己置于一个至高无上的地位，但他总是向他的“同志们”发表演讲，在法西斯者的意象中，他们与他并肩作战，而他也是他们中的一个。同时他还勾结了大批通敌者，设立了大量的民兵组织，这是一个由兄弟组成的部落，但纪律森严。随着圈子变得越来越大，就开始对这伙人进行了心理动员，以激发出他们（不论年龄大小）心中的英雄主义精神。这场运动使得资产阶级民主政治措手不及，然后又被那些被左右两派极权主义统治的国家效仿：在这个集体意象的世界中，即使波尔布特（Pol Pot）——自称为“第一个兄弟”的人——也是墨索里尼的“后裔”。但是，这个复辟罗马的英雄故事也不知不觉地具有科洛迪童话故事的色彩。童话是自发形成的，未被官方意识形态染指，同时它也是无敌的，因为它是自发地无意识地完成的。独裁政府高举恺撒罗马帝国的旗帜，但是无意识中，它又在向匹诺曹和鲁西格鲁鲁的原型靠近。像这样的“兄弟”组织注定是不稳定的，并出现反社会的行为模式。

知识分子对这种新男性形象的形成也起了很大的作用，比如加布里埃·邓南遮（Gabriele D’Annunzio，一个唯美主义诗人、骗子，法西斯主义将其树立为文学典范），还有未来主义的预言家马里内蒂。后者参与了1919年法西斯街道警察队（Fascist Street squads）的创建，使未来主义的影响远远地超越了传统的知识分子圈子。他是第一个意识到大众传媒有巨大潜力的人，而且传媒与文化、政治及公众生活结合起来。他发布煽动性的宣言，目的是创建一个极权运动。虽然运动的名字与未来有关，但是他的本意不是未来，而是完全活在现在。

他的话产生了一代新人，但我们对这代人相当熟悉。在由儿子们组成的兄弟会中流传的一句话是：

我们当中年龄最大的30岁……等我们到了40岁时，让其他的年轻人，比我们更有用的年轻人，把我们扔到垃圾箱里，就像扔掉没用的手稿！这是我们最渴望的！

——《未来主义宣言》，巴黎，1909年2月20日

这些话进入了那个世纪反叛的儿子们的DNA中，正如我们所知，两代人之后它还被反对越南战争的势力重复着："不要相信任何30岁以上的人！"还有仇视所有女性的话语："我们要美化对女性的蔑视。"（《未来主义宣言》）

敌视和平与一切非破坏性的男子气概：

那个拒绝英雄式的本能，转向过去，在宁静的梦境中自我消融的时期都是女性占统治地位的时期。

我们生活在一个时代之末：男人和女人最缺乏的都是男子气概……

女人就是复仇女神，就是亚马孙女战士，她们比男人更英勇善战……

——《女性的未来主义者宣言》（*Manifes to of the Futurist Woman*），德圣玻（Valentine de Saint-Point）布鲁塞尔，巴黎，米兰，1912年3月

反对一切形式的稳定，反对所有男人与女人的持久关系，预言将来男人与女人的关系只限于机械的关系：

陆地速度：地球的爱、女人、在全世界散播（水平的欲望）=

压过街道的车辆、白色的女性曲线……

速度摧毁了爱、静止之心的畸变、悲伤的凝固物、人类的硬化动脉血管。

——《新宗教——速度的道德》（*The New Religion—The morality of speed*），马里内蒂《未来主义宣言》，米兰，1916年5月

还有轻视自然的文字——预言性的文字："看够了自然的花！"［阿扎林（F. Azari）在《未来主义的植物和人工气味的雕刻物》（Futurist Flora and Sculptural Equiralents of Artificial Odors）一文中说。摘自《未来主义宣言》，1924年11月］。还有对连续性、忠诚与保存的激烈谴责：哪怕是保存世界上最独特的一个城市［《反对威尼斯，反对过去》（*Against Venice and the Past*），博乔尼（Boccioni）、卡拉（Carra）、马里内蒂、卢索洛（Russolo）的宣言，威尼斯，1910年7月］。还有反对文化领域的稳定性和连续性的话语："我们要摧毁博物馆和图书馆……"（《未来主义宣言》）还有否定父亲之存在的话语——相当真诚，赞美敢于抛弃婚姻的儿子的新英雄行为：

女人……在向英雄主义献祭时生下儿子，承担起这一命运……

不要让男人成为讨厌的伤感情绪的奴隶，让你的儿子、你的男人走出自我吧。

你创造了他们，你拥有所有主宰他们的权力。

——（《女性的未来主义者宣言》）

还有一些言论（一致得可怕的言论）是关于恢复父亲的男性地位的，他们的主要任务便是传宗接代：“通过战争选择出来的胜利者当然可以强奸被征服者，这是为了再创生命。”［《未来主义宣言》，拉斯特（Lust），米兰，1913年1月］

20世纪末的许多蠢行，生态学的、环境的、种族的，以及既崭新又古老的男性身份问题——生活在现在，又渴望抹杀时间——都被预料到了。对这样的男性而言，儿子及其象征的未来，都是完全属于女人的东西。

《未来主义宣言》发表于1909年3月，它催生了一个新的男性形象，这个形象就像从鸡蛋中生出来的一样，法西斯主义将其留给欧洲以及整个20世纪。在1916年11月，弗朗茨·约瑟夫（Franze Joseph）皇帝去世，永远地走出了他的时代——对他而言静止的时代——并将古代父亲的形象带进了坟墓。不到两年，欧洲大陆的帝国全部灭亡。随着最后一个最古老的皇帝驾崩，欧洲最古老的帝国也寿终正寝，它曾经认为自己是恺撒的罗马帝国的延续。

今天，对帝国灭亡的悲叹都不是对君主制的怀念，而是对支配着集体意象的男性意象的怀念，现在，这种意象只能在欧洲的集体无意识中引起不安的、混乱的颤动。

狂躁取代了抑郁。罗斯（Roth）、沃菲尔（Werfel）与茨威格（Zweig）等发掘历史记忆的犹太作家，还有那些在衰退的时代感觉自在的作家，他们所歌颂的履行职责的世界被马里内蒂和邓南遮所鼓吹的享乐世界取代，这两人是世俗化的，像他们所代表的时代一样是享乐主义的。唯一保留下来的是速度的世界——尤为重要的是，这是由运动显示出来的速度——以及情绪的爆发，二者都预示了这个世纪对令人兴奋的场面、噪音、毒品以及速成物的需求。这些都取代了父亲时代一贯坚持的计划与自制的理想观念。

第十六章　公共父亲的颠覆

母亲的形象……保持不变，因为它是永恒的、容纳一切的化身，是疗愈性的、支持性的、慈爱的、拯救性的法则……另一方面，除了父亲的原型形象，父亲的个人形象也很重要，但是与其说它是由个人决定的，不如说是由文化的特点以及父亲所代表的文化价值的变化决定的。

——诺伊曼（E. Neumann）

《意识的历史起源》（*Ursprungsgeschichte dews Bewusstseins*）, 1949

一个领导者在国民心目中的感觉与同一国家、同一时期父亲在孩子心目中的感觉之间是相关联的。通常，这个过程是循环的：威望崇高的君主鼓励家庭把父亲作为偶像；相应地，在家庭内父权强劲膨胀的时期，国王的地位也会提升。与之相反的进程也出现过。现代化的国家打算取代父亲，尤其在教育方面。但是很难界定权力会转向哪方，是从公共领域倒向私人领域，抑或相反。两者的关系属于象征心理学的范畴，不能定量分析，也不能做因果分析。

在西方国家，父亲的形象经历了长期而缓慢的衰落过程：在现代社会初期还只是不太明显的衰落，但是到了近两个世纪就变得很明显了。作为集体父亲的象征的国家或宗教权威也经历了类似的衰落过程。

然而，可怕的男性权威的崛起催生了20世纪的恐怖行动。如果我们认为私人的象征和公共的象征之间有着直接而精确的关系，那么我们不得不联想到“父亲”突然又重新抬头了。“可怕的父亲”来自哪里？他们对大众施加的毁灭性力量与个体父亲的心理有什么联系？

虽然父亲形象的衰落呈平稳的下降趋势，但绝对不是一条直线。在过去的一百年里，它的波动比以往任何时候都要大，曲线的顶点像刀刃一样尖锐。从心理学的观点来看，用“反动”来描述法西斯主义以及其他国家的独裁是非常正确的。对丧失尊严的退伍军人及被工人罢工吓怕了的资产阶级表示了关心后，墨索里尼的运动更加卖劲地致力于恢复家庭的传统秩序，它确实是“父权瓦解”的“反作用力”。在这个意义上，“反动”一词也可以用于源自其他政治传统的独裁，比如被称为“小个子父亲”的斯大林的独裁。

在达到权力的顶峰后，1932年10月25日墨索里尼在米兰预言：“不出十年，欧洲将成为法西斯。”事实证明墨索里尼是对的，就像花衣魔笛手①身后跟了一长串老鼠，多年来墨索里尼也有很多追随者。十年后，古老大陆上的民主沦为极权主义大海中的孤岛。

墨索里尼为什么能做出如此确切的预言呢？他为什么能预见

① 德国传说中的人物。他被请来驱逐镇上的老鼠，却拿不到报酬，因而吹笛子把镇上的小孩拐走。——编注

独裁政权会在短时期内就冒出来？正如人们会预见雨后蘑菇会冒出来。这显然不是因为他确切了解欧洲各国的内部情况。在考虑意大利是否参加第二次世界大战时，他甚至对自己国家的情况都不完全清楚，意大利是在思想上和心理上都毫无准备的情况下参战的。

小国奥地利的屈辱、退伍军人的迷失方向、德国魏玛共和国毁灭性的通货膨胀、葡萄牙田园式的昏昏欲睡、匈牙利民族凝聚力的缺乏等问题之间有没有什么共同之处？答案很简单，赖希（Reich）、荣格和弗洛姆（Fromm）已经给出了部分答案：怀念正在衰落的父权。墨索里尼第一个看到了这一点，由此他的预言变成了现实。

预言家看得更远是因为他不是站在地上，而是站在一个相对比较高的地方。墨索里尼的形象被认为站在天和地之间，像一个世俗社会的圣人。在“兄弟社区”（指国家法西斯党）担任一把手，因而有能力调动这些“兄弟”们之后，这个独裁者便开始把自己打造成国家的一个半神式父亲。法西斯主义用在树立模范人物上的精力比用在建立新政治和经济制度上的精力还要多：它必须为抚养孩子树立典范，为所有支持父亲的人树立典范，而且这个典范还要很坚实。这些孩子所有的自由时间都被安排在家庭生活之外，进入了公共生活，参加国父的星期天聚会。这个运动是由退伍军人发起的——他们结成兄弟反抗父权秩序的，常常有暴力倾向——其目的是寻求稳定，救赎他们的原罪，并在混乱的家庭中寻求共识，这类家庭在这个国家中占大多数。

其他欧洲国家对法西斯模式的效仿不限于再造政治独裁，而且也效仿这种新的心理专制。它可以更深入、更快速地操纵群众，反过来，也再造了政治生活的功能。这相当于广泛发动一场声势浩大的、原始而野蛮的集体心理治疗，连发起这个运动的临床医学家都不清楚它的发展方向。这种集体心理治疗满足了数百万孩子对父亲的需求。这正是20世纪大肆渲染的东西，不过是由独裁者用一种突然的、不正常的方式来完成的，因此越发彻底地根除了父亲在家庭中的位置。这种心理伤口比那段时期遗留下来的政治疾病更持久，不过还是可以充分地描述出来。

为什么独裁政权即使处在权力巅峰时也不帮助父亲恢复在家庭中的权威呢？法西斯主义和纳粹主义都只是在嘴上肯定父亲的传统价值，事实上，他们是想自己控制子民的生活。

希特勒和墨索里尼的传记引起了广泛关注。他们作为父亲的个人品质也很容易被归纳出来。

希特勒献身于政治，宣布放弃拥有家庭和孩子。墨索里尼是个生殖能力很强的父亲，但是大部分时间都不在家。他有五个合法的孩子，还有许多私生子，[①]还有难以计数的情人。最后一个情人和他一起被枪毙了，尸体也和他一起被倒挂在城墙上示众。

---

① Messina, F. (1998) *Musolim Latin Lover*. Fiumendinisi: associazione Culturale “Carelo Parisi”. 该文至少列举了墨索里尼的七个儿子。墨索里尼只是偶尔给他们提供一点经济资助，而没有任何个人的关心。出生于1913年的贝尼托（Benito Albino）是他认可的唯一的孩子，也是唯一经法官的命令获得父亲定期探视的孩子。墨索里尼上台不久后，就把这个男孩的母亲送进了精神病院，几个月之后，她不明不白地死了。男孩被关在一所不知名的寄宿学校。几年后，墨索里尼专横地剥夺了孩子的姓名权。贝尼托死在由他父亲发起的海军战争中。

像克罗诺斯一样，独裁政权具有“可怕父亲”的特征，传说这个父亲让他的儿子们去做一些不可能完成的事情。像克罗诺斯一样，他们生下孩子，又把孩子吃掉。他们不允许孩子长大或过自主的生活，他们只能生活在独裁政权掌控下的窒息状态中。

像波吕斐摩斯一样，儿子们必须强壮，他们处于半人半兽的状态，从来不能长成为大人。因此他们可以帮助最高权威控制中间阶层，以及控制那些在家庭中企图保留一些自治权的父亲。一幅反映第三帝国（即希特勒统治下的德国）的漫画强有力地显示出这种对儿子的煽动，煽动他们反抗父母（见图6）。

“这是我们的父亲愿意牺牲家庭荣誉来获取的东西。”身穿纳粹制服的儿子在身为资本家的父亲的书架上发现了托马斯·曼（Thomas Mann）和斯蒂芬·茨威格的作品时这样说。情势很清楚：传统要求父亲树立自己的权威，反对其他的精神父亲，然后逐渐引导孩子跟随自己。但是，独裁政权喜爱的孩子永远也长不大，这样他们有权评判他们的父母，从而避免了家庭系统发展过于缓慢。他们只欣赏父亲最消极的一面（所谓的名誉观念），而将逐渐成长、获得经验以及提升文化的计划等方面统统抛弃。

法西斯主义和纳粹主义使父亲本已缩小的空间变得更加狭小。一方面，最终取得胜利的反法西斯运动更加反对父权统治，反对过分的男子气概、权威与家长式的作风等独裁政权所拥有的特质。另一方面，独裁政权表面上颂扬父亲，但是暗地里在背后攻击父亲，总是阻碍家庭中进行文化自治与私密感情的发展。

法西斯主义的家长式统治在德国得到了进一步的完善。在意大

»Und wegen so etwas setzt unser Herr Papa den guten Ruf der Familie aufs Spiel!«

图6 德国纳粹时代一个中产阶级家庭中的父子关系漫画（Kurt Halbritter, Adolf Hitler's Mein Kampf. Gezelchnete Erinnerungen an eine grosse Zeit ©1998 Carl Hanser Verlag, Munich-Vienna）

利，独裁者发现很难把所有国民的孩子都拉到自己身边，因为他还留下了另一个在位的共同父亲：国王。地中海的传统也给了母亲一个强有力的地位。这是政治生活中更古老的一种方式：国民对国家的认同是有限的（至今也是这样），事实上从属于人们与教会和家庭之间强大的个人联系纽带。在这个意义上，意大利人能更轻易地收回对新养父的信任，因为他们可以投靠到其他地方，即使为时已晚。事实上独裁者还在位时他们就收回了对独裁政府的信任[①]（他们参加这种新群众运动的方式就暗含着这种古老的忠贞，他们成为法西斯党的成员，与加入教会并没有两样）。

德国的情况完全不一样。希特勒的最初作用是填补空前的世界经济危机所造成的空虚。然后，他又填补了信仰的真空，这一真空源于不稳定的传统宗教分裂成了不同的教会。他同样也结束了无政府状态——魏玛共和国时期，信心的缺失达到了空前的程度——这种状态也是由帝国和皇帝的倒台造成的。最后，他还将触角伸到社会领域，在那里，母亲更难以撼动父亲的地位。对于两个独裁政权在初次交好后是如何分道扬镳的，这里只是提出了几种考虑，并不是要反复强调，因为德国人有一个更强大的自我，所以他们比意大利人更服从独裁政府。

我们知道，希特勒和墨索里尼是由于他们投身于一场急于求成的战争而失败的。希特勒咒骂着自己眼中的这个世界，1942年，在

① 1943年夏天，盟军刚从意大利登陆，墨索里尼就被他的部下免职了，群众夹道欢呼。

战争几乎还没开始的时候，他就选择了“最终解决方案”。但是，父亲会考虑计划，会根据时间进程来分配自己的能量。独裁者把自己送上了死路，因为事实上他们缺乏父亲的主要品质：他们都被急躁的心理驱使。

第二次世界大战的结束使人们对父亲意象做了一次决定性的回顾。父亲不仅被认为应对大规模的屠杀与破坏负责任，还要对可信权威的彻底崩溃这一心理灾难负责任。公共父亲极具破坏性，他使私人的父亲也陷入了一种空前的、信誉丧失的境地。

这种回顾发生在西方世界的每一个国家，包括那些已经建立起可怕的父权制度的国家，也包括那些反对父权制度的国家。法西斯主义和纳粹主义遭到了全世界的谴责，最后以希特勒的自杀告终。二者都被推上了审判席，后来苏联共产主义也遭到了审判，它的经济自杀行为促成了其自我毁灭。

公开处决父亲形象肯定比公开处决母亲形象受到更多的谴责，因为父亲与历史环境的联系更加密切。像个体父亲一样，集体父亲也屈服于这一需求：他必须立于不败之地。还有一点要补充的是，独裁政权把“父亲的悖论”过于简单化——自相矛盾地要求父亲在外是个胜利者，同时又是公平和正义的化身。法西斯主义、纳粹主义与共产主义（至少斯大林式的共产主义）宣称正确和错误不存在任何原则之中，而完全由客观的成败得失决定。因此，如果他们的权力不足，就证明他们已经对自己做出了判决。

对可怕的独裁政权表示公开怀念让我们觉得不可思议。然而，如果从另外一个角度来看，我们就不会觉得那么奇怪了：这不是一个政治现象，而是怀念父亲的“乡愁”。这种乡愁对独裁者的诞生起了根本性的作用，更是怀念独裁者的主要原因。父亲与父亲形象的缺失现在变得更加严重了。即使那些自称已经不怀念可怕的父亲、控制住了自己感情的人，也经常受到其负面影响的诱惑。正如孩子们在玩耍时互相嘲弄说的：“我爸爸比你爸爸更强壮、更有权、更有钱……”事实上对父亲的渴望是如此之大，以至于许多人用具有破坏力的字眼来表示自己的万能，比如问：“斯大林和希特勒两人谁杀的人更多？”

我们的集体意象，重点集中到毁了自己生命的父亲意象上。因为他首先得成为母亲——她仍是给予我们生命的人——的伴侣，也因为“父亲”一词是源于提供养料的意象，正如我们在前文看到的，这个词语的发明是一种彻底的倒置。占优势地位的公众意象如今是一个负面角色。这些杀人的父亲引起了强烈的集体兴趣，关于阿道夫·希特勒的传记比任何人都多。看到一大群读者一边无止境地阅读那些关于暴政的描述，一边称其令人恶心，不会让人好受，而披着道德热情外衣的窥阴癖者却感觉很舒服。就像那些在观看性暴力场面时感到性兴奋的公众，即使他们赞成更加严厉地惩罚这类犯罪，但他们仍令心理学家们担忧。

欧洲国家经受了独裁的社会现实，其独特体验受到了可怕的父亲的活生生的肉体折磨，被那个集体和历史的经验维度的父亲羞辱，早在一个世纪前，这个父亲就已经开始败坏私人领域。

1945年，墨索里尼——这个新罗马以及欧洲的暴君之父，终于走完了他的人生历程。最后事件的心理学意义比其政治意义更重要，意象比历史事实更生动。

在米兰市一个偏远的广场上——在不到十年前，他正是从这里出发，走向了成为国家元首的道路——他被悬在天与地之间，滑稽的是，这正是我们看到他在成功的巅峰时所处的位置。同时，一切都颠倒了：这个父亲是个负面形象，一个死亡的原型，他被暴尸街头；一个颠倒的原型，他的脚被捆住，头朝下倒挂着。[①]他不再受人称赞，而是被棍棒敲打、遭人唾弃；作为一个血管里流动着先知的神秘性的预言家，他被捆在一个汽油泵上，在这个新社会的血管里，流动着新鲜的“血液”。墨索里尼一直企图成为生活中一个完全的典范，在死亡之时，他终于到达了与此相反的目的地（见图7）。

集体意象显然也存在，而且是这个场景的指挥者。如果集体无意识存在的话，那么这个意象就远远超出了米兰的广场，远远超出了1945年的春天，远远超出了将其区分左翼和右翼的历史意义。在1989至1991年间，我们看到同样的愤怒粉碎了东欧独裁者的塑像。

---

① 一个曾经显赫一时的人如今尸首被倒挂在城墙上，从这里可以看到原型的效价。据说圣彼德（Saint Peter）曾请求倒钉在十字架上，因为他认为自己不配和基督享有同样的死亡方式。

1944年夏天，新获解放的罗马经历了一件事情，让人们讨论了很长一段时期。街上的群众抓住了在纳粹时期担任城市监狱长的卡雷塔（Donato Carretta），打死了他，并当着他家人的面，把他的尸体捆起来挂在监狱前示众。历史学家现在不再局限于对此事的政治解释（ 卡雷塔是个正派的官员，他曾经秘密地帮助过那些反法西斯的人），而是把它视为一种“倒置的仪式”，这种仪式第二年又在墨索里尼身上重演。见Ranzato, G.(1997) *Il linciaggio di Carretta*. Milan: Saggiatore, charpter 5.

图7　在洛雷托（Loreto）广场对墨索里尼实施绞刑

（Olympia Publifoto，米兰，罗马）

强大父亲的回归仅在几十年的时间里就完结了。对公共父亲典范的颠覆——父亲的实际意义与象征意义都走向了另一个极端，使其成了一个否定自身的形象——也颠覆了儿子心中的偶像，使其变成了负面的偶像。作为心理战的先驱，法西斯主义利用英雄人物的膨胀来煽动群众：英雄主义经常被唤醒，不再存在于特殊的、神圣的、激烈的事件中；英雄主义存在于独裁政权所规定的对日常职责的履行中。英雄主义是父亲传给儿子最明亮的火炬，但是结果证明这不是积极的，而是一种破坏性的力量。如果心理学就像计算器一样，只是进行简单的加减，那么就有可能消除英雄。但是英雄是一个形象，就像父亲，存在于所有人类文化中，因而他也成了一个禁忌：像万能的父亲，从此以后，他生活在地窖的黑暗中，变成神秘的、有魔力的东西。而正是由于不被人所知，他又造成了新的劫难。

如果主要从内部来看可怕的父亲，那么我们从造就这些父亲的国家开始讨论就是正确的，这些父亲在这些国家之内，就像心脏位于人体内。这使心理学——必须从内部开始——必须立足于社会。

但是，这一宏大的幽灵至今还在折磨整个西方社会的想象，即使没有受过它控制的国家也是如此。甚至盎格鲁—撒克逊（Anglo-Saxon）[①]民族，在具体的政治中离这一幽灵最远，也认为它存在于

① 盎格鲁-撒克逊，其本意就是盎格鲁（Angles）和撒克逊（Saxons）两个民族结合的民族，是一个集合用语，通常用来形容5世纪初到1066年诺曼征服之间，生活于大不列颠东部和南部地区，在语言、种族上相近的民族。

其集体心灵的中心。他们很清楚，极权领袖的意象具有潜在的破坏力，他们的想象力渴望得到大幅度的释放，他们的文学和电影从中找到了无尽的题材来源；然而，至今仍然没有任何同样的幻想产生过具有可怕的母亲特征的极权女性领袖形象。

20世纪的父亲地位曲线图很简单。当父亲陷于集体的政治悲剧时，其崩溃之线高低不平。当独裁政权还只是一个意象、一个故事时，他的下降之线要规则得多。但是其总体运动方向是一样的。在世纪初，曲线始于很高的起点，然后突然大幅跌落，这也是社会从心理学借用的另一个意象。

美国（西方的头号国家）为事物的发展贡献了清楚的一课。在完善的自由民主政治中，集体意象不是受制于单一的政权压力，而是受制于大众媒体带来的复合压力。然而，尽管大众媒体代表着简单多数，随着时间的流逝，其运作方式会发生一种常见的转变，达到极限时就会发生针对美国总统理查德·尼克松（Richard Nixon）的冲击。他们曾经替父亲发出声音，但是现在变成了为儿发出声音。

这不是说在自由社会中，大众媒体的方式可以完全废除父亲的立足之地，就像发生在独裁者身上的情况一样。在深陷危机之时，这样的大众媒体能重新发挥其创造力，除了谴责，它还能提供正向的刺激作用。许多信息体系，尤其在美国，已经提高了其评价政府的能力。它不再只是重复一些理所当然的事情，而是用好奇的眼光看待这个世界。曾经为美国针对土著人（印第安人）的战争唱赞歌的新闻媒体，也在某个时候开始批评美国对越南的战争了。

因此，我们又发现了对战争祛魅的另外一种表现形式，这种形式在20世纪初期的欧洲比美国表现得更激烈，主要是因为美国远离战场。然而，在欧洲，这一过程经历了起起落落，就像一个人磕磕绊绊地往前走，不时被战争残骸绊倒。在美国，祛魅的过程更加小心翼翼，变成了一个建构性的过程，而且清教徒的教规早已为它预留了空间。

清教徒严厉的道德法则也让人们很自然地去检视过去的战争：父亲的父亲对美国土著人做了什么？他们把妇女和儿童也消灭了吗？在此，我们再一次看到了父亲和母亲的不同：因为父亲的遗产主要是文化遗产，即使很久远也会重重地压在儿子的身上，就像一个古老的咒语。道德再评估的过程不会停止。如果战争不再是正义的，顶多只是事出有因，那么在仔细审查它的后阶段特征时，我们就应该想到战争本来可以避免。在儿子们在越南战争中誓死不肯成为英雄之后，在重新评价父亲的父亲——他们在民族和原始部落的战争中轻而易举地成为英雄——之后，我们该对父亲们的英雄主义说些什么呢？在重新审视广岛被投放原子弹之前，我们可以批判越南战争吗？有必要用最具破坏力的武器去摧毁那些纸和木头做成的房子吗？美国对父亲的重新评估不仅使整整一代人痛彻心扉，还击倒了整棵父权的谱系树。

我们不能预计这种历史性的自我批评对欧洲和世界上其他国家有多大的影响。但是，这引发一个问题：除了政治方面，孩子们对父亲的态度——我们曾经想象成永恒的偶像——发生变化了吗？现在，如果用道德的标准来评价公共父亲（政治上和军事上的），而不是用他的获胜能力，那么是不是也可以说孩子们不再要求他们的父亲在获取利益的同时又能保持正直呢？除了丧失权力，父亲是不是与儿子建立了一种更真诚的关系呢？是不是过去他那夸大的权力也是由孩子们矛盾的、同样夸大的期望造成的呢？

在非常重要的一年里（1968年，欧洲发生了学生造反运动），法国出现了一个新的假说。它源于弗洛伊德的《图腾与禁忌》（*Totem and Taboo*, 1912~1913），书中介绍了这样一种理论：原始宗教形式与第一种形式的社会生活源出于儿子们的兄弟情谊。在谋杀父亲后，他们寻求并发现了控制敌意与罪恶感的办法。弗洛伊德说，在几千年的历史中，父亲形象不断地向内投射，在人格内部形成了“超我”，向外投射为民事与宗教机构。一旦这种投射发生并得以巩固，整个世界就会留下深深的父权的烙印，这点可以从一神论宗教中看到，从家长式的机构中看到，而且逐渐地，还可以从通常认为更理性、更科学的文化中看到。这时，父亲的债还清后，孟德尔（Mendel）又假设认为，对母亲久已有之的罪恶感重新出现，在他看来，母亲的身体与自然一样，在构建父权世界的过程中被强暴、被掠夺。

应该去掉这个假说中与生俱来的缺陷。弗洛伊德的论题错在其人类学假设。1968年的造反运动奠定了欧洲青年运动的基础，在德国和法国——两个伤痕累累而且没有痊愈的国家，因为允许具有破坏性的独裁政权出现而深感负疚的国家——终于产生了儿子对父亲开火的恐怖主义组织。

将历史变化解释为心理上的变化要比惯常的政治分析深刻得多，这种解释极具深度，原因在于没有过多注意那些转瞬即逝的新鲜事物，而是将其看成一个极漫长的起伏波动，正是这一波动指导着父亲和母亲的集体意象运动。在随后几年的时间里，汤因比（Toynbee）预言人类会回归大母神，他以一个历史学家的眼光观察人类文明，认为它是一个漫长的、单一的、与地球母亲合作共生的过程。

近几年的生态学运动建构了一种对人类中心学说进行批评的理论。在《创世纪》的开始篇章中，上帝将这一解释权直接交给了人类。它与女性主义对父权制度的批评结合在一起，构成了对男性、对影响全世界的西方理性主义、对女性以及其他生活方式的联合攻击。

我相信这样的新起点注定属于我们，因为事实上，二者顺应了历史潮流，并且不会受那些转瞬即逝、流行一时的现象的影响，而无所作为。相反，“男性运动”除了能表达对老兵的强烈怀念，还能提供什么呢？不仅在对女权的相应批评中找不到自己的定位，它们甚至在浩瀚的历史中也找不到自己的位置。历史把父亲给了我们，可是又把他给带走了。

最后，在基督教的天堂，甚至上帝也完成了这么一个类似的循环过程，好像他也决定要夺走我们的父亲。

君士坦丁大帝将基督教定为罗马的国教，并不断地把它的权力与罗马皇帝的权力相融合。在君士坦丁的梦想中，上帝把十字架传给了他并要求他把十字架放在他的徽章上：十字架成了胜利的标志（公元312年）。这是上天降临西方世界的第一次官方照会，更近的一次是在卢尔德。在中间时期，一切都颠倒过来了。以前，是上帝对罗马皇帝，这个最具男子气概的人说话。这一次，在法国一个遥远的小村里，上天又说话了。但是这不再是对一个皇帝说话，也不再是上帝的声音。这是来自圣母的声音，她是对一个小女孩说话。①

① 1852年2月11日，有一位14岁的牧羊女贝尔娜岱特(Bernadette)来到波河岸的洞穴附近拾柴，圣母玛丽亚突然出现在她的前面，此后圣母玛丽亚曾18次出现在同一个地方。有一天，圣母命小女孩："请到河边喝点水，洗洗脸！"当她挖开洞穴附近的地面时，泉水喷涌而出，并多次出现用泉水治愈疾病的奇迹。正因如此，小城卢尔德成了天主教最大的朝圣地，每年来自150多个国家的朝圣者达500万人，尤其是对于有疾病的人来说，此地成了最重要的圣地。贝尔娜岱特的遗体安放在位于巴黎东南讷韦尔城的圣日尔达修道院的礼拜堂内。——编注

第十七章　乔德一家的旅行

约翰·斯坦贝克（John Steinbeck）被史诗深深感动。他知道后古典诗人的创作道路已经越来越狭窄，荷马式的创作自由越来越受到诗人对自己的历史相对性意识的限制，而这一意识会减少其创作的灵感并削减其对华丽语言的运用。因而世界上不再有史诗，而有了民族诗歌、地区诗歌、地方性的诗歌。总之诗歌不再是时代的诗歌，而是一代人的诗歌。诗人们离人类的宏伟性越来越远，因为他们不再认为在某一时刻，某一个人是伟大的；他们离悲剧的史诗感越来越远，因为他们只关心善能否战胜恶，而悲剧的本质在于意识到人类总是卡在两者之间。

最后，诗人终于放弃了史诗。

但是，斯坦贝克不相信这一放弃是最终的。如果不能感知到人类存在的悲剧性的伟大，那么还能描绘什么样的感情呢？什么样的文学才不仅仅是一个安慰奖呢？

狭窄的隧道迟早得到达终点，找到出口。壮丽的诗篇除了在美国广阔的土地上，还能在哪儿重新伸展自己的双翅呢？悲剧性的悖论除了在美国这个世界上最富裕国度的穷人身上、在经济大萧条时期能被找到之外，还能在哪儿被找到呢？

在真实的叙事中，语言总是新的，故事总是有原型的。有必要让人们回忆《伊利亚特》的战争，在《奥德赛》的框架中来定义社会的不公。

然而，史诗的伟大也在于它从不叙述单一的一件事，因为这样会使它从属于同一个主题、同一个观点。悲剧意味着故事不会有幸福的结局，必须总是濒临绝望：一旦达到了一个目标，就得放弃另一个目标。

描写贫困、描写围攻“穷人的特洛伊城”的时机成熟了。但是，这还不足以成为史诗，仅有奥德赛式的旅行还不够；小说的计划是救赎性的、正向的：旅行途中的失望可以变成希望。斯坦贝克开始写作的时候，他就知道补救措施正在成形：罗斯福新政使整个大陆焕然一新，大胆的进取心——一位女神在美国建立了神殿，就像当年阿波罗在特尔斐建立自己的神殿一样——将完成这一工作。欧开伊们（指流动农业工人）向应许之地迁徙的故事必须伴随着另外一个传说，在那里既没有目标，也没有伊萨卡岛。他们的哭喊难以形容，神秘而不为人所知。每个人都能在故事中找到自己。比起特洛伊城的崩溃或者任何社会阶级，或者美国的某种生活方式的崩溃，这一崩溃更加惨烈。

在创作《愤怒的葡萄》时，斯坦贝克不仅着重描写了农村生活的崩溃，也着力于描写了父亲的衰落。

他还记得史诗中的那次航行，父亲的地位被提升到最高处。他的任务就是要颠倒过来，描述向下而不是往上的航行。他从书架上取下《埃涅伊德》放到书桌上，开始重写历史。

主角不再是王子，而是普通人：汤姆·乔德（Tom Joad）是一个农业家庭的父亲。特洛伊的领土变成了美国中南部平原的一块土地。这曾经是他祖父的财产，但是随着时局变得越来越艰难，这块地被抵押出去了。特洛伊被希腊人围困，这些土地被银行吞并。由于银行的剥削，他们收不抵支。堡垒不是被机敏的尤利西斯的算计攻破的，而是被匿名的精算表格攻破的。木马变成了铁制拖拉机，这是专门用来纪念智慧女神密涅瓦的工艺。它像希腊的木马一样，也是由叛变者——一个站在富人一方的乞丐——操作的。虽然也有勇敢的人拿起武器反抗，但是招来的是不可思议的惩罚，就像击倒了拉奥孔的神的责备。

像悲剧英雄一样，乔德一家不理解命运突然对他们所做的安排。从前的生活还过得去，也还平静，可是现在他们被迫在饥饿与未知、死亡与逃离之间做出选择。这一情形不是由他们自己的过错造成的，而是由反复无常的、那些不配待在奥林匹斯山的神造成的——其自私自利不亚于古代的神——他们站在已经成为强者和胜利者的一边。

对于汤姆·乔德，我们了解得很少。他有点专制，也谈得上公正，还算健谈。他爱自己的土地和家庭，不过不是那么狂热。

他有六个孩子。前面三个男孩是他的延续，斯坦贝克很明显让他们扮演了阿斯卡尼俄斯的角色。年轻的特洛伊王子是父亲的亲信，他会建立一个新民族、新城市、新帝国，但是三个年轻的乔德继承了父亲身上的弱点。他们永远也长不大，因为父亲的人格是他们通向成熟的阶梯，而这个阶梯却缺了几步。

乔德爸爸是小说中的主角，在斯坦贝克的史诗故事中，他是象征社会衰亡的标志性人物。为了展示这一点，他可以只描述乔德爸爸一人，分析他性格的多个方面。但是，那样就会写成一部心理小说，而不是一部描写无权的大众、描写父权家庭的解体的史诗。因此，斯坦贝克运用“副歌”来表现他。作为一个崩溃的父亲的代表，他充分表现出这一点，即父母把自己的一部分传给了孩子：汤姆·乔德的每个儿子都显现了他某方面的性格，显现了失落的乡村父权社会的特点。

诺亚是第一个儿子，他什么都不太会。他不完全是一个智障者，他会算术，会帮父亲干农活。但是，“干”只是一个说辞而已。他缺乏创造性，缺乏激情与感觉。尽管他的年龄已经很大了，但是对他而言，女人的爱情好像是另外一个星球的东西。我们甚至不能想象乔德的父母是因为爱生下他的（尽管有六个孩子，但这本厚厚的书中没有一行字提到过父亲汤姆·乔德的性爱。斯坦贝克再清楚不过地显示出，诺亚是爱神维纳斯之子完美的反面角色）。

因此，诺亚表现了他父亲的一个核心特征，一个还不足以构成抑郁的特征（因为抑郁也是一种存在）：闷闷不乐，一种很强烈但又很模糊的感受状态。诺亚就是一个没有泄气就放弃的例子，因为他根本不知道什么叫勇气。他甚至也不知道什么是害怕。他同样也是一个没有经历挫折就放弃的人，因为他从来就没有想过生活还有什么其他的内容。

诺亚代表了男性心理史中一个安静却又不变的可能性。数千年的传统损害了他的人格。一方面，他对延续了数千年的责任感到疲倦；另一方面，他发现自己已经远离了数千年来的利己主义，这种利己主义习惯性地支配着家庭。数千年的岁月磨平了很多事情：随着时间的流逝，沙子甚至可以削低金字塔的高度。诺亚是个不仅抛弃了责任，而且也失去了自我的男人。他再也不知道如何做一个父亲，不知道如何做一个伴侣；我们顶多只能想象他和一个妓女睡在床上。

从生物学的角度来说，他有不育症，他没有孩子；从心理学的角度来说，他也有不育症，因为他不能生产任何新的东西，没有主动性，没有意志。他是文明中一条黑暗的小巷。他使父亲退回到一个普通男人，这一逆转让人很沮丧地想到白白过去了数千年。诺亚象征着父亲的失败，也象征着父权的失败。让我们不安的是，父亲对他比对另外几个孩子更加溺爱：从象征意义而言，汤姆·乔德没有想出任何办法来摆脱破产，而且还很乐意屈服于这种生活。

我们还是来看看汤姆·乔德失败的背景，因为这里也有一些值得了解的东西。在妻子即将生诺亚时，汤姆·乔德“独自”在房里。（为什么会这样安排？难道妻子对汤姆·乔德而言不是一种存在吗？）助产婆迟迟未到。为妻子分娩的痛苦感到苦恼，也为她那张开的阴道口感到苦恼，汤姆·乔德冲过去提前结束了自古以来女人必经的分娩过程：他避开视线，把手伸进了她的阴道，拽出了孩子。

也许是父亲之链条拒绝延续自身，然而又被迫延续。但是，人工的延续付出了代价。孩子受伤了：不是身体上可见的伤痕，而是表现在他的整个行为中。

古代的家长们总是冷漠地对待所有与女性有关的东西。而这个父亲在最后关头还与女性保持最大的距离——他认为分娩是很令人讨厌的事——但是并不冷漠。他帮助妻子分娩，起着助产婆的作用，代表了不再以吃利息为生的家长。其经济资源的损耗隐喻了文化资源的损耗。他的双手永远地沾上了母性的血。他被女性的生命控制，表现出了被认为最软弱的女性特质——难以控制的情绪、歇斯底里——而不是信任本能的能力：结果生出了一个心理上、生理上都不能生育的男孩（诺亚）。

第二个儿子的名字和父亲一样，也叫汤姆。他有才能、有主动性，并多次在故事中出现。他的直觉和善于倾听的能力使他很讨人喜欢。就在家人卷起铺盖准备绝望地离去之时，小汤姆意外地回到了家中。他离开了四年，因为他也走进了一条死胡同。在一次醉酒后的争执中，据说是为了自卫，他杀死了一个人。他在监狱待了几年，现在被释放回家了。

他们说，在那样的情境下，每个人都会那样做。家人都站在他这一边，尤其是他的母亲。小汤姆表示，他知道如何面对问题。有这样一个男人在家里，令她安心。虽然没有说出来，我们都知道孩子的父亲已经不能给她这种感觉了：他已经被经济危机打倒，失败对父亲而言总是一种罪过。小汤姆显然是母亲最喜欢的儿子，他们有夫妇之间所具有的理解，这也是她和丈夫不再共有的东西。

小汤姆是个有很多优点的年轻人。像阿斯卡尼俄斯一样，他拉着父亲的手开始旅行：事实上，他似乎总是在引导父亲。但是阿斯卡尼俄斯，以及每一个英雄的儿子——他们也渴望成为英雄——都特别关注男性偶像，而且决意要使他们进入自己的内心，成为内部力量的源泉。或者，在举事和弑君的时候，注定要成为英雄的年轻人会仔细观察他的父亲以便更好地抛弃他的礼法。这些在小汤姆身上都没有体现，他既不是父亲的延续，也不是反抗父亲的发起者。他只是“堕落的一代人”的儿子，或者说是“断裂的一代人”的儿子。吵架、醉酒、混乱，这些正是吞没了父亲那一代人的东西，尤其在他伯父的身上表现得很明显。

正如在许多类似的情境下，他那粗犷的、暴力型的外表掩藏了他对母亲的过分依恋：这种依恋与没有充分发展父亲那样的品质不无关系。我们怀疑，年轻人暗藏的与母亲的共生关系导致了其暴力行为的爆发：他仍然在以一种原始的方式寻找男性的身份认同感。他既没有意识到这一点，也没有学会按照习俗允许的方式来表达其攻击性的冲动。

这种性格提醒我们注意，男性的进攻性可能有一种“好”的形式。但是，这一形式同样（在需要稳定以及男性需要象征性转变成父亲的时刻）也会被社会摒弃。因为他从来没有形成一个与外在权威一致的内在权威，这种男性不能变成一个完整的成人：一个不因为自己良心清白、能够坚持理想就满足的人，而是一个以家庭的名义追求非道德性成功的人。

第三个儿子艾尔的性格可以很快就讲完。他很聪明，而且有许多有魅力的特征：他喜欢与机器打交道，忙于维修那台旧汽车。他那同样衰朽的一家人就是坐在这辆汽车里旅行的。但是，他也不成熟。事情的发展令他头昏脑涨，他只能在回归动物状态中找到安全感。他心中的典范是他那令人畏惧的哥哥。他的哥哥能杀人。在不可预料的事情面前，男人日益脆弱，这给女人的出现提供了机会。艾尔私下里很害怕女人。女人很神秘，依靠女人也很可怕。他由于厌恶女人而与女人保持距离，这种做法古已有之。吹牛许下难以置信的诺言，他的目标直截了当：每天晚上弄一个女人上床，然后立即把她甩了。这种男人只会索取从不给予。故事告诉我们，他无力偿还自己的债务。艾尔是又一个在成为父亲的过程中遇到障碍的儿子。

接下来是第一个女儿，罗撒香。首先，她表现出一种空洞的性格。这个年轻的消耗者有很多要求，但从不承担责任。在古老的乡村社会，她的存在是一种先兆。但这并不是她的全部性格，也不属于女性的品质：这是对乔德一家在旅途中的一个诱惑，也是对我们当中所有像乔德一样的人的诱惑。

罗撒香刚刚和康尼结婚。他们的孩子很快就要出生了，他们互相依靠。康尼让罗撒香靠在自己的手臂上，并鼓励她，她则以女性全部的温柔来回报丈夫。他似乎是唯一成为父亲的年轻人。

乔德一家的最后两个孩子是一男一女。两人都太小了，无法承担责任。他们都没有意识到，伴随着旅行一起出现的，必然是冒险。

我们已经分析过乔德爸爸了，也没有什么可以补充的了。他是一个与史诗故事中的父亲相反的主角，作品在一开头就说明了这点。汤姆·乔德是一个知道自己职责的人。他耕过地，生育过孩子。但是，现在他没有什么可以做的了。乡村生活与乡村家庭已经走向没落。

母亲也做了她该做的事情：她料理家务，情况变得很艰难时，她就站在父亲身后为他撑腰。遇到危险时，全家人似乎都退化到了动物的状态。就像牛群嗅到了狼的气味时，公牛站在母牛和小牛的前面，当银行经理到他们家商谈农场的抵押问题时，也是父亲（一家之长）走出去见他。不久，全家召开了家庭会议，仍是一个由男人组成的群体：父亲、爷爷和伯父。

斯坦贝克关于爷爷的灵感也来自《埃涅伊德》，只是史诗中的原型再一次被反转过来。安喀塞斯是个睿智、高贵、公正、大气的人。神为了惩罚他，让他瘫痪了。神对乔德爷爷的惩罚是，他被迫不停地蹦跳，尽管他年岁已高，却像一个过度活跃的小孩。

从乔德爷爷的身上，我们看到父性的退化，看到了一位缺乏智慧的先辈。他并非完全不健全，甚至有点可爱，只是不可救药地缺乏深度，完全不能负责任。在他身上，不但父亲的价值消失殆尽，而且父亲所拥有的克制也荡然无存。他揭示了父亲的崩溃不是由现在突然出现的裂缝造成的，而是由藏在家谱树上的蛀虫造成的，是由很早就出现的、发展方向不可逆的衰弱造成的。

很可能，约翰伯父有很多比乔德爸爸更深刻的性格特点，但是他没能成为一家之长。他没有家。

他的失败又得从头说起。伯父也结过婚，或许也深爱过他的妻子。然而傲慢自大悄悄地潜进了他的家，破坏了他的计划。他的妻子有天晚上突然肚子痛得厉害，她恳求丈夫为她请个医生。这位家长叫她不必担心，说也许是她吃多了的缘故。男子汉的法则要求把痛苦最小化；自给自足的乡村生活的法则告诉这个一家之长要节约用钱，一切靠自己；而按照配偶的法则，他也许会嫉妒妻子在深夜叫来另一个男人，并把她的身体展示给他看。第二天早上，他妻子死了。从那以后，约翰伯父再也不能和女人建立情感关系了。郁闷的单身汉生活使他定期暴饮暴食。他过着有规律的生活，但是也会突然走进污秽的妓院，痛饮最烈的酒。第二天，他又和从前一样，走向另一个极端，但仍然是个受虐狂，他不再沉迷于恶习而是羞愧难当。他会捶胸顿足，请求宽恕，但是这一宽恕谁也不能给他，因为他伤害的是他自己。

伯父不想做出补偿——他已经做得够多了——他只想恢复到过去他曾经作为一个仁慈的家长的状况，并保持那种状况。

伯父也表现出了一种“反父亲”的缺陷，这一缺陷危害到了男性人格。在全家所有父亲显示出的“父性无能”中，他最失望且绝望：不仅因为他表达了他的这种绝望，而是因为他总是停留在过去，停留在曾经也许有过，但是已经不复存在的父亲品质。他请求一个睿智权威的宽恕。但是，他不能求助于父亲——他从未体验过的角色，他也不能求助于自己的生父——他虽然还健在，但是一点也不睿智。他也不能求助于集体的父亲形象，他曾经是强壮的好父亲，但是历史正在杀死他。

伯父的敏感并不能拯救他，即使他被激怒了。这还不够，因为这种敏感并不是有意识的。不是悔罪的意识，而是责任意识，它们是完全不同的东西。成人和父亲的心理不允许我们停留在过去。相反，我们必须接受生活给我们安排的新挑战——小心谨慎但是没有保留地接受。只有孩子——还记得在婴儿期及在子宫中所受到的完全保护，才会对那些打破这种舒适状态的事物表示抗议。在那个啃噬着他记忆的神经的夜晚，约翰伯父拒绝支付疾病所需要的钱，以及获得心理安宁所需付出的代价。在失去妻子以后的日子里，他不能支付变故带来的心理代价：接受悲痛、结束悲痛、接受新事物、接受这样一个事实——适应变化一开始比悲痛更不容易。

伯父身上反映出那个时期男性人格的一个重要特点。虽然他已经接近父亲角色了——他是父亲的哥哥，而且他自己也差点就做了父亲——可是他从来没有取得父亲的身份，而且也表现出了“不健康”的父亲的特质。他变得嗜酒且暴食，似乎在没有重新振作的时候，堕落就是绝望的行为表示；而缺乏振作精神有时就是对堕落的惩罚。它们构成了一个难以解决的、复杂的恶性循环，我们只能称之为“不健全的父亲情结”。这个人物除了是屈辱的——幸好，这种无产阶级的生活状态基本上已不复存在——也是永久负罪感的象征，是由于父亲没有给女性提供帮助并担负起责任而产生的负罪感。今天，随着男性的历史责任感受到更加强烈的质疑，随着男性的负罪感变成有意识的，这个象征显得非常有现实意义。

我们已经围绕着那辆破货车对这个家庭——或者最好说这个家庭的男性成员——进行了分组，他们即将坐着这辆破车去寻找新的生活。新纪元与技术进步的国度已经敞开了大门：即使一台汽车也有它的象征意义。它本来是而且不久之前还是一辆小汽车，艾尔却把它改造成一辆卡车。他给汽车装上了一个由厚木板做成的大车厢。美国在两次大战之间的几十年内取得的技术进步可以服务于所有的人。这辆本来是载人的汽车被改装成了运输家庭财产的工具。人现在服务于物体。乔德一家在旅途中，每天都要对这辆车进行护理，因为它比他们更值钱。家里不断遭受损失，但是没有人有异议，然而货车总是必需品，必须保留下来。人死了可以秘密埋葬，以便节省一笔丧葬费，但是无论花多少钱也要为这辆车买一些备用的零部件。

乔德一家已经准备好了。家庭这一管理机构的首脑、父权的核心人物——爷爷也来了，虽然他已经不再管理伯父和乔德爸爸。围着他们的，是家里的儿子、女人和孩子们。在最后一刻，前传教士卡西也加入了他们。

小汤姆优先考虑的是自己能否讨人喜欢，因而建议让这个外来人加入。乔德爸爸则精于算计，计算着他们本来就不宽裕的钱，以及有多少人要一起走。然而，没有人回应他。所有人都愿意享受今天慷慨大方的付出，而不愿像他们的父亲一样担忧明天。在旅行还没开始时，父亲就已经失去了对家庭的控制权，而这为他今后的退位做好了铺垫。

卡西被带着一起上路了。乔德爸爸的犹豫也许是因为他感觉到自己的权威会受到新的威胁。前传教士充满了道德热情，他相信赎罪。他理解约翰伯父，两人有很多共同点，因为他也曾经陷入罪恶的泥潭。但是，当他明白不可为他人指定人生之路之时，他就发现了一条属于自己的路：在别人需要帮助时乐于助人，但是他们的路得由他们自己选择。然而，家庭的所有成员都忽略了“前传教士”中的“前”字，他们还是把他视为一个引导者，一个精神之父。当父亲已经到无话可说的时候，人们总是寻求这样的形象，这一形象会成为其最闪亮的原型。

卡西在最后时刻的加入是一个象征——象征着寻找一个替代物的尝试。这在我们生活的时代更加常见。每个人在这个伟大的离别时刻都希望有个伙伴。在局势晦暗不明，被迫迁徙，重新启程的时候，我们剖开自己的灵魂，一步步深入。不是深入到内在权威——那个发布禁令的超我——而是更深入，我们要寻找一个精神父亲，他可以告诉我们什么是对的；告诉我们什么不该做、什么该做；告诉我必须做什么，而不是每个人应该如何做。

随着乔德一家人向西旅行，父权的旅程也在朝着西方、朝着日落的方向前行。“西方”是太阳落下的地方，父亲的权威确实已经开始走下坡路：它成熟了，而且变得随和了。然而，这并不是说温和是父亲应该具备的品质；他更像那只狐狸，努力去摘葡萄却又够不着，弄得筋疲力尽。我们看到的，是类似于母亲的那种无能为力的状况。这一方面是因为父母的权威已经衰落，另一方面的原因在于，好似写一篇理论性的专著，文化——在母权文化之内的父亲文化——不能在几年的时间里重写。人们竭尽全力用父亲的零星品质来弥补空虚：一方面，将自己托付给超我，接受它的引导，这个超我将我们抛弃在孤独的荒野，只告诉我们不能做什么；另一方面，许多人开始寻找新的引路人，一个既有权威又有感情的精神父亲。从心理学的观点来看，父亲的让位不一定意味着我们就失去了权威，恰好相反，我们只有孤独地与超我作伴，而超我是囚禁自我的牢狱。与自我敌对的权威被留了下来，却找不到一个与自我友好的权威——这种权威会为我们提供营养和温暖。与普遍的看法相反，今天，在我们的心灵中缺少的正是这种积极的权威。我们与这种空虚作斗争的方式是，请求其他什么地方、请求外界满足我们的需求。当需求指向外部世界（经济学的世界）时，会产生供应，这是市场规律决定的。因此，上师们也就有了更广阔的市场，而父亲则变得更加贫乏。

乡村没有了，幸存的特洛伊人逃向意大利：加利福尼亚的西部平原。货车的发动机已经开动，但是还没有启程。斯坦贝克让闲置一旁，开始反思。

安喀塞斯在哪儿？他是父亲古老的活力之源，也是父亲的父亲。他会忍痛离开家园吗？他会选择自豪地死在自己一直生活的地方，还是选择迁移，从而给自己留下一线希望呢？不，乔德家族的家长在知识和权威方面与安喀塞斯相反，在骄傲方面却能媲美。乔德爷爷虽然玩世不恭，但是他只相信生命延续的真实源头，那就是生育和土地。像安喀塞斯一样，他不愿离开，决不。

在《埃涅伊德》中，老特洛伊人是由朱庇特说服的。在20世纪的美国，神很少降临人间来改变那些顽固分子。作品把这个任务交给了家庭的其他成员，他们让酒神狄俄尼索斯来诱惑他的胃。一旦他们让他喝好了、喝醉了，父亲的父亲就会停止反抗。全家终于把他拉上了路，全部离开了（《愤怒的葡萄》，第十章）。

在“咔嗒咔嗒”声中，移民们出发了。狗立即出了事，它是这个家庭链条上的最后一环，是陪伴他们的唯一的动物。斯坦贝克的故事清楚地表明，家庭的象征在经济基础破坏之前就已经被毁掉了。狗是乡村生活与自然之间的联系。它被一辆车撞死了，我们知道这种古老的存在形式是被技术的车轮碾碎的。

和《埃涅伊德》一样，家族中的首领不久就去世了。由于乔德爷爷是安喀塞斯的反面形象，他的死也与安喀塞斯庄严的死形成了鲜明的对照。盛大的宗教仪式简化成了秘密葬礼，因为家庭没有钱支付丧葬费。安喀塞斯华丽的坟墓被换成了一个水果瓶，放在死者的手里，里面放着一张便条，上面写着他的名字与家庭的悼词，勉强证明这不完全是一次匿名的死亡。

卡西说："爷爷不是今晚死的，他在你们带他离开的那一刻就死了。"（《愤怒的葡萄》，第十三章）在迁移的过程中，没有指引他们的信念或预言，不像希伯来人或特洛伊人一样知道自己该去什么地方。村子是出于世俗的原因被抵押了，是基于物质的计算。他们逃离贫困不是为了去寻找他们的命运。他们自欺欺人地反复对自己说："在那边，我们会找到更好的生活。"然而，从什么时候开始，计算替代了信念？虽然没有明确地提出这个问题，斯坦贝克在字里行间表达了这个意思。

旅行在继续。罗撒香抱怨路途的艰辛。她发誓在到达下一个镇时离开车队，满足她丈夫想过资产阶级的舒适生活的心愿：他要成为一个机械师，为她买一台冰箱，他们要过一种不同的生活。与此同时，男人们互相交谈，解决技术问题。

"原型"，顾名思义，会穿越数千年光阴，找到新的落脚点，且没有任何改变。我们再回头看看《埃涅伊德》。同样地，敌意的力量来自女人，来自朱诺和哈耳庇埃；在那个故事中，也是女人想放弃流浪的生活，她们放火烧了船只，阻碍旅行继续进行。维吉尔的英雄们也得与他们的妻子妥协，与她们急于定居的想法妥协。但是，原型有着时代的特点。正如王子的长袍变成了这部美国《埃涅伊德》中的褴褛衣衫，英雄的力量同样也消逝了，男人们让步了，而女性的反复无常则被加强，变得不可摧毁。

罗撒香没有离开车队。倒是男性力量一步步地抛弃了“父亲”，这体现在爷爷去世后，家里的男人们一个一个地放弃了这一角色。男人这一群体——更大的父亲的合成体，有着许多新面孔并富于潜力——四分五裂了。

男性联盟伴随着父权的衰落而解体了。它按照水平的方向四散裂开，每一碎片都走了自己的路。第一个离开的人是诺亚（《愤怒的葡萄》，第十八章），就是那个智力障碍者，那个智穷力竭的乡村孩子。全家来到了一条小河边，他们可以靠捕鱼为生。诺亚坐在岸边，没有继续往前走。其他人的渴望——找到工作，创造一个新生活，适应正在形成的新社会——对他而言，毫无吸引力。他对生活毫无兴趣，他只想生存。最大的儿子，父亲的链条上最冷漠的人，不再属于乔德一家了。这里，甚至连个最简单的送行仪式都没有。

罗撒香还是抱怨，并且依仗她怀孕的特权。但是，她没有放弃。当我们得知不是她，而是康尼——她的丈夫，一个准父亲——离开了队伍跑掉时，就不觉得那么奇怪了。

同时，在沿途的讨论中，这个家庭的一家之长变得更好说话了，更加靠不住了，甚至与闹分裂的人站在一起。母亲从家庭的边缘位置移到了中心。刚开始这一点还不为人知，后来大家都感受到了：当她有什么话要说时，她表示不想有人反对。她不是为了维护这个或那个人，而是把家庭视为一个整体，为了家庭的团结。这样，大家逐渐地意识到团结就是力量。伟大的母亲——像伟大的朱诺——现在取得了旅行的主导权。

斯坦贝克继续把《埃涅伊德》抓在手中，用它的神话来考验他的臂力，并让我们看到这个故事的反面。

约翰·乔德酗酒、反叛，拒绝继续旅行。这个敏感的伯父，自爷爷死后这个家庭里最年长的成员，发现年纪大了并不意味着就拥有智慧，反而成了固执和放弃的象征。而正是这样的性格，使得乔德爷爷变成了安喀塞斯的对立面。像爷爷一样，约翰伯父也被强行押回了车上。

卡西并没有表示要离开大家，伟大的使命感让他做出了这一决定。

特洛伊人来到了一个地方，当地的居民驱赶所有外来人。乔德一家来到了加利福尼亚，碰到了当地的当权者、治安官，他们与内在权威（超我）相似，有权力说“不”。卡西自愿代替小汤姆去坐牢。失去卡西，意味着男性人格衰退过程的完结。传教士代表了可以填补父亲空缺的元素。他知道如何倾听，有远见，相信可以教育他人确立个人的但对他人公平的规则。他不仅是相信这一点，而且他确实是这样做的。他很令人信服。他能引导年轻人的能量进入一种行为模式中，而这一教导本是由父亲进行的。在这种朝气蓬勃的力量的鼓舞下，小汤姆感到了对公正的渴求：但是他做过了头，结果给自己带来了灭顶之灾。自愿把自己送进监狱的传教士代表着这样一种可能性：一个人有可能置身于超我的监禁之下，而大声抗议这一监禁的自由正是卡西给予汤姆的，而汤姆是无序的混乱的化身。

在监狱里，卡西经历了一次重生的过程：如同一位代表着社会公正的传教士。我们也看到，他从监狱里逃出来了，但是故事的叙事为了保持心理上的平衡，他必须消失。一个人毕竟不能承担朱庇特的角色——一个可以为流放之人指明道路的神。

卡西在组织一次罢工时，又和汤姆见面了。但是反动分子在晚上到达，并且打死了传教士，打破了他的头骨。如此，乔德一家即将再次失去另一个儿子。汤姆操起了一根木棍，为了给卡西报仇，他又杀了一个人。他的脸也挨了一棍，很容易就被人认出了；他满怀绝望，只能躲起来，因为他知道回家并不意味着团聚，反而会给家庭带来损害。

没有了阿斯卡尼俄斯，特洛伊人还能在遥远的意大利海岸重建他们的家园吗？乔德一家失去了所有的儿子，只剩下艾尔，此时还能重建他们的生活吗？艾尔长大了，他能更好地修理机械，但是他不知道如何弥补父亲的失败。

旅途变得越来越令人厌倦。现在，只有在女人（母亲）强迫他们这么做时，他们才会聚在一起作决策。没有精神之父，没有目的地——没有天命指定的目的地——他们没有形成目标，只能对十分具体的突发事件做出应对。但是，父亲最害怕的——甚至超过对困难、对家庭成员的减少的害怕——是不得不决定，不得不宣告已经黔驴技穷，他们又得继续搬家。从他开始感到恐惧的那一刻开始，他就已经不是一个父亲了。

我们一直被告诫：父亲是一个教导正义法则的人，他要教育他的家人把这种公正带到社会生活中。他的思想或爱体现在行动中。矛盾在于父亲总是墨守成规，没有意识到应该这么做。如果说他的失败在于缺乏行动，他同样也没有意识到这一点，因为犯错已经成了他灵魂的一部分。在陷入物质上的窘境之前，他就已经在心理上被打败了。

乔德爸爸企图为自己的失败找托词，埋怨外部世界，他经常说："时代好像变了……以前是男人说我们应该怎么做，现在似乎女人说了算，似乎到了要拿棍子打人的时候了。"妻子回答说："你打呀，他爸……在有饭吃、有地方住的时候，也许你可以操起棍子，来保全你那张老脸。但是，现在你没有工作可做，既不思考，也不工作。如果你还是从前的你，那你可以拿起棍子，女辈们只能在你面前哭鼻子，蹑手蹑脚做人。现在你找到了一根棍子，你要打女人；你打呀，我也要拿棍子。"（《愤怒的葡萄》，第二十六章）

从前，也许是女人把精力都浪费在唠叨和解释上，而父亲只有在完成了工作后才会这样。现在，他陷入了疑惑中——他说话结巴，这表示他有疑惑——时间和行动出现了错位。最后，他在所有浪费时间的方法中找到了一种最有失父亲身份的：他开始给人赔不是。

旅行又继续了一小段时间。罗撒香不再抱怨了，她的孩子要出生了。经过这么多的流离颠沛后，她生下了一个死婴。

乔德一家失去了一切。他们遇到了另一个破败的家庭。这家的父亲是个中年男人，像乔德爸爸一样。他们已经挨了很长时间的饿，那个父亲已经奄奄一息了。现在，他的胃不能接受任何固体食物。他们应该为他买点儿吃的，至少是一点点牛奶。

这个不知名的父亲肉体上的惨状，映射出乔德爸爸在精神上的窘迫。他已经奄奄一息了。男人们想要为他做点什么。女人们知道该怎么做。母亲把女儿牵到一个角落，坐在那个临死的人身边。罗撒香把自己的奶喂给他吃。她有奶，可是没有孩子。父亲最后的食物来自母亲。

这就是《愤怒的葡萄》（1939）描写的关于大萧条时期的父亲的故事，也是关于父权枯竭衰败的故事。

为了使他的故事具有史诗般的深度，约翰·斯坦贝克从维吉尔的《埃涅伊德》中寻找灵感。或许，事情并不会真的如此发展，但没有关系。再说一次，无意识有着更平凡、更乐观的目标，其意图通常可以产生比有意识的意图更为深刻的结果。《愤怒的葡萄》是20世纪的名著之一，它的影响远远超越了“离乡背井的一代”，超出了故事发生的地方。这个简单的事实说明了它极具深度，这与文学创作上的优点无关。它着墨的重点不是经济衰退时期的社会动荡，而是古老的父权制度的轰然解体。我们只被前一部分的内容吸引，意味着后者引发了巨大的恐惧，以至于我们宁愿把它完全压下去。但是无论如何，这本书能够抓住读者的想象力在于它回到了《埃涅伊德》这个永恒的主题：父亲与旅行。

斯坦贝克的故事是一部史诗，因为它描述了一个持续了几千年的普遍事实。乔德一家的旅行不仅是社会意义上的迁移，也是心理意义上的迁移。他们的跌落不只是经济和农业被毁后的产物，还意味着与父亲最后的诀别。父亲的任务也从天上跌落下来——今天的父亲只负责看管银行账户。

第四部分

今天的父亲

第十八章 父性的枯竭

滚出去——你的父亲不在这里欢宴！

——《伊利亚特》

随着欧洲文明的发展，父亲似乎也征服了整个世界。但是，他常常缺席，这种情形多得让人吃惊。这种现象出现后，社会才开始对这一点有所察觉。

我们已经说过，父亲正在成为奢侈品。他传统的心理机能变得越来越弱。一些实际的工作都交给了母亲或某些专门机构。随着父亲这一心理意象被日益侵蚀，父亲的身影也逐渐从家庭中消失了。有多少孩子没有父亲？他们多长时间没有父亲了？现在我们来看几个数据。

在过去的一百年中，职业的产生与消亡比以往所有历史阶段都多。农民和工匠的人数相对总人口的大幅减少，仿似传统职业遭到了种族大屠杀，使得孩子们远离父母，尤其是远离父亲。传统的一家之主的消失同样让我们想到集体杀父的现象。然而，父亲并没有被废黜；他们或者越来越频繁、越来越远地离开孩子们，或者只是走出了孩子们的生活。

这种转变的步伐越来越快，从西方扩大到了全世界。父亲给孩子们的钱越来越多，但是陪伴他们的时间越来越少。虽然他们为了孩子的生活而赚钱，但是他们在孩子的生活中扮演的角色越来越不重要。据说，美国的父亲每天和孩子在一起的时间平均为7分钟。所有的研究都表明，在历史上任何时期，父亲在孩子的抚养过程中所起的作用远远低于母亲。

每天这几分钟就是西方世界最先进的国家所谓的“和父亲在一起的生活”。许多孩子和父亲在一起的时间甚至还没有这么多。孩子们没有和父亲生活在一起，这种情形有多少呢？数据告诉我们，在20世纪70年代，美国的离婚率比世纪初增长了700%。因此，在那十年里每10个出生的孩子就有4个注定只能和父亲或母亲单独生活，而且几乎所有的都是和母亲一起。

这种变化并不是逐渐发生的。在1900年，1,000例婚姻中只有3例离婚，1960年也只有9例。在20世纪50年代以来，随着人均寿命的增加，和双亲生活在一起的孩子的数量达到了历史最高。到了20世纪60、70和80年代，父亲缺位的现象击垮了美国，当时的离婚和非婚生子现象呈爆发趋势。预计80年代出生的孩子在满18岁之前，有70%的白人孩子和94%的黑人孩子会发现自己只有父亲或母亲。只有到了90年代，情况才出现了一点儿好转。

从前，在任何时期，都不曾有什么力量使家庭生活出现如此大的剧变：即使经历了内战、流行病、瘟疫以及野蛮人的入侵之后，家庭都能慢慢恢复到以前的状况。在20世纪末，美国有一半的孩子完全或部分地与单亲度过他们的童年，非婚生子占到总出生率的30%以上。［欧洲的情况有所不同：非婚生子在斯堪的纳维亚半岛的比率将近50%，在法国和英国大约为1/3，而在地中海国家则低得多。]

根据一份针对美国20世纪80年代的调查研究表明，50%以上父母离异的孩子有一年以上的时间没有见过他们的父亲，只有1/3的孩子表示至少一个月可以见一次。另外一份关于那十年的报告表明，只有20%的离异父亲至少一个月见一次孩子，一半人表示孩子进入青春期后，他们便中断了所有与孩子的关系。我们可以想象，这种无意识的感情缺失必然会导致法律强制离异的父亲抚养孩子。但是，对法律的遵守也越来越不尽人意：另有一些报道表明，79%的美国父亲在离婚十年后，要么不履行义务，要么干脆消失。

除了统计结果不一样，文章还表明，调查者用于研究的指导方针也大不相同。对于离异的父亲和孩子之间签订的关于一个月两个周末、一个星期一顿晚餐的合同，在不同的研究报告中被分别认为是“相对有限”“频繁”或“非常频繁”。不同的研究对同一事情的定义方式完全不一样。而且由于这个“事情”是父子关系，我们只能总结说这种与父亲的关系属于观念领域，遵循无法检验的个体原则。它是一个无法用实际方法来讨论的现实问题。

当革命正在进行时，不可能保证所有的数据都是最新的，或者用一种不变的方法来收集数据。迈克尔·L. 兰姆（Michael L. Lamb）的三大卷书是对美国父亲在孩子的成长过程中之角色的最完整研究。与第一版（1976年）相比，第三版（1997年）的报道表明，与孩子一起生活的父亲在人数上呈略微上升的趋势，这一点颇令人鼓舞。但是，在这种增长出现的同时，更多的父亲从家庭中消失了。

父亲的消失这一事实背后有着很多不同的情况。

在上层与中上层社会，父亲的缺席是想结束不满意的婚姻。在这一社会阶层中，离婚率迅速上升，乃至离婚被认为已经堕落为“更换家庭的消费主义”。不过，离婚仍然是自由的一种表达，是权利的伸张。在坚持不做父亲的同时，这种“非父性”的形式或许也代表了一种选择。

在贫穷的下层社会，情况则有所不同：父亲的缺席与选择无关，而是因为缺乏选择，并且这种情形早已存在了。这部分人主要集中在黑人居住区。尤其是年轻的、经济不能独立的夫妇，或者是那些未婚同居并听天由命地生下孩子的人，或者是临时结婚的人。无论哪种情形，从一开始初为人母的女人就都极有可能失去她的男人。因此，她得继续与她自己的家人生活在一起，或者，如果情况好一点，与她的母亲或奶奶等一起生活。父亲缺席，这种状况一代接一代地重复着。父亲可能从孩子生下的那一刻起，甚至在母亲怀孕时就不见了。

1965年，莫伊尼汉（D.P. Moynihan）出版了一本研究专著：《黑人家庭：国民行为调查》，这是由美国政府委派的一个任务。美国内战就是为了解放黑人奴隶，在那次战争中，美国人流的血比在两次世界大战中流的血还多。一百年以后，莫伊尼汉的报告表明，奴隶制度的创伤在美国黑人家庭中还是很明显，这构成了未来美国社会最迫切的问题。

一半以上的黑人在20世纪60年代已经是中产阶级。为了达到这个目标，父亲被提到了比传统白人家庭中的父亲更重要的位置。这也进一步证明了在西方社会，尤其是美国，一个民族的成功与一个坚强的父亲形象之间有着必然的联系。另一半美国黑人则绝望地过着堕落的生活：他们被城市化了；他们住在贫民窟里；私生子增加了；父亲消失了。伴随着这些问题产生了青少年犯罪和吸毒等问题。从人类学的角度来说，莫伊尼汉认为这个问题的根源可以追溯到很久以前。

今天的父亲所扮演的角色是由上一代的父亲们传授的。正如我们在本书第一部分已经讨论过的，米德假定在文明之初，出现了一个初始决定，由男人先为女人及他们的后代提供食物，这是雄性哺乳动物不会做的事情。他们表达了一个意图，后来成为传统，据说这一传统是可以向下传递的。如果没有坚持下去，传统就会被人遗忘。事实上，它没有任何本能的行为作基础，比如母亲的养育；它是社会制定的规则，而社会规则是需要传授的。在奴隶制度下，规则被改变了：奴隶之间的结合只是事实上的、无规则的，他们组成的家庭也没有得到认可，结果是父亲的（paternal，“pa”隐含“营养”的意思）责任不再被教导。奴隶父亲与母亲不一定属于同一个主人；他可以被任意地卖给他人，与孩子分离。这样的情况存在了几个世纪，削弱了父亲的身份。照顾孩子的责任完全落到了母亲的身上。

从心理学的角度来说，这相当于退化到了动物的生活。奴隶主在无意中推动了这种退化的进程，并以此巩固他们的优越地位。但是由于住得很近，而且奴隶和主人之间存在互相依赖的关系，因此他们之间无意中具有某种相似性。事实上，白人男性更加彻底地退化到了原始社会的状况：他们和女奴隶结合，让她们怀孕。一旦孩子生下来，孩子不仅得不到承认，而且他们的父亲主人还可以把他们和母亲一起卖掉。就像在动物界一样，孩子完全由母亲抚养。

莫伊尼汉受到了批评，主要是因为他假定了父亲的缺失及其随后这些人被社会边缘化之间具有明确的因果关系。另外有些人认为两者的因果关系正好相反，认为社会经济困顿最终导致了家庭的贫穷。在美国，唯一能确定的是以下两方面的关系：一个群体父亲缺席的程度与它的社会边缘化程度是密不可分的。无论如何，莫伊尼汉的报告引起了巨大的恐慌。它不仅引发了未来社会对贫困的数量问题的讨论，而且引发了人们对贫困的性质问题的关注。

在随后的几年里，问题变得越来越严重。1987年的一份调查报告显示，85%在20岁前成为父亲的黑人没有和他们的孩子生活在一起。同样的情形在同年龄段的中产阶级白人中的比例为23%。与此同时，吸毒与青少年犯罪现象越来越普遍，大多数犯罪分子都是没有父亲的男青年。美国监狱里85%的男性囚犯都是没有父亲的。由此可以证明，《黑人家庭：国民行为调查》所引起的恐惧完全是有理由的。

但是，莫伊尼汉也有点儿太乐观了。在谴责美国奴隶制度的不人道时，他把它与巴西的奴隶制度相比较，说拉丁美洲对这一传统更为宽容。

在巴西，父亲变得越来越稀少所引起的问题是很明显的，也是不容置疑的，但是很难确定它在多大程度上是奴隶制度的产物。在大都会圣保罗地区，处于社会最底层的是没有父亲的黑人家庭，情形与北美洲的贫民窟很相似。父亲的缺失使这些家庭陷入恶性循环，势必影响下一代。在同样贫困的黑人家庭，与父亲一起生活的孩子更可能去上学，而那些没有父亲的孩子则不得不去做工。

在某种程度上，巴西的东北部可以说直接从殖民地进入了当代的贫民窟，而从来没有进入现代社会。在更贫穷的累西腓（Recife）地区，最常见的家庭形式可以称为“母权家庭”。“母权家庭”指家庭中的父亲不一定不在，但是他不起决定性的作用。在这样的家庭，母亲和女儿之间的关系很坚固，而父亲和儿子之间的关系要脆弱得多；大家庭都是母亲的家庭；所有重要的决定都是由女人做出的，等等。

在累西腓的母权家庭里，父亲的出现是间歇性的。有时他在家里，有时他又消失了。一旦他在家的时候，他也是被动的。房子属于女人，包括它的设计都反映了主人的生活方式。男人的生活——不管多大年纪，没有产生实质性的问题——都发生在外面的世界，一群人游手好闲，或者寻求性刺激。随着时间的流逝，每一代男人，尤其是接下来的一代人，逐渐丧失了对房子和女人的控制权：“戴绿帽子”是最典型的侮辱。他们被拉回到了史前时代，从父亲的地位退化为简单的男性。最后，家庭经济情况更稳定后，也许当孩子们已经参加工作，能赚钱了，妻子就把他们彻底扫地出门，就像蜜蜂对付雄蜂、寄生蜂那样。

在这里，边缘化与父亲的缺席之间的关系还可以从不同的角度来探讨。有人认为，父亲的缺席是由贫穷引起的。然而，即便贫困被消除了，父亲还是没有回家。相反，他在家里也没用，他被彻底地排除在外了。父亲不回家是因为父亲这个概念已经不存在了：没有父亲，只有一堆男人。即使这种情形发生在巴西边远落后的地区，这也是现代社会的一个典型例子。在现代社会，再也没有其他例子能如此清楚地揭示动物基础的不稳定性。男性悲剧性地被取代了。

尤利西斯的家人盼他回家盼了十年，他真的回来了，而且还赶走了寄生的求婚者。但是，如果父亲几百年以后才回来，珀涅罗珀也会和忒勒马科斯一起赶走那些寄生虫。

所以，我们知道家庭的贫困与父亲的缺席之间常常有普遍的联系。现在，我们再来比较一下北美洲与拉丁美洲的情况。在北美洲，受冲击的主要是居住在市区的贫困黑人，他们只占总人口的5%~6%。直到最近，美国大多数的人还是不清楚。新教的传统如此重视父亲的形象，使这一形象成为似乎难以征服的象征。

在拉丁美洲，社会边缘化与父亲的缺席结合在一起，表现出一系列不同的特征，显得更具悲剧性，范围更广泛。下层社会的人占总人口的大部分，而且没有与中层阶级截然分离，而中产阶级也发现他们很难达到富裕国家的那种稳定的社会经济状况。父亲缺席不一定是因为他离婚了，他的缺席可能早在孩子出生，甚至更早的时候就开始了。贫困与父亲的缺席之间的悲剧性联系是显而易见的。它不只是源于奴隶制度，也不只限于黑人。

仅在墨西哥就有280万个家庭是由女人负责的，这相当于总人口的17.1%。更令人触目惊心的是，这些由女人负责的家庭的平均收入只有那些由男人负责的家庭的收入的三分之一。

从心理学的角度来看，拉丁美洲的母权社会也是由于天主教教会的长期影响造成的，天主教会从来不重视父亲的形象，远不如新教和犹太教那样强调父亲在家庭中的分量。显然，罗马的天主教会从来没有否认过父亲的价值，但是它从来没有尝试过要使父亲成为孩子的偶像。而这个困难的教育过程正好是不能忽略的因素，如果我们认同米德的观点，认为父亲身份不是天生的，而是一种文化体制的话。如果一个社会要有父亲，就必须支持父亲，比支持母亲更有力地支持父亲的存续。

父亲的形象也可以用于比较北美洲和拉丁美洲的发展差异。两个地方的差距不仅源于政治、宗教、文化和环境差异，而且也源于它们赋予父亲的不同角色。不是技术，不是自然资源，也不是资本积累的程度，更不是任何其他文化现象单独造成了两个次大陆的差距。格兰德河（Rio Grande，位于美国和墨西哥之间）也是父亲身份的疆界。没有坚强的父亲支持的中产阶级，迄今也没有哪个国家或种族完全进入了现代社会。[①]能轻易地融入美国社会并能出人头地的拉丁美洲人，都是那些有坚强的父亲形象和坚实的家庭结构的人。

---

① 即使斯堪的纳维亚社会是一个例外，这一点也很明显。社会的高度繁荣与社会服务的程度保护了未婚母亲，使她们免于边缘化。但是，当现代化来临的时候，父亲仍然在位，遵循新教传统，这些传统至今仍然反映在斯堪的纳维亚人的可靠、冷静及日常生活的效率中。

在此，我们碰到了大陆划分中很少涉及的一个问题，以及改变格兰德河边境的文化难题。顺利进入美国社会的美洲南部和中部家庭都是那些有目标的家庭：有坚强的父亲形象，不仅是象征意义上的，而且也是有血有肉的真实父亲。那些只知酗酒的、追求性刺激的雄性父亲都留在了自己的国家。因此，我们发现了一种经济现象在文化层面的无意识重复，这种经济现象早已受到强烈的批评：富国以较低的成本从穷国买进最好的资源，而留下一些次品给这些穷国。

除了南北美洲之间存在巨大的差异，在美国黑人和土著人之间，也存在类似的父亲缺失问题，这是由几个世纪以来欧洲移民的压力造成的。拥有父亲形象是提升社会地位的前提条件。但是，社会的中层和上层阶级都是欧洲人，黑人和土著人不需要父亲；事实上，他们缺乏父亲在很多方面有助于维护社会秩序。甚至在欧洲移民到达北美洲和南美洲的前几个世纪里，他们就企图以不同的方式垄断父权家庭体制，以便巩固他们对另外两个主要人种的统治。保存男人，尤其是黑人男性是为了让他们工作；而保留女人，尤其是土著女人，则不仅因为她们能工作，而且还能提供性服务。

在很长时间里，西班牙和葡萄牙殖民者对美洲土著女性进行的性剥削被认为是理所当然的事情，因为最初的欧洲移民男女比例失调，几乎全是男人。在16世纪的秘鲁，西班牙人中男人与女人的比例是7~8:1。虽然受尽了折磨与屈辱，土著女性最后还是成了白人男性的生活中不可缺少的一部分：她们为男人准备吃的，甚至为男人生孩子。由于黑人女性与土著女性或多或少愿意做白人男性的情妇，殖民者给予她们的权力似乎要大于黑人男性和土著男性。黑人男性与土著男性已经无意识地将这种阉割状态内化了几个世纪，他们已经失去了做决定、承担责任的自我意象；不会教育孩子成人之道，也不会做父亲。许多历史学家认为，下层社会中至今仍然存在的大男子主义与强烈的嫉妒心理直接源于欧洲人对美洲的征服，就连女人都被欧洲人征服了。

在殖民化与边缘生活中，被征服者的地位处于人类与动物之间，这种极端的情形标志着人类向动物社会的倒退。规定一个男人只能有一个妻子的一夫一妻制度被破坏了。像灵长类动物一样，一群实力强大的男人尽情地占有女人，而那些势力稍弱的男人只好在剩下的女人中寻求满足。

家长制的等级制度在这里呈现一种很奇怪的结构。处于顶层的是欧洲男人，然后是欧洲女人。但是，如果她们人数不够，黑人女性和土著女性就会紧随其后。黑人男性和土著男性处于社会最底层，与女人不能成为母亲相比，他们更加难以成为父亲。出于心理学、社会学，甚至悲哀地出于动物学的原因，我们已经看到这种倒退到动物社会的形式总是伴随着父权制度的倒退。

拉丁美洲经历了殖民化初始阶段之后，欧洲的男人和女人的数量逐渐均衡。统计表明，出于法律的原因，对黑人女性和土著女性的暴行有所收敛。但是，她们总是不能与本族的男人重建真正的家庭，因为那些男人已经停止学习如何做父亲了。在社会金字塔的底层，这个古老的邪恶依然存在；母权家庭的出现既是持续存在的象征，也是一种尝试——尝试将这一邪恶连同父亲一起消除。

这些简单的因素已经勾勒出了现代社会日渐稀缺的父亲形象。

逐个国家的调查只能表明一个世界范围性现象的地区差异。特伦巴赫（Tellenbach）关于父亲的会议在德国持续了很多年。而且，他还注意到，在社会的贫富两个极端，父亲消失的比例要比正常的高得多；这是他从来自贫穷环境下的精神分裂者，以及1968年的学生运动中，来自中上阶层家庭的学生领袖们身上发现的规律。这与我们已经讨论过的美国社会的贫富两个阶级中父亲的缺失情况是完全一致的。

当然，无论在世界上哪个国家，要说社会的上层阶级和下层阶级之间存在相似性显然是武断的。这里也一样。在下层社会，我们更容易发现父亲完全缺失，他们的孩子更容易成为少年犯或精神病患者。而在上层或中上层社会，孩子们只是适应不良，父亲不在家只是因为生意忙或与离婚有关的一些情况造成的。后一种情况可能会越来越严重地危及将来，即离婚，它会从一代向下一代传递。

体力劳动者从工业革命初期就体会到了父亲不在家的感觉，他们的生活状况倒是因为有了时间和家人在一起而有所改善。但条件得到更大改善的父亲出现了相反的情形。他们更轻易地决定离婚。一个父亲有文化、经济状况良好在多大程度上有助于维护他们与孩子的联系呢？

过去父亲拥有一个工厂或一块土地。他可以从附近的家里监管他的产业，和家人生活在一起。今天的他——可能是执行总裁（CEO），可能是企业家，可能是自由职业者，也可能是一个银行家——生活复杂得多。他无法控制自己的日常工作安排。作息时间无规律，生意应酬占用了他的业余时间。他经常要出差，而且通常没有计划，也不可预料。从文化的意义上说，与孩子的交流也有问题，因为他的家庭属于上层社会，是变化发生得最快的阶层。他不能教孩子们做自己从事的工作，因为他从事的职业种类几年一变，甚至一年一变。他甚至都不知道应该引导孩子进入哪个社会群体，因为全球化的另一个结果就是社会的流动性越来越大；从一个城市搬到另一个城市，甚至从一个国家到另一个国家，房子买了又卖；他不能教给孩子任何价值或规则，因为这些东西也会随着其他事物的变化而变化。

这些都是促使父亲消失的动力之源。据统计，在西方社会一些主要城市，将近一半孩子的家庭是经历过父母离异的。在父母离异的情况下，孩子几乎都跟母亲过。

现在，始于上层和下层社会里父亲消失的现象正逐步移向中间阶层。不过，它是由于受到上层社会的影响而开始的：中层社会从来没想过模仿比他们低等的社会阶级。大都市里被边缘化的那一部分人——即依然保留着19世纪“不健康的父亲”形象的那部分人——很大程度上卷入了一种自主的行动模式，形塑他们生活的动力并不会“传染”给其他社会群体，他们的数量不大可能超过某一程度。对于一般人而言，他们是令人安心的负面典型，在很多城市他们的数量都在下降。中层社会父亲的缺失主要是由上层社会提供的所谓“自由”样板造成的。

总体来说，父亲缺失的发展遵循这样一条路线：从美国到欧洲，然后到第三世界；从大城市到小城市，然后到乡村；最后，从上层社会到下层社会。这并不是没有引起过警觉，但是这又让我们想到动物社会的情形：经常是在某个物种濒临绝境、无法挽回的时候，人们才会意识到严重性。

这是一个真实的比喻。正如导言部分所介绍的，心理学的历史起源相当古老。我们已经看到父亲的衰落开始于几个世纪前，事实上是一千年前。然而，大多数父亲还是没有注意到这个问题，直到从衰落走向崩溃。似乎没有必要去研究一座大厦倒塌的原因，但是，一座大厦的倒塌并不意味着历史——导致大厦倒塌的历史——的崩溃，也不能消除大厦本身的历史。这些都是我们想知道的事情，不是为了改变历史进程，而是想把历史的记忆传给我们的孩子。事实上，训练他们，让他们记住这些，也是为了让他们了解真正的父亲的理想形象。父亲的凝视既传递了记忆也传递了凝视本身。父亲的凝视超越了瞬间，在时间中创造存在。在朝向未来时，它构思着计划；在朝向过去时，它阐明已经发生过的世事的意义及领悟它的方法。记忆与过去有关，而计划是属于未来的。

我们的观点可能不容乐观。父亲的缺失与不健全的父亲等现象是伴随着无产阶级的贫困以及工业革命的开始而爆发出来的。但是，现在工人阶级已经走出了贫困，父亲还是不回家，仍未恢复曾有的高贵身份。

接下来，伴随着20世纪的残酷的战争，父亲与孩子之间的距离更大了。和平来临的时候，父亲也没有随之一起回来。即使他并没有在战争中死亡。尤利西斯已经筋疲力尽，在回家的途中死亡了。世界大战犯下的罪行远不止扼杀了数百万孩子的父亲。这也是有史以来第一次把退伍军人活生生地从他们的孩子身边夺走的战争：他们虽然回来了，但是再也不能恢复他们的父亲身份了。最后，对家庭而言，没有什么不同。父亲没有死在战场上，而是死在回家的时刻。

第十九章　父性的退却：逃往过去

现在，我们试着看看在统计数据之外还有什么。父性的消失是一个心理上的塌陷，不仅在集体的意象中，而且在众多父亲自己的心中也是如此。甚至对那些因父权制而承受着极大痛苦的人们来说，它也是导致迷失方向的根源。

集体心理在父亲意象中找到了安慰，因为集体意象把父亲视为责任的体现，尽管并没有任何途径可以了解，在日常生活中这一点的真实性到底怎样。父亲意象的单薄激起了混乱与相互攻讦，因为责任（就其定义而言）是无法赦免的东西。迷惑与批评由此变成了一个恶性循环的基础：父亲们把它们当作一个更好的借口，以便远离家庭，逃避为人之父的责任。在当今残酷的经济时代，父亲就像处于危机中的企业：假定所有的预期都是消极的，没有任何好消息，股价下跌，然后崩盘，而债权人坚持必须立即偿还所有的到期债务。这个破产的企业被解散，然后消失殆尽。

当然，我们并不认为事情总是如此。我们想表明的是，就整体而言，在时间的长河里，在父性无意识衰退的庞大洪流中，事情有可能朝这一方向发展。在外部，在日常事务中，观察这一过程更加困难。也可能，有一些父亲能成功而尽责地扮演好他们的角色，因而他们会拒绝父性本身正在衰退这一观念。

在日常实践中，分析师不断地遇到一些案例，在其中，父亲不仅无意识而且彻底地退出其角色，这也是当今时代的一种标志。我们平时也会遇到一些情形，男人退化为动物，只能再一次被称为雄性，拒绝成为父亲或丈夫。雄性动物的本能就是使雌性受孕，而不打算与其建立另外的关系，也不会承担成为其后代的父亲的责任。如果此类案例再三地出现在分析师面前——他们的当事人为数并不多——那么我们面对的就不单单是个体的病症。我们在处理的是，一种关于男性的更普遍的逃离文明的症状。消费主义式的男女乱交侵蚀着一夫一妻制的基础，也威胁着发明一夫一妻制的父亲的存在。

男人中也有这样的例证，当妻子怀孕后，他们对妻子的性欲马上就消失了。这些男人突然成了连他们自己都不能了解的神秘之物。

妊娠期为一对夫妇的性生活带来了某些新鲜之处。但对于一对特定的夫妻而言，这些新鲜事物的特性还不能被预知。有些夫妻性欲减退，有些夫妻则性欲增加。在这里，我们对此不感兴趣。一旦怀孕的目的达到，我们可根据大多数案例推测：不仅是本能，还有性爱的强有力的原型意象都不再强烈地指向性行为本身，因为其主要目标已经达到。动物或者人类中残存的动物本性，会将注意力投向其他地方：雌性转向对胎儿的保护；雄性转向给其他雌性受精。因此，文明的规则排在了雄性本能的第二位，它试图约束雄性的本能，因为其本能威胁着要将混乱带入社会。夫妇被鼓励完全在母亲或父亲的原型基础上结合成一体，而其条件是雄性继续在父亲原型中认出自己。

我们可以进一步想象，这就是为什么部落文明要求丈夫通过“拟娩”（一种原始部落风俗，当妻子分娩时，丈夫也卧床并禁食等）这一方式来认同妻子的任务。通过“拟娩”，丈夫寻求新的性生活的兴趣被极大地分散了。在“拟娩”中，男人在某种程度上被他与孩子之间的关联征服。他承受了母亲所有的焦虑以及她分娩时所体验到的痛苦，甚至达到了抛弃日常工作，在床上待的时间比母亲还要长的程度。通常可以这样说，与西方文明相比，部落文明将父亲放在一个重要性较低的层次上，因此在某些其身份必须得到强化的时刻，要求他们几乎完全让自己沉浸于母亲坚不可摧的力量之中。尽管生活在接近大自然的条件下，部落依然尝试着避开本能的危险影响而强调一夫一妻制的契约。

又是什么让部落文化中的男人——这些运用意志完成个人任务的能力很有限的男人——能够成功地完全控制一种类似性欲的强有力冲动？答案就在于他们不断地接触神话和仪式，因而置身于力量比本能还要强大的原型世界当中。即便生活在一个神话已被消除的世界，欧洲和美国那些即将成为父亲的人照样享受着一个高度的、强有力的原型形象的保护：父亲的形象承载着与赫克托尔、尤利西斯和埃涅阿斯的权威之间的无意识联系。这一超越时间的集体榜样能够弥补个体不可避免的弱点。但是，自从父亲角色更多地成为罪疚而不是自豪的源头以来，这样的无意识联系已经跌入深渊，几乎不被人所察觉。

十分清楚的是，在所有的文化中，常常有男人一旦完成了生育后代的职责，就将他们在性方面的注意力转向其他地方。男人与女人之间力量的悬殊使他们拥有充足的自由。有时还有这样的情况，就像在古希腊，性生活与家庭责任是完全不同、相互分离的事情。而在其他时代其他地方，比如18世纪的巴黎或威尼斯，妻子也能使自己拥有性方面的自由。不过，这并不是我们要谈论的。我们并不想谈论这样一些个体：其行为与他们所生活的社会的集体价值相符，因而没有承受令人不快的内心冲突。在这些情形下，男人可以背叛妻子而不会觉得极端不舒服，因为他们在自己的文化中有权如此行事，而且因为他们已经认同了父性：他们继续觉得自己是文明人。

我们已经讨论过，罗马的男性儿童被高高举起的仪式服务于子为子、父为父的心理诞生之目的。尽管现代人打算尽父亲的义务，但是，一方面他仍然居于本能的掌控之中，另一方面他生活在一个为人之父的仪式已经消失的文明中。如果这样一个男人的幻想现在转向另外的女人，在文明规范中，这件事不会发生，但当他从文化的父亲角色中退却时发生了。就像一幅从墙上取下来并去掉了画框的画，父性不再是一个意义重大的意象。男性在生理上生育了后代，却没用父性之水给他的心灵施以洗礼。

没有一个文化坐标引导他们成为父亲，频繁地让他们体验到失去父亲的感觉——许多这样的男人缺少父亲，或拥有对母亲太过顺从的父亲——这些男人的心理发生了退行，他们回归到了雄性动物的状态。

纯粹的雄性冲动就是制造另一次怀孕，就像第一次怀孕一样：产生更多的后代。但父性缺席了，父性要求对已经生育的孩子尽义务，并承担为孩子提供衣食的任务。因此，文明做出非常激进的努力，试图控制这种男性本能。感觉到本能在翻腾的男性会感觉到大地在脚下颤抖，动摇着文明的支柱。然而，这一感觉来得太迟了：它不足以让他纠正他的行为方式，因为不仅在他身上缺少某种东西，在整个社会中也缺少这种东西。

弗洛伊德告诉我们，文明的建筑建立在本能的压抑上。但是，个体不能单独构建它。个体需要集体的规则和象征性的庆典。雄性进入文明——从简单地使雌性受精到成为父亲的过程——同样地总是处在对仪式的需求中：在部落文化中是“拟娩”的仪式；在罗马是享有权威的家长将儿子在公众面前高高举起的仪式，由此宣告：“我不仅已经生育了这个孩子，我还打算抚养他。”同样的事情在整个西方的历史中并不鲜见，诸如父亲在餐桌上引领祈祷，撕开面包，并将他的祝福送给孩子们。

这样的仪式已经消失了——父亲发现他们从极具权威性转变成令人讨厌的人——男人孤零零地站在那里。在妻子正打算使他成为一个父亲的那一刻，他没有成功地将自己转变为父亲。他感觉到自己被吸回到了过去，退回到一种前文明状态。

在各种各样的情况下，一个男人发生了退行，感觉到内心中野兽的利爪。我们现在来考虑另一个现象，也是男人与女人的关系中最普遍的不公正现象之一。它很少被人探讨，几乎被作为一种宿命而被接受。

没有一个人能够随着岁月的流逝而变得更加有吸引力。男性总是衰老得更缓慢一些，随着年龄的增长，有时会变得更有魅力。对于女性而言，情况则完全不一样。通常在中年之后，她们就很快失去了吸引男性的能力。但是年长的男人，特别是拥有智慧与权力的男人，通常会将年轻的女性吸引到身边；他会经常遇到这样的女性，从而离开一个与他同龄的妻子。相反的事却很少发生。

对于这一不对称性，有不同的理由可以解释。

一方面这是一种古老的习俗，主要与父权制相关。男人通常比女人更有权力，而年老的男性与年轻的男性相比，更能把握权力。因此，一定年纪的男性站在了权力结构的顶峰。传统地，他会娶一个年轻的妻子，这个女人比与他同龄的女性更迷人、更顺从，也更适合生育孩子。习俗对此是持赞成态度的，因为这一做法强化了社会的父权制结构。

另一方面，我们也了解这一事实，那就是父权制本身并不是建立在虚空之上，而是建立在自然所提供的基座上。男人，甚至在性能力不断衰退之时，直到死亡之前，也有生殖能力，因为他们继续产生精子，而女人在年过半百之时，就已经失去了生育能力，医学却又使她们的寿命异乎寻常地长。一对由年长的男子和年轻的女子结合而成的夫妇，要比其反面出现得更多，这不仅是女性在历史上遭受压制的结果，也是因为它利用了这一史前的非对称性。

让我们回到分析实践中的一个案例。一位男子结识了一位女子，但没有见过面，而是通过长期的电话交谈建立联系。他被她完全吸引了。在见到她以后，他发现她年纪已经很大了。这种吸引依然维持着，却突然转向了一种尊敬：男人的幻想废黜了女人的身体，而用一个充满温柔的原型代替。他在分析中探讨了这一关系，并且拒绝所有性吸引方面的感觉，似乎他的心灵破坏了自然秩序的法则。这一态度不能完全被解释为是对渴望与母亲乱伦的不舒服之感的标志：乱伦是一种文化禁忌，因此更为复杂，并且不完全与年龄有关。在渴望年轻女性的年长男性中，这种打破自然法则的感觉是极其罕见的。

生物法则就是要求生殖的法则，所以抗拒年长的女性。但是，这一相似“法则”的存在并不意味着我们必须接受它，因为这样做会恢复对同性恋的不容忍，同性恋是自然状态被边缘化的另一变体，源于它不会导致生殖。心理法则与文化生活比生理法则要复杂得多。不幸的是，在这一点上，父权习俗的基础完全且直接建立在生理之上。如果那些基础开始粉碎，位于它们之下的事物就变得显而易见。也就是说，在脆弱的局面下——周边文化的迅速转化——文明规律的价值不断降低，会导致动物“规律”的重新出现：不是伦理的法则，而是生理上的生存法则。文明在任何情况下都以本能的压抑与重新导向为基础。

在过去，年长的男性与年轻的女性结婚，这仅仅是社会父权等级制度的体现，不会导致心理不适。在今天，男人接受了男女平等，更经常的是与一个和他同龄的女性结婚。但他是无条件满足于这一更正确的行为吗？

让我们看看一个男人的个案。他有一个和他同龄的妻子，他的子女也已长大成人。他突然意识到来自一位年轻女性的吸引，而他不能理解这样的事情怎么会发生在自己身上：他从未刻意去追寻它——不像那些家长制父亲，能毫无愧意地挑逗年轻女性。他觉得对妻子有负疚感，因为她不应该被抛弃或受到羞辱；他与这个年轻女性在一起时，感觉自己非常粗俗，因为他应当给予她父亲般温柔的关怀，而她也有可能就是她的女儿；他与孩子们在一起时也感到非常不舒服，他害怕被他们评价，被比作《圣经》故事中好色的老男人。

他对自己感觉到的诱惑并不觉得自豪，反而痛苦万分，并努力去对抗它。他没有意识到，他退行的原因还包括自己难以接受变老这一事实，而传统父亲的尊严能够帮助接受衰老的过程。原型父亲最好的方面植根于他道德的威严，而与身体是否强壮、是否有魅力无关。作为神圣父亲在家庭中的代言人，他发展出来的意象更多是精神上的，而非性爱的。

折磨这个男人的负疚感与他对婚姻道德的背叛并没有太大的关系，而与对文明之本体论的背叛更有关。他甚至还没有意识到，父亲意象的缺乏——在他置身的社会中以及他自身的异象中——都唤醒了他的雄性特质，去追寻四处播种的特质。雄性在父性之下小憩了一千年之后，又再一次将他的目光投向另外的女人。

在20世纪行将结束的十年内，男性青少年群体的不良行为变成了一个主要问题。它最明显的特征之一就是轮奸。这些年轻的“追求者”将他们自己扔到了珀涅罗珀［尤利西斯忠实的妻子，丈夫远征20年，期间她拒绝了无数求婚者］的身体上，而且正如非荷马版本的神话（见本书第十章）所告诉我们的，这一结合生出了潘。他们也形成了潘的象征：在后现代主义的时代，他们任由潘的精神毫无顾忌地支配着自己，再次让这个相当古老的强奸之神重见光明。横向的法律将儿子们的手足情谊从父亲的纵向秩序中释放出来。伴随着一大群人退行至高效率的群体行为中，游牧部落从一夫一妻制的核心家庭中撤退出来。

将这种性暴力的例子定义为“无目标”形式的群体行为不良，是错误的。无意识的目标是相当清晰的：重新建立一条与女性发生关系的途径，而不必担负所有的公民职责。这一目标实现了。如果男性不再是一个父亲，他必须总得成为另外的什么东西。解决这一激烈的认同危机的最简单办法，就是回到父亲被发明出来之前的状态。轮奸，就是成年男性退行的开始。单个个体会将强奸与罪恶感联系起来。然而群体，有着它自身的文化和功能：一伙人聚在一起就可以将退行仪式化，将罪恶转化成一种集体接受的事件。

仅仅说强奸一直存在着，而且是男权统治的结果，并没有被公开谴责，这些都是不够的。强奸一直存在着，本身就是一个主要问题的来源。强奸，也许是父权社会和以男性为中心的世界中的一个准权利。这种由年轻的未来家长或家长本身所犯下的罪行通常会被容忍（密而不告，或将责任投射到“引发”强奸的女性身上），这是对父亲责任的补偿（制度上的责任，但最初，在集体无意识的记忆中，这一责任是被自由选择的）。在今天，强奸不是单个“家长”无声的行为，而是一个群体的喧嚣的野蛮行径。它对受害者的极端不负责任，对这一恐怖行为可能产生的后代的不负责任，并不是个体必须在其他地方承担的责任之补偿；它是整个群体的退行，对当下之外的任何事、所有事都完全不负责任。它并不是异性恋性欲的犯罪，而是令人兴奋的群体同性恋性欲犯罪，通过受害者，这一群人结合在一起。

这类群体是没有父亲的。“无父”不单是实际的事实，其成员或者经常没有父亲，或者即使有父亲，也大多是懦弱懒惰的。这一群体在文化和象征意义上也是没有父亲的：它退行到了进化阶梯中前父性的那个梯级上。

下面，让我们关注一个令人无比震惊的集体性暴力的事件。

在过去几年里，在欧洲贡献给世界的有创造性的恐怖事件中，出现了种族强奸。种族强奸指的是“洗劫”的一个特别版本——假定妇女也是战利品的一部分。这类强奸怀着特定的目的：增加自己这一种族的人数。这不是单纯的强奸事件，使女人怀孕才是其目标。然而，这一罪行也不是新的，正如未来主义者在《未来主义宣言之欲望》（见本书第十五章）一书中所预言的那样。

可能有人会反对说，种族强奸甚至是更古老的。古希腊军队打败特洛伊人后，屠杀了妇女们的丈夫，掳获了这些妇女，并与她们生下孩子。但这正是其不同之所在。特洛伊女人的孩子，即使因为是私生子而不可避免地比希腊人的合法后代低一等，也没有被抛弃，而是在胜利者的家中被喂养。胜利者也知道他们就是孩子的父亲，他们会看着孩子长大成人，而且不管多么粗枝大叶，也会为他们提供衣食。

而在这里我们所讨论的孩子，是刻意地被生养出来，却没有哪怕是一刻的有关他们未来的计划或设想存在。

种族强奸真正令人恐惧之处不在于其暴力与残酷，而是它在转瞬之间将我们扔回了过去，穿越了成千上万年的时光，回到了一个不是由父性法则而是由动物授精法则支配的状态中。并不意外的是，这种群体退行案例的心理背景是父亲集体意象的瓦解。同样不意外的是，独裁政治的崩溃为这一退行提供了现实的基础。可怕的父亲的死亡仍在继续，并将进一步揭示父性失调的更多症状。

第二十章　父性的退却：逃往未来

精神分析流派出现时，父亲们似乎找到了一个同盟军。

西格蒙德·弗洛伊德深深地依恋着母亲，并假定所有的男性儿童都有同样的偏好。但作为那个时代的男人，他把父亲置于家庭的最高位置。而他个人倾向于把父亲认同为希伯来人传统的精神导师。他将父亲看成一个引导者，引导自己从一个还没有定性的孩子，成长为一个社会人。将这样一个父亲形象内化后，孩子就形成了道德的基础；在与母亲亲密联系的最后阶段，孩子产生了一个内在权威（超我），超我是上帝天父、父亲以及其他权威人物的典范。

精神分析与父亲之间的联盟不仅被一路丢弃，甚至还被对父亲间接的敌意取代。弗洛伊德的后继者更加关心母亲与孩子之间的关系，并使父亲日益边缘化：在将注意力转向个体生活的早期阶段的同时，他们似乎也无意识地回到了物种出现之时，在前人类阶段的家庭中，父亲与孩子之间还未建立真正的关系。

这还不是一个意识形态上的忠诚问题。后弗洛伊德理论已经变得越来越关注生活的最初阶段。因此，该理论不可避免地将注意力投向母婴共生关系。尤其是梅兰妮·克莱茵（Melanie Klein）提出假说，认为超我的形成发生在生命的第一年，发生在孩子与母亲的身体之间的关系中。因而，父亲不再是传授道德感和社会生活的老师。对与错的概念、对其他人的感觉，以及对其他人的尊敬，都被视为源于孩子学会说话之前的时期。

如果没有精神分析，整个20世纪的艺术、文学与文化，都是难以理解的，甚至没有出现的可能。而我们对于家庭的概念，也是如此。

父亲的衰落，已经持续了几个世纪，而新弗洛伊德派的研究加快了其衰落。在从强调父亲转向强调母亲的同时，精神分析还着重强调了原生关系，而不是社会关系；肉体的体验开始被看成精神体验的基础，因而精神体验沦为一个“上层结构”。精神分析开始反映西方文明的另一个主要倾向：与社会维度、与共同体经验的脱离，在宗教以及世俗方面都是如此。这种脱离与个人主义的胜利以及对私密感的要求相伴而来。

如果心理源于原始的本能以及早年经验中，那么，它就几乎没有可能去适应社会的要求：这似乎是弗洛伊德的悲观主义传递的间接信息，甚至不管弗洛伊德本人的社会感有多强。

新弗洛伊德主义者及克莱茵式的研究对人类这一存在的现代性理解是至关重要的。但是，他们所关注的是孩子的个体发展。这一研究只是整个画面中的一部分，只有将个体放在社会维度中理解，画面才是完整的。我们透过伟大的集体意象——正指导着我们的文化经验——可以看到这一点。对个人与集体无意识之间的关联的理解，是由荣格心理学引进的。荣格式心理学的另一个特征是，其兴趣在于“当下”，而不是病人遥远的过去。

我们可以将成长的初期（主要是肉体关系时期）视为初级的，将接下来的时期视为第二级的。很明显，这是一个大概的估计，但对我们当前的讨论已经足够了。在初级阶段，孩子主要处于与另外一个人的关系中（一个二元体）。第二个阶段从二元体到三元体，再到群体和集体的转变。这个阶段就是荣格心理学研究的主要对象。研究这一阶段有以下几个理由：这一阶段就是寻求帮助的病人的“当下”；荣格将注意力转向心灵本身，依照情况的变化关注肉体经验；由于荣格心理学不仅探讨个体心理，也探讨集体心理，因此直接涉及对社会的理解。

弗洛伊德心理学——特别是在新弗洛伊德阶段——主要关注生理心理经验与初级阶段；荣格心理学在文化经验方面和第二阶段寻找其根基。从我们的观点来说，后弗洛伊德的心理学对全球化的个体主义发展负有间接责任：它关注本能及生活的前社会阶段，而对影响集体维度的可能性关注得相当少，因此它鼓励了宿命论。通常来自这类文化的人，能以欣赏的态度接受荣格分析心理学：推崇文化的多样性，而不是生理决定论；同时，它的集体维度在抑制个人主义方面也起着很大的作用。

因此，新弗洛伊德的精神分析加速了父性的衰退。但是，正如我们到现在为止所了解的，它只是将一扇已经开着的门打开得更大罢了。

让我们在几个意象的帮助下，来理解事情的发展。

来看看19世纪以及20世纪初出版的书中有关家庭与父亲的插

图，我们立刻可以抓住一系列要素，这些要素独立于阶级与民族的差异之外，强调了“父亲的集体特质”。父亲从不曾是一个二元体中的一部分。他几乎总是与整个家庭一起出现，通常处于一个配有家具的起居室的中心位置，我们从中可以推测他就是家庭的中心。父亲拥有一份职业、属于某一社会阶层：他是高度防御性的，衣冠楚楚，完全符合他的角色（见图8）。即使父亲属于工人阶级或父亲是农民，亦是如此（见图9）。在每个时代，在世界上的每个地方，父亲都披着赫克托尔的盔甲。

甚至他穿的衣服，从事的职业，过的生活早已不存在于我们的记忆之中，我们也能立刻把握他所在的社会及文化的状况。这些父亲将目光投向我们，我们立刻就知道他们是什么人：工匠、贵族、农民。随着他们社会地位的不同，他们的形象也会有变化，而母亲的意象却未必是这样，因为他们能让我们瞥见他们身后的社会，透过画家或摄影师的偏见，他们或多或少把这些信息传递给了我们。父亲是家庭进入周围社会的必经之路。

这样的肖像画在无数个世纪以来，几乎没有变化。但在20世纪的历程中，确切地说，是在最后几代的时间里——只是父性历史中极小的一部分——事情发生了急剧的变化。

群体的意象、家庭的肖像，实质上已经不复存在。父亲似乎已经失去了作为联系家庭与社会之纽带的功能。群体已经消失了。背景内容已经消失了。父亲的职业与社会地位也不再是可见的。一个之前不为人所知的二元体出现了：父亲与孩子。

在我们即将讨论的一个最极端但很常见的案例中，一些以“新

图8 威尔本家庭（Simon Meister）

图9 一个德国农民家庭［Ingebor Weber-Kellerman（1976）Die Familie. Frankfurt: Insel Verlag］

父亲”为标题的图片事实上在我们面前呈现了一种“新的样板”。

父亲都是年轻的，英俊潇洒，赤裸着上半身。在赤裸的胸膛之下，他们都穿着牛仔裤。对此，似乎全世界的出版公司都签订一份秘密的协约。在多少有点令人乏味的意象中，父亲被削减为一具躯体。

此外，这一现象并不局限于广告和周刊，显然，父亲以富于情感的形象出现，目的在于打动头脑简单的读者。真正令人震撼的事实是，一些严肃的文本甚至也借用了这样的意象。他们把它公诸天下，新型父亲就是赤裸胸膛、拒绝社会，将他们自己沉浸在一个二元体的，且可能是象征性的与孩子的共生关系中（见图10、11和12）。值得注意的是图11中的父亲，尽管脱掉了衣服，并且变成了一个旅游手册上的形象，但是他将儿子抛向空中，无意识地重复着赫克托尔的姿势。

随着男性身体被削减为一个客体——女性身体遭到了同样陈腐的滥用，她们反对这样的滥用，正在为争取被视为一个个体而不是刻板的形象而斗争——父亲的角色似乎在向孩子的主要看护者变化。反过来，这使画中的男人看起来不真实、平面化，就像在文艺复兴时期由不出名的艺术家制作的许多圣母像一样。它还暗含着一种“乳房嫉妒”。可以看到，这些胸膛通常是没有长毛的。

与19世纪的复制品中的率真相比，这种父亲意象似乎是不真诚的，而在这些复制品中，父亲实实在在地就是一家之主。现代的意象有一种与现实的细微联系。据说，父亲对孩子早期的照顾依然是一种高贵的理想，或者是一种虚伪的幻想。我们已经看

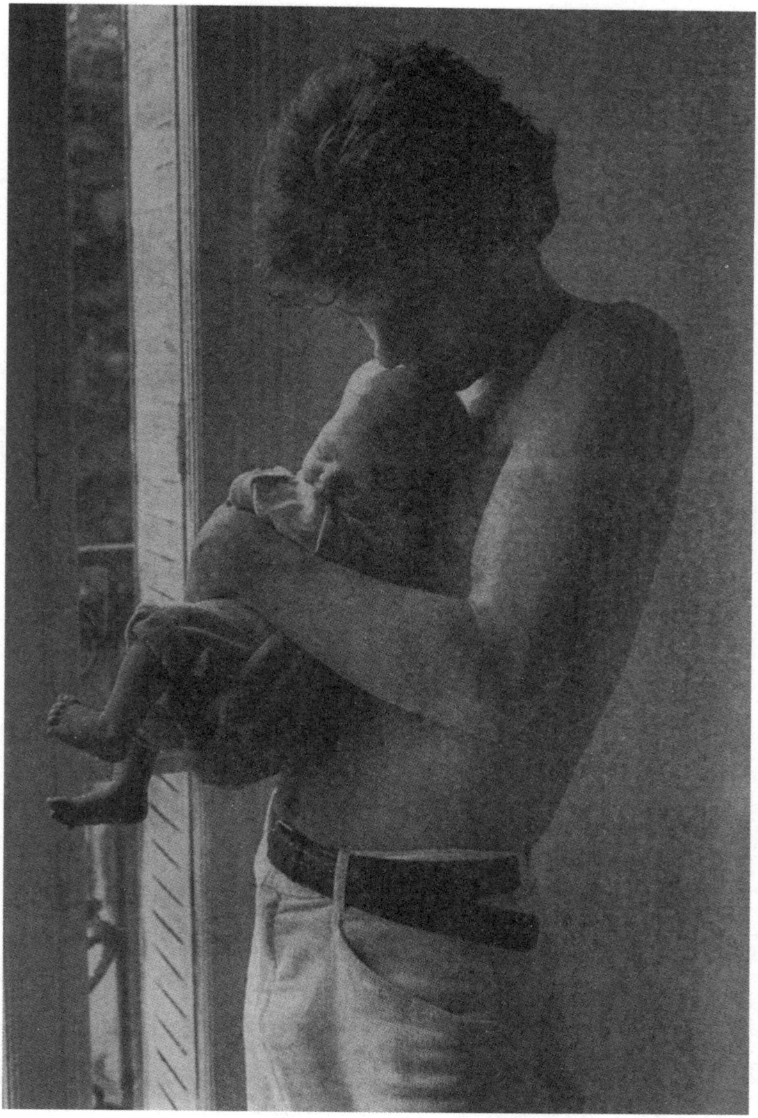

图10　父亲与儿子（Petit Format，Pascale Roche）

图11 父亲与儿子（Urban & Fischer Verlag）

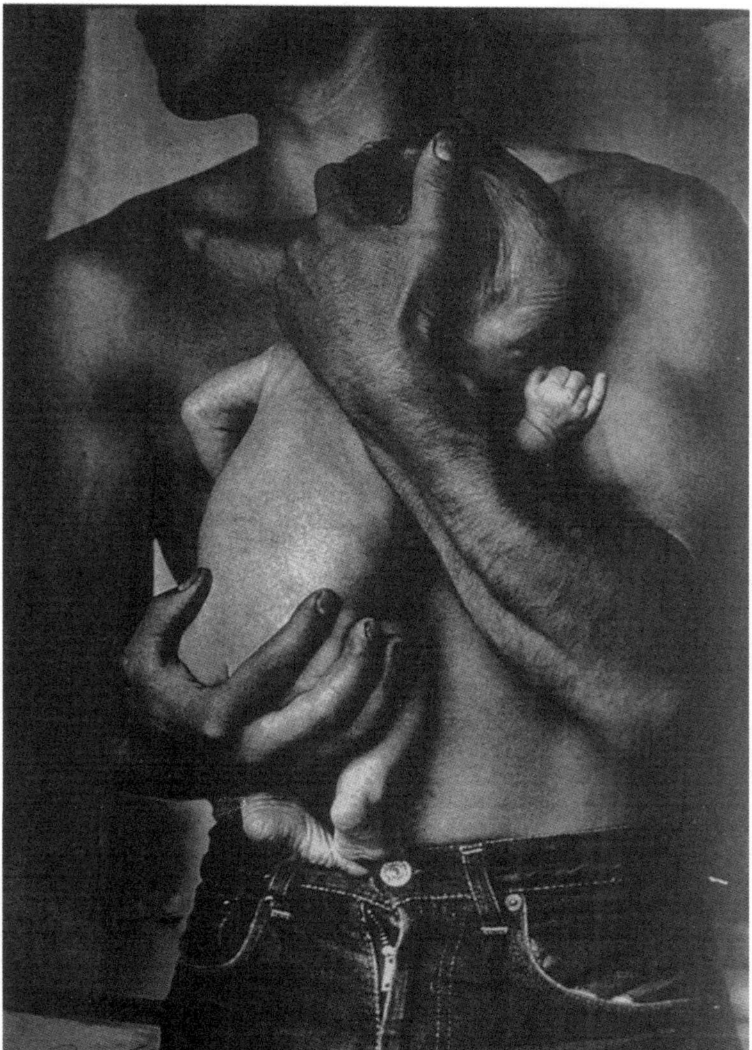

图12　父亲与儿子（“Life”，Jan Saudek, Prague）

到，在实际生活中，它依然非常稀有。甚至当它确实发生的时候，几乎总是母亲所提供的照料之外的简单附属品。

在我们的集体意象库中，这种退行是怎样发生的？我们该把它当成一个宣传计划吗？那些书籍是在鼓励阅读它们的父亲采取特定的行为模式吗？

不能怀疑提供这些插图的作者和出版商有此意图。他们不是要塞给我们一本宣传小册子，而是要给我们提供学术性的调查，目的是描述父性的历史境况。而且，即使他们渴望劝服他人，为什么他们会用过时的法西斯、纳粹、苏维埃修辞——没完没了的、多愁善感的赤裸胸膛和被亲吻的孩子——来包装父亲？已经有规律证明，这样做只会适得其反，无论它想达到何种目的。

父亲——或更确切地说，父亲的身体——真的知道通过照看孩子的身体来提供某些新的东西吗？毫无疑问，他最终学会了成为其伴侣的助手。但是，这正是问题所在。我们在这儿所看到的是一个新的伴侣，而不是一个新型父亲的真实意象。除了缺少乳房，他和提供营养这一行为还缺少特殊的关系。即使那些声称男人是比女人更好的厨师的人也将明白，他们所谈论的是作为餐馆厨师的男人，而不是作为父亲的男人；他们所谈论的是男人的某种职业能力，这种能力与食物有关，而不是把它当作一种语言，与孩子对话，对母亲而言却能做到这一点。来自父亲的滋养没有特别之处，只是母亲所做的一切的翻版而已。

很明显，急切地冲入“更原始”的状态——一种狂热的需要，渴望凸显婴儿更早期发展阶段的重要性——不单是后弗洛伊德研究所指的进化，更反映了整个社会的退化。它与我们削减自身的社会维度的做法是同步的，我们每个人都在各自的私密角落寻求庇护：在个人主义或在我们称之为“共生”（指两个主体几乎融合成一个主体）的关系中。

如果我们继续忠诚于传统的父亲意象，把他当作孩子进入社会的引路人，那么父亲就会落伍，因为这样的人与这个高度赞许私人生活的社会毫无关联。

但事实是，我们关于父亲的概念是一个文化的建构，因此是可以更改的，我们允许各式各样的作者兴致勃勃地奔向生命早期，把父亲带在他们身边，探索他在新生儿的生活中所扮演的角色。父亲变得无法被理解，因为他事实上已经变得母性化了。

在许多男人中，这样的兴趣无意识地被罪恶感激励，通常，这种罪恶感被现代文化，特别是被女权主义带到了表面。它代表了他们想要成为的人（围绕他们的是一种渴望的氛围），以便使他们自己不会觉得良心不安。一个为婴儿换尿布的父亲，对他们而言，是难以去批评的，而且能悄悄地使他从弗洛伊德指派给他的那个不讨好的说教者—阉割者的角色中退出。最终，人们热切希望成为一个十分温柔的父亲，只保留了正面形象，就像最平淡无味的圣母一样纯洁。也有一些男人并不渴望扮演这样的角色，但支持这种角色的存在，无意识地希望这可以减少男性的竞争，从而使得像他们那样的“真正的男人”更加稀少，更加与众不同。而最终，许多女人友好地看着这一角色，因为它最终可以导致（又一次出现了“最终”这个词）男人方面的合作，等等。伴随这一“原初的父亲”出现的，是普遍共识的达成。

然而，就男性行为模式实际的变化速度而言，很难看出“原初父亲”是否开始在现实中开始出现，正如我们并不清楚，是什么样的特殊功能，将父亲与母亲区分开来的。尚不清楚这样的父亲是本能鼓励的结果，还是源自一种强加的新职责。目前，原初父亲——致力于给他的孩子提供自然的照料的男性——还主要是一种文化的幻想，一种穿越到未来的设想，一种对更好的男性的希望。

然而，“原初父亲”的意象并没有指向新事物，而是对某些古老事物的逃离。就像耶和华一样，数千年来，父亲不能同时既是好的又是非常可怕的。将父亲认同为原初监护人的构想，是希望将这一如此复杂且充满冲突的状况简单化，同时这样做又风险重重；父亲变得不真实且只有单一面向。不真实、单一化也是一直以来折磨着女性的东西。对于世界的描述，在言语上或意象中都是男性的。因此，耶和华的意象，尽管有其复杂性，其宽宏大量与冷酷残暴都是真实的。而另一方面，圣母玛利亚的意象只有温柔的一面，通常是不真实的。正是后者，是原初父亲所要效仿的，因此会制造出这样一个同样缺乏创造力的男人。除了避开其与上天之间的联系，这一新的父亲意象似乎同样拒绝了他与社会的联系。在过去的画像中出现的父亲总是家庭、阶层以及其专业公司的一部分：一个集体世界中的一部分。他必须做出选择，也就是说，他必须做坏事，而不是只做好事。他必须在世界上发挥作用，他必须能够将双手弄脏。现在，最终——原初父亲的幻想似乎在说——他的手是干净的。父亲可以在共生关系那无可匹敌的完整性中休养生息，而所有令人讨厌的复杂性都是多余的。

过去每一个时间段的意象都告诉我们，父亲，甚至当他没有处于社会中时，都不是单独与孩子待在一起的。他得维护各代人之间的关系，同时还要维系与超自然事物的关联：在安喀塞斯看来，埃涅阿斯引领着阿斯卡尼俄斯；在耶和华的眼中，以撒被亚伯拉罕当作祭品献给上帝。

新型父亲脱掉了他的衣服，脱掉了由社会、形而上学以及历史放在他背上的外套。他继续前行，赤身裸体地奔向自由、亲密、海洋般广阔无垠的共生关系。社会已经决定，要脱掉赫克托尔身上的盔甲，使他不要吓着自己的孩子。这个孩子将没有恐惧，但他是否依然拥有一个父亲？

一方面，去除赫克托尔的盔甲将使父亲真正地成为多余之人，直到他与母亲毫无区别。另一方面，在这样的情况下，儿子将会去寻找其他仍然在炫耀其武力的男性人物。也许，对于父亲的矛盾是没有解决方案的：他最深刻的身份感就存在于这一矛盾性之中。父亲必须除去盔甲，以让他的孩子认出他来。但如果他首先没有穿上盔甲，他也不能把它除去。再一次，与人类最接近的上帝是《旧约全书》中的上帝，既是公正的，又是令人生畏的；而赫克托尔仍然是最恰当的父亲，因复杂性而完整。

现在我们使用的是不同的词语，但它们再一次构成了我们起先所探讨的“父亲的悖论”。这是父亲的特定特征中的一个：他必须能够成为一个父亲，同时也能成为一个武士。不像母亲，他不能只是这两种事物中的一个：只看到过他穿着盔甲的孩子不能认出他来；而从未看到过他穿盔甲的孩子，将不能把他认同为父亲。

所有的人类都必须能够使用攻击性。所有人都必须能够保护自己。社会预见孩子们主要通过与父亲认同来学习如何运用攻击性。正如之前所指出的，这并不是因为父亲的天性就必然是攻击性的，只是因为专门化的进攻性总是被委托给男性，使它成为集体无意识中一个几乎无法改变的意象。

文化与社会只是间接地关注发展的原初阶段。第二阶段的特征是进一步的发展和第二次诞生，这一新的诞生有可能弥补第一阶段的缺陷。对于前现代文明来说，第二次诞生是一种启蒙，是一种转变，主要在父亲，或父亲代理人的权威的庇护下发生。父母的职责是非常清晰的。母亲给予孩子生命，并在最初几年照料孩子。第二阶段则主要由父亲引导，至少在男性儿童中是这样的。

尽管启蒙仪式已经逐渐被抛在一边，这一任务的分工仍然延续下来了。

就像父母的功能不用，孩子们的命运也完全不同。在大部分的原始人中，甚至更多地在西方人中，男性的生活比女性的生活更完整。对于女性而言，进入社会，进入精神生活，因此进入启蒙和成长之路或多或少是受到限制的。很大程度上，成长第二阶段的伟大复兴是为男性保留的，其形式是男性间的互动。

20世纪的变革让我们远离了这两种区分：父母任务的清晰区分，以及儿子与女儿的不同未来。同样地，减少父亲与男性儿童的特权的努力仍在无意识地进行，其方向与后弗洛伊德精神分析一致：它降低了第二阶段发展的重要性，却不断地将注意力转向原生阶段。为了剥夺年轻男性在第二阶段中过时的发展特权，人们不是给女儿提供同等水平的社会化与启蒙，而是将社会化和启蒙从男孩那里拿走了。将父亲——以及他们的男性替代者，比如牧师和精神上的父亲——在社会化与启蒙仪式中的垄断地位解除的同时，又未做任何努力去将这些功能传递给母亲：它们只是被逐渐消除了。

涌往生命早期的热潮看似胜利了。只是在表面上，男性首先是支持这一热潮的，这未免令人称奇。启蒙仪式引发痛苦，却会赋予身份。在今天，所有的身份都不再是确定的，而我们还几乎未长大成人，并更加习惯于逃避痛苦，我们这样做是因为缺乏意识形态上的确信，而不是为了方便起见。

我们这个肆无忌惮的消费社会，正在全球范围内演练一场复制基本需要的运动。我们知道，重复地接受乳汁，却不需要给出任何东西来做交换，是在发展的初始阶段中不可或缺的，因为人类婴儿是所有新生生灵中最没有自主能力的一个。但作为年轻人和成年人，我们要立即享受所有可能的舒适，并与所有可能的痛苦保持一定距离的渴望，令我们陷入了心理吸吮的处境：我们依然缺少一种入门仪式，可以让我们学习给予与接受的交替平衡，而这正是道德成长的前提。

在心理层面，我们遇到了一个人类幼态延续的戏剧化表现。我们已经探讨过，人类的身体类似于一个发育未能完成的哺乳动物的躯体，心理上也是如此。我们想象是孩子们在嫉妒成年人，而在他们的内心深处，正是成年人在嫉妒着孩子。

现在，我们希望父亲与母亲最终能站在同一平面上。前者不能是专门的——或者更好地说，不一定是——吓唬孩子的、攻击性的代理人，不能是那个破坏其与母亲的共生关系的家伙，因而也不能是原生发展阶段的敌人和启动第二阶段的力量。但是，理想的父亲也不能是共生性的，在这种共生关系中，父亲和母亲没有明确的区别，也没有一个支持差异性、个性化以及进入社会的意象。

如果将原生阶段指派给母亲，将第二阶段指派给父亲的刻板性被消除，就不能将生命最早阶段的无意识幻想当作最终的目标。在拒绝将父母任何一方的任务预先设定的同时，鉴于快速变化的行为模式，家庭系统必须在任何情况下都能分配任务，这些任务是随时出现的，也可能是与后续阶段相关，因而必须完成的任务。如果成年人情愿忘记自己的青年时期，主要关注自己的婴儿时期，那么，我们能够责备青年人不愿成长为成人吗？

我们已经讨论过，孩子那虔诚而依赖的目光投向母亲，这是自然而然的，也是永恒的。它源自母亲生育并照料他这一事实，甚至也许是源自他在母亲身体里待过一段时间。不管怎样，它不需要第三方作为中介。另一方面，母亲本身几乎总是发挥中介的作用：将孩子的目光从母亲引向父亲。这一情形经常被我们忽视，因为我们观察家庭时，是在这一初始和基本的过程——从二元体到三元体完成之后。

现在，作为对父权制提出批评的结果，如果不是对父亲缺失的直接报复的话，母亲利用了她们作为中介的力量，拒绝再做中间人，不再尝试将父亲和孩子联合在一起。父亲，渴望出现在孩子眼中，因此直接跑到了源头去寻找孩子的目光，寻找最原始的、身体的、母性的拥抱：二元体的拥抱。

经常有人指出，男性的发展与女性的发展不同，它总是有赖于一种停顿。女童如果与母亲有良好的原生关系，可以继续把她当作榜样，使其心理发展延续下去，而不会中断。对于男童而言，事情就不一样了。男童一出生，在具决定性作用的原生阶段，他主要与母亲产生关联；但是，他迟早必须将目光转向父亲或另外一个男性人物。

克莱茵的理论分析（客体关系流派）最为强调这一主题，它将注意力放在对发展最早阶段的研究上。这一理论遭到女权主义作家的挑战，因为它强调男童在心理发展上的弱势，因而忽略了男性一直在社会中享有的优势地位。

让我们简略地看一下这一弱势，不是从原生阶段的角度，而是从以后发展阶段的角度来看。

在本书开篇几章我们已经提出，进化——尤其是随着哺乳动物的出现——使母亲与婴儿之间的关系比以往更复杂，因此允许母亲构建一个文化的胚胎，并将男性边缘化。在一定意义上，一夫一妻制家庭的发明，以及一种持续的父性承诺的发明，是男性对自己被排除在外的回应，而渐渐地，他们取得了胜利，直至使文明与父权制几乎成了同义词。

但是，父亲的胜利远未完成。父亲创建了文明，又主宰了文明，同时文明又将一个他们从未预料到的问题扔到他们面前。

哺乳动物中，是母亲在自然条件下延长了照料新生儿的时间，并扩展到后代自立前的整个时间段。动物幼仔（即使是雄性）并不因为只有一个雌性榜样就会发展受损，因为在它很小之时，这样的情形就已经结束了。此外，甚至对那些已经高度进化的物种、对那些不完全依赖本能，且通过初步的教育来完善自身的物种来说，这一规则也是适用的。

只有在人类中，文化甚至更进一步地延长了儿童的依赖期，因此也延长了父母的照料期。人类缺乏自主性和教育的状况可以持续到近30岁（在自然条件下，30岁几乎等于人的平均寿命）。从这一角度来看，启蒙仪式可能是由男性发明并执行的，且主要是为年轻男性指定的，因为男性才是需要启蒙仪式的个体。

当然，学校在很晚近的年代才出现。但是，由于学校教育的早期阶段是作为原生阶段的生理功能的延伸，做好这项工作十分困难且难以令人满意，因此，很自然地，这项任务就主要被委派给了女性。其结果是建造了一种文化机构，继续复制自然的模式。随后，由于生活条件的普遍提高，正如大多数行业都出现的情形，更高层级的教育开始向更多的女性开放。男性满足于在顶级维持多数地位，诸如大学职业等层级上，在这些职业中，权力与金钱是高度集中的。归根到底，成年男性的懒惰与西方文明的结构性特点一样，更多是关心效率，而不是心理问题，最终使年轻男性处于这样的境地：他们在长大成人的路上，遇到的男性人物非常少。

这也是导致年轻男性在协调他们的成长难题方面是如此困难的因素之一；这也是所有国家都发现男性青年（与女性青年相比）有更多的行为不良与吸毒行为的原因之一。

第二十一章　举高的消失

将儿子高高举起，并亲吻他，

将一个祈祷者举起，送给宙斯……

——《伊利亚特》, VI, 474~475

在18世纪末到20世纪初的这段时间，法兰西重新发现了将孩子举向空中的父亲意象。一个世纪前，这一意象会被视为亵渎神明：因为能够被举向天空的唯一的孩子是基督，隐含着主人被举起的意味。

然而，这样的意象并没有表明回到了罗马的家长制权威中。事实上，大革命在进步的名义下，在意志战胜了天性的名义下，重新发现了罗马关于收养的观念。而且，如果真正的父性都是一种收养——一种选择，那么这一积极的、自愿的选择，可以被概括为父亲将孩子举向天空的姿势。但是，此时对父亲的信任与罗马时期不再相同，而这些图像使这一点更为清晰。它们经常是夸张而伤感的：有时，它们受政治力量的委托，尝试着为家庭带来新鲜的活力，而因为国家承担了家庭的功能，这一活力已经日渐微弱。它们有的是家庭状况的讽刺漫画，有的只是宣传海报，甚或商业广告。

这一姿势再次回到我们的社会中，意味着父亲与孩子之间的关系再次受到关注。但是，这一关系是紧张而戏剧化的。

这是一个神圣的姿势。但是，正如“神圣”这个词最初的意思所暗示的，它可以是神圣的，也可以是恶魔似的。这一姿势有诸多复制品，在文学作品中也多次重现，用于描述父亲与孩子之间的新关系。父亲与孩子之间的对话也同样是神圣的，因而也同样既可以是祝福，也可以是诅咒。在国王被砍头、共和国诞生之后，父亲与孩子之间的关系再一次成为人们关注的焦点。

在20世纪的历程中，这一姿势和关于父亲的说法变成了什么样呢?

举高与祝福同样是父性态度在人身体上的表现，这一表现也是随意的。举高、祝福与成长仪式是给予孩子生命这一需求在法律、神学以及人类学上的表达。

男性——就天性而言没有能力给予生命，所能做的就是像动物一样贡献精子——可以完成一个向上的跳跃，朝向精神的维度：他将自己的思考转向孩子，并创作出能将其意图具体化、不可逆的并被大众共享的仪式。如果父亲与即将展开的计划是同时诞生的，那么举高、祝福与成长仪式就托起了父亲的计划：第二次喷涌，但这次是精神的精子。

世俗仪式的每个部分都是这一基本需求的亚类，这一基本需求使所有时代和所有文化的父亲成为平等的，与兽类区分开来。对于小型部落群体来说，也是如此。在这些部落中，每个仪式都以启蒙仪式为中心，正如在庞大的天主教会中，在任何情况下，总是有一个父亲存在——从一般的牧师被称为“教士”，再到“主教”，都是同一含义——他们用圣洁的话语指导一群精神的孩子们。

父亲的死亡不只是一个统计数字上的不断减少。他的死亡首先指的是，让他能够存在的仪式不再被纪念。

这个姿势有一种未被打破的连续性，从赫克托尔到罗马的家长，再到詹姆士一世时期的父亲，然后到我们现今时代的父亲：在某一时刻，又在同一时刻，父亲认出了他的孩子，认出了孩子眼中的他自己，认出了在他交付给孩子的计划中包含着祈祷和自我的延伸。

今天，罗伯特・布莱（Robert Bly）攻击未来主义者在一个世纪前提出的“兄弟社会”，预言了一个富有男性气质的未来。对于今天的年轻人而言，值得学习的楷模和知识首先来自其他年轻人，这个意义重大的联结——他们目光投向的方向——是横向的。布莱和其他怀念父性的人，反对这种横向联结，转而提倡回归纵向的联结，将目光投向父亲及祖先。但是，这种纵向的目光和秩序感是属于赫克托尔的，他将阿斯蒂阿纳克斯举起来，请求诸神把他变得比自己更强壮；是属于埃涅阿斯的，他一边走一边牵着儿子，而将父亲放在肩上；是属于罗马父亲的，他将儿子举向天空，表示已经认可孩子。从古希腊的诗句到最近的美国散文，这条父性之线从未断过，证实当前父性所有原型的重要性。

对这个姿势，仍然要求我们进行象征性和超个人性的思考，就像对待每一个我们交付了最深切情感的仪式。否则，罗马的意象会使我们认为父亲是在将孩子放在一个高高的椅子上；或者在听到赫克托尔祈祷阿斯蒂阿纳克斯长大后成为一个比自己强壮的人，我们也许会想象，他希望孩子将来成为运动健将。如果我们停留在这些言辞在字面上的意义及具体的内容上，父亲就失去了存在的意义。他在物质世界的存在并没有充分的理由。自远古以来，母亲一直在照料物质世界，比他做得好。我们不要忘记，母亲（mother）一词与物质（matter）一词有共同的词根）。

不幸的是，我们的时代对于象征、祈祷以及具有独立价值的仪式远不够尊敬，而且我们会尝试立刻给出诠释，或清晰地界定其内容。在积累了大量的物质财富之后，我们在心理上日益贫瘠，我们不能理解奥秘本身，比其答案更有意义，更富有激情。

正是通过拒绝象征，男人从父权中放弃了自己的职责。即使没有被忘却，赫克托尔的姿势与祈祷也是按照字面意思被理解的。父亲想在社会上“举高”他的孩子们，会尽其所能引导他们努力获得一个（比他的地位）更舒心的地位。他在孩子们的生活中投资的不是某种象征，而是金钱，用以帮助他们攀登社会的阶梯。

第二次世界大战之后，欧洲和美国整整一代父亲开始为他们的孩子努力争取一个“更好”的职业。然而，不幸的是，他们对这一目标的推进经常成了一种低自尊的表达，显露出他们与后代的隔阂，而不是意味着一个真实而恰当的计划——表达出对孩子的真实理解——的形成。整整一代工人阶级父亲，为了将孩子送往大学及专科学校而省吃俭用。举例来说，在今天的意大利，对于各种高级职业技术人员的需求量非常大，与此同时，许多医生却没有人雇用，或者被雇佣，但与他们的受教育水平不相称：不管是社会整体，还是孩子个人，都没有在这一巨大的无私奉献中获益。然而，有一点是确定无疑的，那就是无论如何，他们的物质生活水平已经普遍得到了提高。

这是无法预料的新情况。社会的进步比以往更经常地粉碎着代际关系。有学位的孩子会为他们没有文化的工人阶级父亲感到羞愧；一口标准口音的孩子会批评父亲蹩脚的语法；会几国语言的孩子会因为父亲不能与外国人打招呼而感到无地自容，等等。

去数落并谴责孩子忘恩负义是不够的。为什么他们在昨天会感恩，而在被给予这么多之后的今天又忘恩了呢？我们必须对二者加以区分。现今的年轻人在物质方面被给得太多。但是，金钱利益代替了举高、祝福及成长仪式，后者代表着象征的世界、精神领域以及从一代到另一代的延续性。这些是父亲必须通过仪式才能给予的，而金钱，凭一张小纸片就可以从银行里提取出来。

儿子们都知道，父亲想让他们过舒适的生活。他们却不知道，父亲也想让他们成为男人。他们有他们的疑问。他没有给孩子一个成年男子的榜样：为了使他们与自己不同，他否认了自身。然而，他继续声称，成为一个真正的男人是可能的。或者是父亲在撒谎，或者是他隐瞒了一个重要的秘密。不管怎样，他不值得他们尊重。

相关研究清楚地表明，父亲的祝福是一种原型的需要，不仅孩子一方需要，而且父亲一方也需要。就像所有的心理需求看起来都是如此古老的、适用于所有人的和不受影响的，以至于值得被定义为原型一样，父亲的祝福表现为一个自我辩护的仪式，被自身的生命充满。在《圣经》中——尽管《圣经》教会我们正确与错误的区别——在任何情况下，父亲的祝福总是有效的，独立于牵涉其中的人们的善恶意图之外，其力量甚至独立于它所给予的那个人之外。

作为第一个出生的儿子，以撒有权接受父亲艾萨克的祝福。但为了使我们准备好接受他不会接受祝福这个事实，《圣经》将他描述为有一种“非父亲”的性情：在代代相传的进程中不适合延续父亲的传统。事实上，以撒偏爱追求计划的立即满足。在一个著名的圣经故事中，我们看到他将长子的继承权卖掉，只是为了换一碗果腹之汤（《创世纪》25：29~34）。

艾萨克希望晚一点将他的祝福赐予以撒，但是他的老眼昏花让他上了雅各布（Jacob)的当，他将祝福给了雅各布。祝福仍然是有效的。年轻的弟弟雅各布接受了父亲的精神传统，而长子以撒，自此以后成为弟弟的仆人（《创世纪》27）。

不管是对犹太人还是基督徒，这个情节都是极其重要的，而且它引发了对父亲形象的许多实质性观察：

- 父亲的行为对孩子而言是一种客观事实，它独立于父亲的意愿之外。父亲有好的意愿并不够。这就是“父亲的悖论”之根源。
- 祝福仪式有其自身的生命，同样独立于父亲的意愿之外。事实上，意愿是主观的且依一定条件而定，而仪式是绝对的、永恒的。
- 由于这一仪式是绝对的、无条件的，且充满了力量，它在心理生活中是一种必需品，不仅对儿子而言，对父亲而言也是如此。
- 正如祝福是生命的必需品，而不是其可能的装饰品，它不能仅仅被认为是好的，它还是可怕的，就像生活本身。对于不接受它的儿子来说是可怕的，而对于接受它的儿子来说，也是令人恐慌的。在《旧约》中稍后的部分，雅各布被一个在夜晚出现的人物袭击并受伤，与此人周旋至天亮。在那一刻他才知道，他遇到了一个上帝的天使，并将接受其祝福。天父的天使（信使）既在伤害他，同时又在祝福他。祝福与伤害无法区分。作为爱与恐惧的源泉，父亲的祝福已经成为西方历史的一部分，其形式是在父亲的引导下进行的家庭祈祷。

· 对于任何一个在特定场合下给予祝福的个体来说，如果祝福仪式是一种自足、独立而预先存在的形式，那么每个孩子在某个时候会感觉到对它的需要，即使父亲已经表明不打算给予祝福。我们的术语把父亲的祝福称为“原型”。如果这一需要仍然没有得到满足，儿子将会在他自身身份的核心处感觉到一种剥夺，就是库德所指的“以撒情结”。

以撒情结在当今有巨大的重要性，再一次地，我们不能从字面上或个体的角度来看待它。今天的孩子们不会面对这样的事，狡诈的兄弟将祝福拿走占为己有，但他们必须把握住自己的祝福，去对抗仪式的崩塌，这一崩塌将祝福从每个人身上永远地拿走了。

父亲必须为自己还有孩子计划好将来。对于以撒，他将自己的将来出卖，只是为了即时果腹的一餐而已。《圣经》表明，这一计划会被不成熟威胁。受限的视野以及饱足舒适的诱惑，就是孩子们真实的“兄弟敌人”，他必须奋力反击。

当以撒知道父亲的祝福被偷走时，他极端狂怒，四处寻找雅各布，打算杀死他（《创世纪》27：41）。正如我们在过去一百年的历史中所看到的，父亲计划的转让在兄弟之间引发了敌对行为。

就像以撒一样，所有当代的年轻人隐隐约约地觉得，他们没有从父亲身上获得一件基本的礼物。然而，他们也不能嫉妒兄弟，因为他也同样没有收到礼物。他们只能嫉妒父亲，嫉妒整个父系链条。他们一直相信，在庄严与和谐的演替中，一代一代地延续至今；而且他们推断（并不是错误的），仪式已经下落不明。这一猜疑不断生长，因为永未被澄清，所以就会转变成一种无意识幻想：一种有伟大价值的东西，父亲故意拒绝给予他们。以撒情结杀气腾腾的狂怒，本应该横向地投向兄弟，转移到了未曾预料的纵向方向。这种朝向父亲的敌意之转移，与朝向"兄弟"的崇拜之转移相辅相成。事实上，如果角色榜样不能在父亲身上找到，却能横向地在其他年轻人身上找到，竞争就不再出现在同伴群体中了，相反，会出现在与父亲的纵向关系中。

短短几十年内，纵向轴上的代表关系发生了巨变。对此，我们既没有做好准备，不敢相信，也毫无意识。在极端情况下，其表现形式是残酷的罪行。在我的祖国意大利，这个以家庭关系的稳定性而著称的国度，在那些已经为青少年提供了所有物质上的满足的家庭中，出现很多案例：谋杀父母，以便占有他们给自己留下的任何东西。失去了在仪式与象征世界活动的能力后，父亲已不再是祝福的源泉，而被削减为一个捐助者；他不再提供神圣的话语，而是用尘世的俗物为礼物。恰好就在这一点上，我们可以想象，儿子无意识的幻想找到了切入口；父亲必须同时被惩罚和剥夺，因为他把一个应当传承下去的珍宝藏起来了。

父亲的祝福意象——与另外两个陪伴孩子的意象一起，即举高与启蒙仪式——能提供象征术语，帮助我们把握现代青少年所体验到的那种内在空虚感。

我们现在来看一个普通生活中的案例，而不是杀气腾腾的极端案例。

父亲作为一种意象已经缺席了，这种情形甚至比个体父亲的缺席更严重；缺席的父亲本身就是今天的父亲意象。不像尤利西斯，父亲的缺席不是因为他去参加战争，而在于他拒绝在关系中参与战斗。通常，父亲即使没有离婚，并继续与孩子们生活在一起，他也不再待在那里了。今天的父亲被谴责，不是因为他做了什么，而是因为他没有做什么；不是因为他说了什么，而是因为他没有说什么。

对父亲沉默的谴责淹没了分析师的治疗室。每天，病人都在责备他们的父亲，因为他们没有表达他们自己，甚至没有保护他们自己；因为他们对自己的观点既不解释也不辩护；他们在场却保持沉默；他们没有回应孩子和妻子，等等。

首先，他们受到谴责，是因为他们在孩子通过巨大努力与奉献而取得的成就面前保持沉默，而孩子不懈努力去争取获得的，不是成就本身，而是父亲的赞扬。对于孩子在象征意义上的成长，父亲没有能力给予仪式上的庆祝，父亲的无能已成为20世纪个人生活中最悲惨的匮乏。我们能够购买最昂贵的商品，却不再知道怎样提供不用花钱的快乐。我们不得不认为，父亲们普遍受着“艾萨克情结”的折磨：在文化上，太年老；在心理上，太盲目，就像艾萨克族长一样，他们不再知道祝福或赞许的神圣言辞，或他们不知道怎样在合适的时机讲给合适的人来听。

当孩子们——从相对无关的第三者身上，或在一个偶然的场合——了解到，父亲的谈话几乎完全围绕着他们，并且在赞扬他们时，该有怎样美妙的惊喜！他们的心将会怎样喜悦地跳跃！也正是此时，他们对这种难以企及的幸福又会是怎样地怀念！这种赞扬是存在的，却是悄悄发生的。

有时，在喝咖啡的休息时间，办公室的同事讲起一个故事，让所有人都微笑着避开他，因为他们实在无法忍受去听他讲他女儿如何在大学里取得了巨大成就。有些时候，是一个装满了新闻剪报的旧盒子：父亲虔诚地整理着当运动员的儿子取得成绩的新闻报道。（为什么他要将它锁起来？为什么他只知道嘟囔着说：“你在打网球上浪费了太多的时间！你也要考虑学业！”）有的时候是这样一个女人，她的丈夫是一个离了婚的男人，有一个儿子，她并不喜欢他。她终于下定决心与这个男人同床共枕，晚上那个男人躺在她身边时，并没有和她做男女在一起所做的事情，而是大谈他的儿子在学校比赛中获得的奖项。

有时，这样的信息是对话的开始。在另一些的时候，却根本没有什么开始，因为现在，孩子们反过来也学会了保持沉默。经常性地，这些故事只是一首悔恨之歌的序曲部分，因为揭示真相的场景是父亲的葬礼。

这些快乐的碎片从未存在过，从未被提及，就像所有的遗体从来不曾开言。它们记叙了艾萨克情结的故事：祝福后代的需要已经进入父亲的内心，却没有到达其目的地——孩子的内心。世俗社会已将仪式终止，却不能终止对仪式本源性的需要。将父亲的沉默总是归结于他的意图不良，是没有必要的；这更可能是一个问题：我们没有意识到，我们对父亲的期待是什么。父亲的沉默是一种巨大的、非理性的保留感，也是出于隐藏秘密的需要，一种急切而又难以控制的需要。

这种形式的自我保护，正是父亲保持尊严感的特征，如今已经失去了控制，常常长得过于巨大，不成比例。有些东西被保护起来，被保留不说出，是要留给某一神圣的时刻，但最终，这些东西被放逐到一个永远的黑暗之地。这一晦暗之云类似赫克托尔自相矛盾的盔甲，将他的私人空间遮蔽得黯淡无光，而他的装备盾牌本来的目的是让这一空间更有活力。

如果心理是一个器官，就像其他身体器官一样，通过调整多余的能量而寻求平衡，这样压倒一切的保留就可以视为一种无意识的补偿行为。

传统的父权制社会允许男性竞争在战争中蓬勃生长，多余的暴力可以通过战争释放出来，这也许就能保证父亲在个人生活中保持行为文明。幸运的是，在西方世界的活动中，战争不再享有这样的核心地位。今天，庞大商业机构中盛行的竞争，是男性竞争在一个破坏力较小的层面上的延伸。然而，在这一新的战争种类中，消费主义和大众传播手段的毫无廉耻已经达到了前所未有的水平。由于商业活动仍然处于父亲的统治之下，因而电视与新闻媒体需要比以往任何时候都更露骨地贩卖它们自己，随之而来的是，就像全球妓女一样，贩卖丑闻与隐私，击溃了正派与克制的限制。他们删除了一个非常古老的心理法则：私密并不意味着真相缺失，而是对某些神圣事物的尊重。

母亲的无意识很少受到这一集体意象的恶行的影响，因为女人还会感觉到一种需要，一种将她们自己从几个世纪来被迫形成的过度克制中解放出来的需要。

对于父亲来说，这种不适更为深刻，甚至同样是无意识的。他们见证了大众传媒对名人的折磨：披露其隐私，让他们毫无秘密可言，想到类似情形可能在自己身上发生，他们无意识地不寒而栗。在这一商业世界中随波逐流，他们的责任感也会激发一直沉默的罪恶感。工作场所的日常活动将他们暴露在公众审查之下，他们因此感到渴望私人空间的特别需求。他们不知道怎样去处理这些内在的压力。许多世纪以来，克制与性欲节制被教授给女性，但没有教授给他们。同样地，与母亲相比，父亲不那么擅长表达他们的情感。

社会的缺乏节制需要补偿，他们在控制亲密感情方面毫无经验，他们忽视了私密的价值，从而导致一种未曾预料的压抑的回归。父亲开始沉迷于隐藏他们的感受；他们对情感的保留日益增大，令人窘迫，而且是无意识的、难以控制的。保留曾经是优秀的品质，现在变成了一个牢笼。

我们对启蒙仪式之意义的简化是有意为之的。在身体出生后，人类体验到了一种精神出生的需求。启蒙仪式是一条通往新的生活阶段的仪式性道路，而这一新阶段比之前的阶段优越，而且更加完整。米尔西·艾兰德（Mircea Eliade）指出，在历史与人类学中，启蒙是两个世界之间的分界线。我们处于前现代世界时，它存在；我们进入了现代世界后，它消失了。

在其最典型的形式中，启蒙仪式是年轻男性进入成人生活的通道。在从属于父性秩序的男性人物的仪式性指导下，部落文化中的男青年被扔进了一个全新的空间，暴露于存在的风险与死亡之下。这一暴露，既是实质性的——在许多传统文化中，一个男孩通过采取一次极其勇敢的行动（比如面对一只凶猛的野兽）而变成一个男人——同时又是象征性的：为了获得他的新身份，进一步证明了这个孩子（不完整的人）死了，以便重新出生。

启蒙仪式的例子进一步证明了，古老而普遍的仪式不会轻易消失。我们认为，它们已经被遗忘、被超越，事实上，它们的残留物是无意识的，且无法掌控，因此比它们的源头——那些最原始的仪式更加危险。而且由于与母性相比，父性有更强烈的被文化构建的需求，因而与启蒙仪式、与父亲的远离，就是被我们的文化所遗忘的某些事物的互补元素，而这些元素正影响着我们。

摩托车决斗以及在火车车顶“冲浪”，很容易就被归结为男性青少年回到启蒙仪式之考验的具体表现，但这一启蒙仪式不再处于成人的指导之下，也没有设置限制规则。将启蒙仪式的缺失说成是导致这类新型危险游戏的原因，是不大确切的。然而，他们确实将自己推入了启蒙仪式的缺失造成的心理空虚，而且他们习惯于去满足那些一直未被满足的需求。

今天，“男人的运动”经常性地重提启蒙仪式。然而，虽说作家或知识分子确定能够开创一种“抽象哲学”时，一个“仪式”是否能如此却是令人怀疑的。为了真正履行其功能，但仪式必须跟随一种传统：它必须由整个社会来实践，并在周围的文化中找到其根源。

今天，我们远未能意识到仪式的价值，同样地，对男性具体体现的功能，对这一功能的解除也缺乏充分的认识。在几个世纪的发展进程中，社会各个层面都感觉到，男性是原始能量的承载者，这些能量必须被驯服，并通过仪式进行疏导。利用这些力量来组建家庭并增值发展——这导致了文明的出现就成了可能。

今天，这些能量再一次找到了出口，这是一种退化形式的表达，基本上，我们可以把其视为未来主义者对冒险的强烈欲望的最终堕落。这种退行表现为，年轻男性为了赢得女孩欢心而进行决斗；这些青少年无意识地渴望着“升级为成人”（或成人仪式）。男性能量并没有被引导进入一个积累的过程，而是浪费在那些没有胜利者的游戏中，这一游戏甚至纯粹是毁灭性的，每个人都是失败者。在这一点上，与女性的典型特征截然相反，似乎男人的典型特征完全是消极的，因而这一点刺激了女权主义更激进的一翼出现。男人回过头来也变得更加关注女权主义潜在的破坏力，却很难理解反父权和以年轻人为中心的男性退行的破坏性。

今天的父亲，缺少使自己成为儿子理想的、无可替代的榜样的力量和威望。他可以像一个权威那样行事，但只能间接地去指导，因为他没有给儿子他应该给予的东西。一旦儿子拒绝长大，就会拒绝给予父亲尊重。事实上，无意识地或间接地，对于儿子不知道怎样实现从青少年到男人的跨越，父亲有些鄙视。但缺乏对父亲的尊重，也可以被解读为仪式人物的缺席——牧师——通过他来举行成长仪式。儿子感觉到了这种缺失，而父亲不再是一个家长制时代的家长，他被看成阉割了的古代权威，不具有一点好的权威人物的特质。鄙视和缺乏尊重，使得父亲与儿子陷进了一个恶性循环中。

研究“父亲”主题的学生经常抱怨，脱离任何特定时代的习俗去定义父亲的心理特征是非常艰难的：与母亲相比，父亲的独特性到底在哪里？如果我们回答，父亲就是教孩子骑脚踏车的那个人，对今天那些欧洲和美国中产阶层的大部分人来说，我们的比喻正确；但这个比喻对不熟悉脚踏车的时代与地方来说，却不适用。因此，我们会试着说，这与塞缪尔（Samuels）的观点一致，父亲的特性就在于促进了孩子在成长过程中的分化，他的特性存在于孩子的心理中，存在于孩子的行为中。这就与我们的假设关联起来，我们假设父亲是与制定计划的能力同时出现的：在这里计划不是指物质方面（经济发展所追求的）的发展，而是下一代人类潜能的发展。全面而完整的分化就是启蒙的形式——不再是本能的模仿——能够将儿子或女儿带进今天复杂而多元的社会中。父亲的首要任务曾是为陪伴孩子穿越某些必经的险难，而今天的父亲必须能更加关心孩子的个性：他促进了孩子的特殊性。但这一任务是如此复杂，因而许多男人都放弃成为父亲。

即使社会和宗教性的启蒙仪式已经消失，但事实上，直至近代在许多职业情境里父亲似的启蒙仍然存在。手工艺者、农民以及地主主要从他们的父亲身上直接学习技能。

然而，所有这一切要在一个稳定的世界中才能成为可能，而不是在一个无限追求进步的世界。当代的世界将这一令人安心的、代代相传的指挥棒弄丢了。

首先，教育甚至职业培训都已经抛弃了家庭，并倾向于放在那些非个人的、我们称之为“学校”的机构。

第二，当第一需要就是进步时，父亲不再渴望孩子继续追求他们的职业，他们希望孩子“上升”到更好的职业。

最后，即便父亲的专业技能可以被传授，也可以在家中被学习，即便父亲渴望孩子继续做他的工作，极有可能在一代人的时间里，变化已经发生了，他没有东西可以教，因为技术进步日益将他的职业技能变得过时。

正因为父亲的传授者角色指导孩子的教育与将来职业生涯——已经不可逆转地消失，孩子的休闲时间同样也不再为父亲保留一定的位置。孩子的社会化、娱乐以及各种其他兴趣不再与他相关。几千年来，父亲教孩子怎样骑马，而在近几代以来，教孩子怎样骑脚踏车。今天，当要对付的是电子游戏机时，父亲已经没有了权威，甚至父亲的电脑与孩子的电脑是不一样的。他们属于不同的世界。

代与代之间的距离持续加大：学习的周期变得比以往更长，而父母也更晚生小孩。最重要的是，文化隔阂也变得非常巨大。年轻人行为模式的变化速度甚至超过了技术的发展速度。青少年之间互相影响。男青年通常顺势找寻一个替代品来代替他们的父亲，而父亲不再代表父性权威。他们仰望一个比他们年龄大一点、体格大一点、更粗暴一点的朋友：这是匹诺曹的鲁西格鲁鲁。他们迅速以彼此为榜样。他们向从在电视屏幕上或杂志上看到的其他年轻人学习：他们形成一个紧密结合的群体，即便彼此生活在相距甚远的地方。因此，他们趋向于在一个无尽的全球化的城市中，尽是同龄人的城市中，变得同质化，生活在一个任何事物都模糊不清的地方，唯一不变的是最新流行的时尚。他们慢慢失去了对地域本土化以及历史连贯性的感觉，而这些总是在帮助我们回答这个问题：“我是谁？”

青少年横向学习的典型特征是，他们在破坏力很强的团伙中学习，而且还学习得很快。这种学习是不充分的，原因在于它既不是个人性的，也不属于启蒙体验的一部分。它满足了教导的需要，但没有满足成长的需要，还滋养了一种持续的强迫性冲动：不断地重复变化极小的相同体验。这种重复拥有秘密的期待，就是人可以最终完成一次飞跃，由此过上充实而完整的生活。

但是，父亲也缺乏意识：有时他仅仅是不去尝试与孩子保持关系；在另外的时候，他陷于焦虑与恐惧，害怕孩子会抛弃他。他表现出来的行为就好像他是那个可能被排斥的人，反过来努力投入到横向交流的青少年世界中。这就是为什么有许多研究告诉我们，父亲最经常与孩子共同进行的“活动”就是看电视。它还解释了过去几十年内许多国家出现的一种新现象：孩子们对父亲直呼其名。如果我不再让孩子叫我“爸爸”，父子之间的关系将很有可能失去一种唯一性，而正是这种唯一性，使“爸爸”这个词如此神圣。然而，如果创造这个词的整个文化已经消失，单纯使用一个词是没有太多意义的。当孩子们称呼父亲就像称呼朋友一样时，父亲会感觉自己与孩子之间需要一种更高程度的对话，因为这种称呼让他觉得，与朋友的关系网才是唯一的存在。

当关系颠倒后，寻求被赞扬、启蒙——被祝福——的成了父亲。这种情形经常导致事情走向反面，并引发孩子们的责备：尽管他们永远也不会知道父亲与他们是怎样的不同，但他们知道，他们希望父亲成为怎样的人。

在今天，这一情形变得越来越普遍，超出了任何人的想象。就在不久前，用餐时光是家庭的节日。作为一种严厉的惩罚，父亲会让孩子离开餐桌。然而，现在，餐桌是孩子用来惩罚或奖励父亲的工具。年轻人很晚回家，找寻每一个可能的借口来避免坐下来与父亲一起吃饭。这也给予了他们额外的力量，因为这使他们可以把与父亲吃饭当成礼物送给父亲。只有在父亲过生日的时候，他们才会留在家中吃饭，而他所有的朋友都去了麦当劳——这一青年群体举行仪式的殿堂。

第二十二章　作为养家糊口者的父亲

当谈及法律、规律时，我们可以谈论许多不同的东西：国家的法律，或者道德、宗教、科学，或者经济规律。马克思·韦伯（Max Weber）揭示出，新教与经济发展之间有着严密的相关性：从上帝的角度和从市场的角度来看，首创精神与个人奉献都会结出硕果。美国已经引导了西方的经济发展，不仅由于其有丰富的资源与大规模的国内市场：在这些资源仍然可以开发利用，殖民地人口比母国人口更少时，欧洲已经将自己最为顽固的新教精神出口，准备好面对自己的第二次命运。

父权制的结构与新教气质有着不同程度的严苛性，在国父们创立美国时，两者结合在一起。在与孩子的关系中，父亲的主要任务是给孩子树立价值观。这实质上起着宗教的作用。人们带着宗教的狂热相信，尽管父亲有工作职责，父亲（而不是母亲）还是能够独自教育孩子。因此，在不经常分离的情况下，孩子通常被交托给父亲。

19世纪带来了一场伟大的变革。工业革命迫使许多父亲远离家庭，离开的时间比以往更长，以便能够坚持工作，这一情形导致了一种新的心理状态的出现。人们遇到了前所未有的自我肯定与积累财富的机会。新教精神以及美国社会的巨大流动性，使他们能够充分利用这一新局面，远远超过在欧洲能做到的程度。随着20世纪的到来，这一转变已完成。父亲的主要任务不再是传授价值观，相反，他成了一个“养家糊口者”。

过去几十年快速的文化转变，已制造出另外的父性理想模式。特别是，我们见证了“新型父亲”意象的出现，新型父亲与母亲共同承担家务活（合作者）。这一形象已经探讨过了。它包含了一个伟大的理想：夫妻之间的公正和平等。但我们也知道，这一意象仍与现实有一定的差距。在本章我们将把它搁置一旁，不予探讨，而将注意力转向实际中存在的情形。

20世纪，欧洲与美国同时加固了“养家糊口者”这一父亲形象。客观地来看，“养家糊口者”似乎是现今流行于西方世界的父亲榜样，并已出口至发展中国家。它受到市场经济的支持，没有为心理学以及女权主义的要求留下太多空间。这样的父亲在孩子身上花的时间非常少，但他通常对此没有太多的内疚感；在他失去获取经济收入的机会之时（尽管失去机会并不是因为他的过错，或因为他缺乏进取心），他更有可能体验到内疚感。

养家糊口者的理想形象在某种意义上是一种倒退，似乎令人回忆起人类最初的狩猎者—采集者社会，父亲总是离开家，离开家庭成员很长一段时间，只关心带回数量尽可能多的食物。这样做他就履行了自己的职责。但是，当现代的养家糊口者重新出现时，他没有点亮仪式的火焰，也没有唤醒狩猎者的意象：他没有带回一只流血的野鹿，而是将脏乱的衣服扔在门槛上。没有那些古老意象的帮助，孩子评价父亲的唯一途径存在于理性中——表示他买了多少或卖了多少的抽象图表——孩子已体验不到父亲回家时的那种特别的情感。

在这里，我们可以回忆一下在本书的起始部分提到的“父亲的悖论”。我们知道，父亲必须通过展现自身的力量来赢得孩子的爱。孩子仰望着父亲，似乎他是动物，在这群动物中，雄性相互争个你死我活。与母亲相比，人们期待父亲能更熟悉这个社会，更了解它及其丛林法则，父亲应该知道，不能对它屈服，也不能只表现善良、公正的一面。相似的期待就像这个世界一样古老，在今天，在孩子眼中，父亲的意象就是一个养家糊口者，与父亲对于自己的理想一致。孩子需要一个胜利者的父亲，而父亲想要使自己在通行的市场游戏中获胜。两种态度是互补的，并相互支持。对于养家糊口者这一理想形象的肯定，也加强了父亲处境的悖论性。

为什么我们称之为“悖论”？因为父亲是文明的产物，在动物世界中并不存在，然而他们的孩子却要求他们坚持一种动物的行为模式。

只要父亲的作用主要在于教给孩子价值观，他能给予孩子的教育就可以使尘世法则从属于更伟大的神圣公正的法则。当父亲变成养家糊口者时，一切发生了变化。

父亲的身份比以往更大程度上有赖于其在市场上的成功。物质上的成功似乎比道德正直更加恰当。伴随工业革命出现了不健康的父亲，这一现象更多是社会的而不是伦理的失败，这并不是偶然的：欧洲的工人沉湎于酗酒，然后是美国黑人聚居区失业父亲的沉沦。伴随着这种恶性循环，这些被废黜的一家之主，失去的不只是社会对他们的尊重，还有他们自己的自尊。

当代家庭认同新的生活方式，以及新的心理状态。

母亲在等级上的位置曾经处于父亲与孩子之间。她没有权利去评判父亲，而且，如果类似的情况发生，她所诉诸的标准是有关道德的，而与成功无关。在今天大多数美国家庭中，她也变成一个养家糊口者。在欧洲，这一现象不那么普遍，但并不是因为这一理想模式不那么普及，而是因为欧洲有更高的失业率。欧洲的新价值的转换已经完成。自然而然地，在这一点上，母亲也因为没有获得成功而失去了孩子对她的尊重。但是，这并没有反映出评价母性功能的方式发生了转变；完全相反，这反映出母亲已承担了父亲的功能。我们论述的情况是，母亲同时也是父亲。她也是狩猎者，尽管战利品只是工资收入；她也是狩猎者，尽管因为她是女人而打破了传统。

我们知道，即使没有直接表现出来，父母的焦虑也会影响到孩子。因此，父亲未能成功，孩子们收回了他们对父亲的尊敬与爱，父亲也失去了对自己的尊重与爱。当社会变得越来越世俗化，传统的伦理法则衰弱了，而养家糊口者的伦理却站稳了脚跟。它与经济相关联，并随着经济的发展而发展：它强化了“父亲的悖论”，并讽刺性地转过来反对父亲，正是他首先将这一伦理带入了家庭中。这一伦理与市场的关联导致它更多地去按照市场周期运作，而不是去回应道德价值。作为全球化的结果，“养家糊口的父亲”由西方出口至发展中国家，在那里，父亲的道德角色很可能再延续一段时间。

一个传输价值观念的父亲几乎从未失去孩子对他的尊敬：他只对上帝负责，而只有上帝才能从他身上收回尊敬。今天的父亲对社会负责，对社会的衡量标准负责，而这一衡量标准连青少年都知道如何运用。今天的父亲可以在任何时候被孩子评判，历史上，以前从未有这样的情形。这一新的“道德”法则源于经济法则，它对父亲意象的损耗，超过了任何国家法律对他权利和特权的剥夺。所有的父亲都曾直接拥有上天赋予的权威。今天，他们必须相互争斗才能赢得它，有的人获得了这一权威，却是从其他人身上夺过来的。即使父亲的法则也已经不再是纵向的，而是横向的了。

从教育者到养家糊口者，这一角色过渡不是简单的一种功能取代另一种功能的问题，对于孩子而言，差别不仅在于这一新的功能使父亲远离家园。用存在主义的术语来说，两种类型的父亲站在不同的平面上。他们被19世纪的一场哲学革命分开，我们称之为“上帝的死亡”。在革命前，父亲是精神上和形而上的存在，而后他仅仅是物质上的存在，能提供的只有物质上的关心：养家糊口者为他青春期的孩子们提供金钱；而那些“新型父亲”则关心孩子生命早期阶段的身体需求。

上帝死亡后，父亲不再是天父的代理人；他也不再是连接尘世与彼岸链条中最开始的那一环。他只是生活在尘世间，而尘世就是与其他父亲，同时也与母亲、与孩子竞争的地方。他所代表的价值不再是“超验的”，而是经济的，即世俗的、日常的价值。这些价值属于孩子所居住的世界，而我们记得，这个世界与那个孩子被高高举起的世界是同一个。父亲不再是一个精神意象。他的意象不再是严峻的。作为理想的父亲已经变得模糊，人们只能看见作为血肉之躯的父亲。随着时光的流逝，父亲意象的缺失在孩子们的想象中占据了稳定的位置，转变成缺席的父亲的意象，因为原型需要借助意象才能存在。

如果父亲的存在已完全物质化，他能够去责备孩子不再把他当权威尊重，而回到同龄群体中吗？这样的批评让我们想起了那个故事：在上游喝水的狼却责怪在下游喝水的小羊羔弄脏了水。正如河流总是由上往下流，事物总是从父亲传递给孩子。在现代化进程中，正是父亲遵从经济环境的规则，在他们的孩子之前——首先在同辈竞争中站稳了脚跟。他们在公众场合的相互对峙，使他们反过来与孩子们对峙：等级制度不再是既定的、神圣的，而是临时建立的，无论何时只要有需要，它会基于利益上考虑建立起来。男性青少年因此很容易就回到同龄群体中，因为他们的父亲已经悄无声息地这样做了。年轻男性之间的竞争主要是为了选择女人，而父亲之间的竞争是为了能养活他们选好的女人，以及女人为他们所生的孩子。

从这样的角度来看，过去半个世纪的新发展已呈现出更大的复杂性。

用代系的术语来说，欧洲与美国学生的反叛是儿子群体对父亲权威的反抗。但用原型意象的术语来说，他们首先在尝试颠覆那些将经济竞争视为社会主导原则的典范。这就是说，这是对兽群意象的拒绝，这一兽群没有去找寻更高的次序，而是诉诸武力，不断重建等级秩序。这些反叛表达了对以形而上学的价值为支撑的社会的怀旧之情，是对当代社会的抗议。因为在当今社会，父亲与其他人，并不是父亲与父亲的关系，而是狼与狼的关系。从这一观点出发，正是儿子和女儿——即使是通过无意识的、暴力而粗俗的方式——具体地表达出对这一横向关系模式的反对立场，而这一关系模式，已经主宰了欧洲和美国。

在过去的几十年，青年一直保持着沉默。进入成人期之后，他们也成为横向运行的社会的一部分，这个社会以可客观衡量的成功原则来取代道德价值：社会已经被他们的父亲占据，而他们还没有遭到新一代的反叛。

正如弗洛伊德观察到的，我们称之为超我的内在权威本应代表道德，却秘密地倾向于尊重胜利者法则：如果成功了，即使这样做是不道德的，我也不会受谴责；如果我失败了，尽管我的行为是道德的，我也会抑郁，心怀负疚感。在这种无意识偏见的支持下，新的成功取向的“父性”法则成功上位，广为传播，而柏林墙的倒塌证明了其历史合理性。

里根与撒切尔夫人的崛起、共产主义的崩溃，是东欧向市场经济竞争原则转变的结果，既是政治事件，也是心理事件：父亲在地球上的任务就是当一个养家糊口者，已经得到了全球的公认。国家现今的任务就是，在更大的范围内承担父亲的责任，提供一套体系让无数父亲相互争斗，国家是仲裁者。

在这个伟大而文明且基本民主的西方后现代时代里，最古老的罪行已被重复千百万次：不是该隐杀死亚伯的罪行——尽管个性不同，但他们是兄弟——而是更残忍的阿硌琉斯杀死赫克托尔的罪行。谋杀兄弟了，还留下另外一个幸存者；而谋杀了赫克托尔这个父性英雄，只有那些竞争性的、前父性的男性才能幸存下来。

父亲之所以成为父亲，是因为他有一份收入，还是因为有孩子？他知道，评价他的基础是成功，既作为一个工作者，又作为一个父亲，从那些离婚的父亲中，可以清楚也看到这一点，现在离婚的父亲几乎已占父亲总数的一半，而且很快将成为大多数。

通常，离婚会让父亲失去孩子。对于那些不会因此感到极大痛苦的父亲来说，他会很快再一次成为养家糊口者，以便能支付新的开支，也能为他自己创造新的生活，并从他刚刚获得的自由中获益。对于那些深爱孩子的父亲来说，他也必须做出同样的行为：他需要更多的钱来讨好前妻，他要通过前妻才能联系孩子，维系孩子对他的尊重。做一个养家糊口者成了他减轻负疚感的方式，这种负疚感与他对他们的爱交织在一起。

对离婚现象的研究，大多关注离婚给孩子带来的问题。但观察者也记录了一种经常折磨父亲的心理痛苦。当父亲突然发现自己没有了孩子时会出现不情愿的孩子缺失症状。很不幸，这一研究并不详尽。

这种折磨的主要形式是抑郁。它最显著的特征是，它依然在无意识层面：常常是这样，父亲甚至没有意识到，失去孩子就是他抑郁的原因；在某些情况下，他已察觉到两者的联系，但并没有试着加强与孩子的联系来改善这一状况。这是一种新的情况，过去是儿子（比如忒勒马科斯）去寻找远方的父亲，因此，对父亲寻找孩子来说，没有仪式或传统引导。单个的父亲或者是找到自己的方法来解决这一问题，或者是压抑了这一问题。

失去了有意义的关系，这常常是痛苦的根源。也可以从更广的层面来看，看看周围的世界是否强化了分离的痛苦。如果主流价值观依然强调成功，那么那些与孩子联结很深的离异父亲——不可避免地，他们就是那些最容易内疚的父亲——会盲目地内化这种价值观（他是否能理性地检视这些价值观，并没有什么不同）并迎合它们，因此强化了他从超我那里听到的谴责："你不知道怎样得到孩子们，这是你失去他们的原因。"父亲在自尊方面的危机，在客观事实中找到了确证。父亲不会觉得失去孩子是因为自己犯了道德上的错误（虽然这是可以弥补的），而会认为是自己的无能受到了惩罚。

内心的谴责在四个方面提醒他：首先，肉体上的生殖是不够的，他的责任是选择他的孩子，继续为孩子拼杀；另外，我们竞争性的文化从不认为任何事物是不可逆的：你可以赢回你的孩子，或者失去你的孩子。

离异父亲的心理不适成了恶性循环的一部分。他发现很难打破这一循环，因为除了他自身的情况造成了这一痛苦，它还被两种现象强化，而这正是我们这个时代的特征：父性的普遍坍塌，而离异父亲的故事是其中的一部分；物质上的成功凌驾于伦理上的成功，这一价值观取得全面的霸权。父亲觉得受到了羞辱，因为他看到自己的职责削减为只是提供经济支持。他并不知道，虽然在他离婚前的生活中，他更多的就是一个经济支持者——基本上所有父亲都是这样生活的，然而，经济支持问题只是那个必定会沉没的岛屿的露出水面的部分。

因此，对主流价值观的第一次拒绝并不能归咎于新的年轻一代。历史将这一新的发展摆在他们面前，最直接的是工业革命，间接的是之前发生的美国革命及法国大革命，尽管它们是以正义与兄弟情谊的名义发生的。在某种程度上，这是一种进步元素，只要我们尝到了它的果实，就不会遗憾。将人类从一个优秀的却又过度专权的权威——父亲、国王、上帝——之下解放出来，使得人们处于相同的平面上，被赋予了同等的权利，然而也释放了以前没有机会存在的竞争。

群体与团体不同，群体是由相互平等的、频繁来往的人所组成的，没有高人一等的权威，没有父亲。它也需要等级制度，来避免其成员在相互竞争中自我毁灭。但是其等级不基于任何真正的权威，比如代际关系的权威；其次序仅仅是实力的排序：从最弱小的个体向上至排在第一位的男性。每一个都比身后的那个要强一点点。这些力量不是在群体内部运用的，而是累积起来，指向外部。

在这里，我们对真正的兽群动物的本性并不感兴趣，只是想了解导致两个没有父亲的儿子，比如匹诺曹和鲁西格鲁鲁，结成联盟的元素是什么。在这个经典的童话故事中，匹诺曹是一个不完整的儿子。一方面，他没有母亲：后来，一位仙女成了他的养母，但无关紧要。另一方面，他没有父亲：很明显，盖比特希望他成为他的儿子——他选择了他，就像一个父亲那样——但他只是用木头将匹诺曹雕刻出来，没有能力让他成为一个真正的男孩。他是一个蹩脚的木匠，对儿子没有真正的权威，因为他无能为力，也没有钱。

匹诺曹固执地拒绝上学，抵制所有的职责与权威，直至遇到了一个比他年龄大、体型大的男孩鲁西格鲁鲁，他更具叛逆性，且充满自信。匹诺曹立刻心甘情愿地跟随他。鲁西格鲁鲁没有权威性的知识或经验来保护他，鲁西格鲁鲁不能提供任何教诲，也不能提供一个可内化的内在权威的形象。匹诺曹与鲁西格鲁鲁经历了一系列激动人心的冒险，醉心于力量的增长感中。他们的路通向地狱，遭到一种高度象征性的惩罚：变形为动物，而且是不能自由奔跑的动物。他们变成了驴子，而在那时，驴子是所有动物中被剥削得最厉害的。

彼得·哈特林（Peter Hartling）是一个德国作家，他讲述了一个同样的故事，这个故事却是现代的，真实且带自传性质。还在孩提时代，他就很鄙视父亲，他的父亲是一个举止温柔、言语温和的律师，他却喜欢“少年希特勒”组织中年长一些的、更具攻击性的男孩典范，而他理想中的父亲就是希特勒本身。在战争结束时，父亲被红军抓走，再也没有回来。父亲死后，作家对父亲进行了调查，以纪念离他记忆越来越远的父亲。随着调查的不断深入，许多不为人知的事实被揭示出来，他发现许多自己视为常人的客户都是犹太人和反对纳粹主义的人，而他那懦弱的律师父亲曾冒着生命危险为他们辩护。这个“非英雄”的资产阶级绅士，正是男孩一直苦苦寻觅而未能发现的英雄，直到他哀悼父亲的去世，他才得知。正如之前已经说过的，纳粹主义与法西斯主义都不仅是反动的、家长式的意识形态。它们还是这样一场运动：将一群群的鲁西格鲁鲁收入囊中，并将他们的攻击性指向他们的父亲。

匹诺曹与鲁西格鲁鲁深深地打击了我们，因为他们代表了两个无父亲的孩子快乐、无目的的即兴联盟。小木偶的鼻子可以变长，单说这一点并不能解释为什么这个简单的故事会如此成功。我们可能会好奇，这个故事是否提出了一个意义深远的预见，预见了今天的年轻男性的状况，而这正是目前我们最迫切的问题之一。

第二十三章　寻找父亲

可是你要知道，你的父亲也曾失去父亲；
那失去的父亲自己也失去过父亲；
后死的儿子为了尽孝道，
必须有一个时期服丧守制……
——《哈姆雷特》，I2，89~92

我们在进行关于父亲的研究时必须认识到，这也是对父亲的一种追寻，是给对两者都感兴趣的读者看的。关于母亲的书就不能有这样的歧义。

如果不提及一直在追寻父亲的孩子，我们关于父亲的故事就不能结束。因此，现在我们将转换视角，通过儿子的眼睛来看事物。然而，儿子的凝视与父亲的凝视并不是完全不同的。确切地说，这就是某天父亲的凝视幸存下来的一种形式。

在追寻的历程中，儿子想要许多不同的东西。儿子在寻找父亲，想从他的内在来了解他，就像自己曾经从外部了解过他一样。儿子想结识生活在自己内心的“父亲”：他想成为一个成年人。

从最简单的形式来说，这一追寻是一个旅程。

自从忒勒马科斯进入《奥德赛》的起始篇章，去追寻尤利西斯，对父亲的追寻就成为西方文学的中心主题。

忒勒马科斯必须找到尤利西斯，不仅是因为尤利西斯需要他的帮助来对付那些入侵的求婚者，同样是因为——正如他自己所解释的《奥德赛》，（I，215~216）——儿子独自一人无从了解父亲怎样创造了自己的生命，而从母亲那里获得的信息远远不够。

当他们相认时，尤利西斯告诫忒勒马科斯，如果求婚者凌辱他好不容易才找到的父亲，他不要表现出任何反应（《奥德塞》XVI，274~277）。父亲对最后的胜利是胸有成竹的。

在叙事的发展中，这一建议为对求婚者进行袭击做好了准备，不过，它还有更丰富的意义。它差不多是一个预言，而这也可能是《奥德赛》的结尾部分到现在依然历久弥新的原因。

在近代史中，反对滥用权威、滥用男权的运动对父亲进行了攻击和羞辱。历史确实成功地限制了父亲过度的权力，但并没有限制男性过度的权力。它抑制了上帝天父，以及神化的国王和父亲那傲慢的家长制作风。但是，它没有抑制住男性的傲慢自大。父亲实质上已被类似《奥德赛》中求婚者的傲慢男性取代，而父亲本身也表现出退化到雄性动物状态的趋势。

必要的话，谦卑是父亲必须经历的一种体验，以使他的权威得以净化。耐心的尤利西斯是谦卑的，他知道怎样延缓胜利，直到最合适的时机到来；他是如此谦卑，以至于曾经采用“无名小卒”这个名字。他的谦卑和耐心，与求婚者的喧闹和嚣张形成了鲜明的对比。如果他的特质有一天获胜，将带来父性力量的回归，并摆脱所有男性的傲慢自大。如果失败，我们将只剩下充满暴力的男性，失去了权威必需的原则。《奥德赛》是对这一风险和这一可能性的预示。这也是为什么忒勒马科斯的旅程与尤利西斯的回归，直到今天，对我们而言仍然不陌生。

儿子的旅程，并不总是发生在地理上的外部世界。他的游历也可以是象征性的，可以表现为对这样一种关系的追寻：父亲处于恰当的位置，并保持公正。

《哈姆雷特》也许是最广为人知的例子。我们也可以参照大学的情形，他似乎预示着20世纪失去父亲的、极度痛苦的大学生的出现，这是20世纪的典型特征。在故事的起始部分，就像忒勒马科斯一样，主角也是一个因突然失去父亲，深陷于消极怀念中的儿子。哈姆雷特的父亲以鬼魂的模样出现，要求儿子替自己报仇。哈姆雷特想要满足父亲的愿望。于是，他必须首先去了解父亲，而且通过了解他，使自己在内在成为一个父亲。哈姆雷特与维腾贝格大学的学生们重新取得联系，该大学在当时是自由思想者最初的聚集地之一。就像20世纪中期伯克利大学和巴黎大学的学生一样，他不安分的同伴们相信自己已将父亲抛在身后，而实际上他们是在寻找父亲。所有人都在急切地寻找他们在外部世界再也无法找到的真相与权威。哈姆雷特必须回到他们之中，与他们对话，以克服他们的片面性，克服失去父亲的儿子的那种绝望。

对父亲的追寻是一个古老而原型化的主题，从象征意义上同时告诉社会和个人，成为父亲需要持续不断地努力，而且从来不会最终完成。父亲，不管是成为父亲还是拥有父亲，都没有差别；不管是从父亲角度看还是从儿子的角度看，也没有差别。这一追寻包含一种无意识的、与演化发展有关的记忆残余，并重新讲述了父亲的地位总是岌岌可危的故事。《旧约》和《新约》都可以看成对父亲永无止境的追寻，而父亲一旦被找到，只是为了再次失去。这些故事为整个西方世界留下了一种秘密的焦虑，这种焦虑存在于这一认识中，正如我们在一开始就一再重复的，就是父亲——个体的父亲，以及使儿子成为父亲的原则——都不是自然的赐予。

甚至哈特林所讲述的对父亲象征性的追寻，也是以一种试图从外部世界找寻意象开始的。作者最早的记忆之一就是父亲每天很早离开家，开着车去办公室。大约在哈特林4岁的时候，有一天他骑着三轮小单车离开了家，在纵横交错的街道里穿行，希望与父亲碰面，最后被发现自己深陷于城市的交通大阻塞中。

离我们现在的时代越近，父亲越一点一点地前行到更远的地方，而追寻也变得更加令人绝望。当阿尔贝·加缪（Albert Camus）在一场车祸中死亡时，他还很年轻。在汽车的残骸中发现了144张手稿，上面写的都是他对父亲的追寻。加缪的父亲也是在很年轻的时候就去世了。为了了解自己的父亲，作家在阿尔及利亚各个地区的记事档案柜中细细搜寻。他对这部新的自传体小说寄予了厚望。

过早地失去父亲折磨着荷马笔下的儿子，这样的事今天也同样发生着。甚至电影——这种表达形式因其昙花一现的新奇和引人注目的成功，因而有被原型抛弃的危险——也被寻找父亲的主题征服，通过每一种可能的形式来表达。马尔塔·马扎罗斯（Marta Meszaros）的三部剧《留给女儿的日记》（*Diary for My children*；匈牙利，1993）讲述了一个跌宕起伏的故事；吉赛贝·托纳多雷（Giuseppe Tornatore）的《天堂电影院》（*Nvovo Cinema Paradiso*；意大利，1988）故事细腻感人。《小鹿斑比》（*Bambi*；1942）的成功，使美国的迪士尼公司又制作了《狮子王》（*The Lion King*；1994）。随着《烟火讯号》（*Smoke Signals*；1998）的上映，对父亲的追寻甚至出现在讲述美国原住民故事的电影中。艾伦·派克（Alan Parker）的《迷墙》（*Pink Floyd-The Wall*；英国，1982）用摇滚乐队的歌声大声喊出了失去父亲的痛楚。西奥·安哲罗普洛斯（Theo Anghelopoulos）在《雾中风景》（*Landscape in the Mist*；希腊/法国，1988）中讲述了父亲的缺失，这一主题再次出现在德国导演维姆·文德斯（Wim Wenders）的两部力作中：《爱丽丝城市漫游记》（*Alce in the Cities*；德国，1973）[①]和《德州巴黎》（*Paris, Texas*；美国，1984）。艾德加·莱茨（Edgar Reitz）关于德国历史的电影《故乡》（*Heimat*）组剧——*Heimat*（1984）、*Die Aweite Heimat*（1992）、*Heimat* 3（2004）——多少有给两代在世界大战中失去了父亲的德国人献礼的意味。这一主题并不是经济繁荣的国家过度消费的奢侈品。在贫困国家的电影中，同样也哀叹着不能与父亲重新建立联系的痛苦：沃尔特·塞利斯（Walter Salles）的《中央车站》（*Central Station*；巴西，1998）、伊德沙·屋德瑞古（Idrissa Ouedraogo）的《哭泣的心》（*Le cri*

---

① 从一个男人与一个女人的偶遇开始，导演对男人与女人的女儿之间的关系进行了令人目不暇接的刻画：关于一个没有父亲的女儿的焦虑，和一个没有孩子的“父亲”的焦虑。男人没有意识到自己需要一个孩子，而女孩非常清楚，她想要一个父亲，而且她想要他受人尊敬，而且人们都知道她就是他的女儿。

du Coeur；布基纳法索，1994）、理奇德·鲍查雷布（Rachid Bouchareb）的《生命如尘》（*Poussieres de vie*；阿尔及利亚/越南，1994）。而路易斯·布鲁艾尔（Luis Bunuel）的《被遗忘的人们》（*Los Olvidados*；墨西哥，1950）是同类电影中的第一部，也是最惨烈的一部。

从古至今，这样的故事依然关注这一永恒的原型：它们无意识地讲述着父亲与生俱来的不稳定状况。今天，它们还讲述了某些更有意识的、更明确的，同时更迫切的事。它们提及了重新发现父亲——他比以往任何时候都更频繁地缺席——的需要。

如果为这样一个广袤无边的现象提供一个直觉性的判断还有一些意义的话，我们觉得这些研究的丰富性是一个令人安心的征兆：今天的父亲也许已忘记自己的孩子，但孩子还没有忘记他。如果父性，正如米德所评论的，必须被教导才不会失去，那么下一代会发现，他们仍是父亲的儿女，因为他们设法继续想象出一个父亲，因为他们设法将父性教给了他们自己。

我们不相信，只有作家和电影导演才具有如此的想象力；他们的创造力表达了一种普遍的无意识怀旧之情。让我们从日常生活中撷取一个例子。

宝拉是一位年轻的女性，即将完成大学学业。她既聪明又充满活力。她能畅淡她的伤心事，但谈论起来有点儿喧闹，似乎她已习惯尽量远离心情的沮丧与消沉。

她从小在一个以母亲为中心的家庭长大，就像我们在拉丁美洲所遇到的那些家庭一样，但是她的家庭所在的社会地位不同。她的母亲极有教养，活跃且乐观积极，她继承了母亲的人格特质。父亲来自一个旧式的富有家庭，但似乎从来没有成为一个真正的个体。他犹豫不决而非缺乏诚信，这导致他纠缠于财政丑闻中，失去了大部分财产。

自宝拉开始记事起，父亲就是一个酒鬼，但即使在喝醉的时候，他也是闷闷不乐的。

“当他喝得太多时，他会问：‘你爱我吗？’他总是把我看成他最钟爱的孩子。我跟他很亲近，且不对他评头论足。我认为我帮了他。这是我从母亲那里学来的另外一些东西：尽管他从未真正回报过她，但她总是帮助他；只是在几年前，当姐姐和我快长大成人时，她终于决定离开他。”

但宝拉的父母依然保持联系，父亲也继续依赖母亲。然而，现在父亲更加具有攻击性。这使宝拉以更挑剔的眼光来看待他，并批评母亲让他总是像个孩子似的长不大。

就在前不久，父亲仔细地将房子门窗的所有缝隙都用胶带粘好，吞下一瓶安眠药，并打开了煤气。意外的是，他被发现并获救了。父亲在医院里住了很长一段时间，总像个被宠坏的孩子一样抱怨，并且已经完全记不起他为何会在医院里。

“医生和警察都不相信他居然能活下来。他将一切都安排得那么好。我知道这一点，我非常仔细地检查了所有的一切，读了医院与警方的所有报告，并且在人们认为我不会听到他们说话的时候，努力地去听他们的评论。我尽最大的努力来了解在可能成为父亲生命的最后几分钟里，所发生的一切事情。对于那几分钟，他自己现在已一无所知。我想，我已经了解到我能了解的一切。

“我发现，不难想象他为什么要尝试自杀。单单他尝试自杀这件事，也许不足以让我到这来接受分析。

“也许我并没有拥有一个父亲，但我没有意识到这一点。事情似乎以另外的形式出现，似乎他是我的儿子，而这使我们两人非常亲近。他经常会说：‘如果不是你和你姐姐，我就放弃了。’但我们在他身边。

“自杀发生在早晨。一个相当普通的早晨。他刚刚吃完早餐。我想：‘你可以在傍晚自杀，或在某个不眠之夜的午夜时分，在喝完一瓶威士忌以后，而不是在早晨的8点钟，在喝完咖啡之后。’然后我了解到，他打了许多电话，并取消了当天的约会。我开始认为，这就是一个普通的早晨，你可以选择这个时间来结束自己生命，但总是缺了什么。

“他说他只是为了我们而活着，如果这样，那他怎么可能像那样离开我们，用一种极其有序的方式，但他没有对他的孩子说一声再见，或至少跟我说一声。一封信、一盘录音带，至少一张便条也可以，至少应该有这些东西。当他还在医院时，我搜寻房子的每个角落，甚至浴室、车库。我就像一个寻宝者，或者一个虔诚的考古学家。当一切变得显而易见，就是我不能找到任何东西时，我依然坚持找寻。也许我要永远继续找下去。但是，他们把他从医院里放了回来。房子再一次属于他了，对我而言它又成为一个没有任何特殊意义的地方。

“现在，我清楚地明白，我不能放弃，就像一个你爱的人失踪了，而你不会放弃一样，甚至很明显他们已经不再活在这个世界上时，你也不会放弃。现在，父亲在身体上是活着的，当然应该对此感到高兴。但对我而言，我如此辛苦地想要去找到一封信，我如此确信这封信确定存在，但我没有找到它，这个事实意味着我依然没有父亲。或者说，这封信并不存在，这一事实似乎让我意识到，我从未拥有过一个父亲。现在，很明显我来进行分析是为了继续这一追寻。”

意大利共和国宪法第30条——出自法西斯主义的残余——声称：“法律对父权的建立规定了标准与限制。”想到寻找父亲——我们现在只能将之当成一个神话主题来了解——竟然成为现代法律的主题，实在令人称奇。很明显，历史在自娱自乐，它重新追溯永恒象征的轮廓，甚至周期性地这么做。

尽管有立法者的努力可以追溯至古罗马时代，但被父亲抛弃的孩子在数目上一直是巨大的，在历史的每个时期都是如此。[①]因

---

① 在过去的几个世纪，威尼斯的皮耶塔孤儿院就像许多类似机构一样，接收被抛弃的孩子。在它旁边矗立着皮耶塔教堂。游客在大运河旁漫步时，会注意到它的正面，而转向狭窄的皮耶塔街道，这一条街道便通向教堂的右侧。往前走几步就可以发现，在教堂一侧的这块碑上写着：

上帝将用诅咒怒斥这些人，并把他们逐出教会：那些将他们的子女送到或允许子女被送到——不管是合法的还是自然的——这个虔诚之所（Hospice of Piety）的人。如果他们有办法且有能力去抚养他们；他们同样也有义务补偿这类孩子遭受的所有伤害与损失；如果这一义务没有完成，他们不能被赦免，正如在我们的教皇保罗三世的牛身上所清楚体现的那样。

1548年11月12日

着传统的特权，抛弃孩子这一行为在很大程度上更经常地发生在男性“生育者”身上（我们特意避免使用“父亲”这个词）。

我们知道，寻找父亲不单是一种物质需求，也是一种普遍的心理需求。我们所有人，就像忒勒马科斯，想要知道我们是谁的孩子。被领养的孩子迟早都会努力去寻找自己的生身父母，即使养父母已经尽可能多地为他们付出。前面所提到的文章中没有涉及母性，只涉及父性，因为男性“生育者”的身份无须被确认就可以消失无踪。法律只对修正社会不公感兴趣，而不会有兴趣回应一种心理需求。但我们也能看到，现代的立法对父亲的寻找也是象征性的，其目标是发现不在其位的父亲。而现代的父亲，不像以往时代的父亲，即使身份是确定的，在心理上通常也是缺席的。因此，我们可以把这个寻找父亲的法律主题首先看成一种空虚的象征，这种空虚非常普遍，让我们这个时代充满焦虑。所有的社会都在创造隐喻的英雄，为人们所相信的价值发出声音：古代的史诗价值；中世纪的基督教价值；现代世俗生活中的司法价值。今天的意大利，只有在法官中才能找到英雄。

一个男人生育一个孩子，然后逃离成为父亲的职责，这是所有时代中最经常发生，也是最阴险的罪恶之一。说它是阴险的，是因为它在一个完全不同于其他犯罪（例如偷窃）的尺度上违反了公正：当被偷的或同等价值的物品被归还时，偷窃就得到了纠正；而父亲的缺失带来的后果持续一生，甚至延续到下一代。特殊领域的技术进步，悄悄地让一场最伟大的革命上演：今天，一个简单的血液样本和DNA分析，就可以使父亲的身份准确无误地被确认。在文明的西方世界的每一个角落，都有上百万的孩子被父亲抛弃，与美国的黑奴或俄国的农奴所遭受的不公正相比，这一项罪行有所不同但同样是明目张胆的。没有美国内战的血流成河，单凭一个实验室的简单测试，就可以打击这一罪行，这简直令人目瞪口呆。

技术可以突然且永远地将一个古老的困境倾覆。这一发展让我们在心理上不知所措，因为我们没有时间去适应它：突然地，我们就要离开这一古老的情境了。

用最少的词来概括这一系列复杂事件，我们可以说，人类的男性总是有能力去选择是否发生性关系，并采取预防措施；如果对方怀孕了，他也可以选择是否承认自己的孩子。与女性不同，他可以将这两件事当作独立的事件来考虑。在某种意义上，整个父权制社会，其建立的最初基础是自由地将父亲与母亲区分开来，以及为父亲与孩子的关系提供最真实的内容。这一关系以男性“选择的能力”为基础。如果这一能力正确地行使，则将他转变成一个父亲；如果负面地行使，则使他成为一个回到动物行为的生物。今天，至少作为一个被我的祖国的法律所采取的准则，这一生殖行为的“可逆性阈值”已经改变。选择权更多地被分配给了女性。

女性通过中断怀孕，使“为人之母”变得可以逆转；而在孩子出生之后，女性可以宣告自己不愿意成为孩子的母亲，让孩子被他人收养。另一方面，男性从性关系开始的那一刻起，整个一生都不可能摆脱“父亲测试”。一个孩子可以用手指着他“假定”的父亲——不管他处于何种年龄段，都可以将他拖进法庭。事实上，孩子一直都有权利指认父亲并提出经济要求，并不存在“法定时效”这样的东西。而在意大利的法学体系中，对杀人犯的追究也是有时效限制的。

在意大利这样的国度，大众的心智仍然高度崇尚男子气概，男人在心理上并未做好准备来面对这一革命。对父亲的批判已经进行了一段时间，在这样的文化背景下，新的父亲身份测试导致男性产生了迫害妄想症的感觉，即使父亲身份的确认问题与这个世界一样古老，即使这一新的技术只是将这一问题简化了而已。如果男人觉得受到迫害，这可以再次归结为对这一技术的强化理解。新技术本身只能带来清澈透明，技术也是单方面的。对父亲的寻找远远超过了对其肉体身体的确认。这是一个巨大的神话，其神话语言却不能再使用，因此它试着通过法律规定和确认基因密码的方式，在依然被人们接受的“神话”中存活下来，这就是民事法律和世俗科学的神话。个体的父亲，在面对一个永恒神话的消失时，无能为力，而这一模模糊糊的意识将他抛向无边的恐惧中。

我们再一次观察到，唯物主义，作为这个理性社会中的主导力量，让我们远离象征思维，而象征思维依然是所有真实而正确的心理的重心。

对父亲的追寻问题从来就不是只与法律、统计学或经济相关：发现了“潜逃”的父亲，人们可以迫使他为孩子提供经济上的援助，但不能逼迫他把父亲的祝福送给孩子，即使孩子需要父亲的祝福。对父亲的追寻不仅是个人的问题，它还是折磨着整个社会的痛苦，它尝试使父亲胜过雄性兽群。这是本已岌岌可危的文明中的一场斗争：在今天，文明还远未取得胜利，而在同时，朝向不负责任的雄性的退行，似乎已达到前所未有的程度。

我们可以确信，朝向父亲的旅程和孩子对父亲的追寻，对于双方的身份认同来说，都是最根本的；而得出这一结论的原因很简单。如果父亲——源出于文化，也是文化的表达——感觉到成为父亲是需要有意为之的，那么在同样的文化条件下，孩子也必须持有相应的信念。

如果生理上的生殖本身不足以使一个男人成为父亲，而且如果在任何情形下，这个男人都有必要去养育他的孩子，那么这个孩子也必定会发现，单单拥有肉体生命是不够的。尽管与父亲相比，孩子的渴望并不那么直接，更多是无意识的，孩子也必须表明被养育的渴望，选择自己父亲。寻找父亲的原因，并不简单地在于他经常性地远离孩子去上班或上战场，这种寻找是周期性的，或者说是永久性的。正如被收养的孩子迟早要找出生母，所有孩子在某一时刻都必须尝试去寻找父亲，即使他们一直与父亲生活在一起。情势几乎逆转了。敏感的孩子明白，父亲之所以是父亲，事实上是选择的结果：选择成为一个父亲或选择他们做自己的孩子。父性总是一种文化的事实，而单纯生理上的父亲，对他们而言是不够的。因此，孩子在任何情形下都必须“找出”父亲，尽管孩子重新发现的父亲还是只是生理上的父亲，但是孩子必须报答他的选择，反过来选择他。否则，孩子就会将注意力转向一个可以作为启蒙仪式的引导者的父亲形象，转向一个个人经历指派给他的良师。然而，按象征性的术语来说，推动这一需求的一直都是同一种燃料。

人性已经认识到父性的缺失，在这个意义上，我们的时代也不例外。一种新的缺失将被证明比父亲的缺失更加严重，那就是对追寻父亲的缺失。

第五部分

最后的反思

第二十四章　最后的反思

贯穿本书始终的是心理学的研究方法。对于心理分析师来说，尽量避免为个体的病人提供建议是一种很好的规则，不过，他可以对整个社会提供建议吗？荣格分析师不会提议标准的治愈方法。他们假定，遭受心理痛苦的人所迫切需要的是个性化，也就是说，病人的任务就是要克服他们内在的矛盾，理解自身特别的需求，并尽可能完整地成为他们自己。分析师为病人所提供的不是一个既定的或理想的解决方法，而是一种追寻。因此，谈及父亲的形象时，我们不应该说："父亲应当像这个样子。"而是说："去寻找他，不管是在你的内心，还是在外部世界。"

我们觉得有必要再次重申，父亲的形象不是那么轻易就能找回的，也不是一个现成的意象。那些渴望拥有父亲的人必须去寻找他，而那些想要成为父亲的人也必须经历追寻的过程。在寻找父亲的过程中，就像在其他个性化过程中一样，你必须对自己诚实。

诚实首先要求我们询问自己，发现父亲是不是我们真正想要的东西。寻找父亲形式的那些丰富多样性，有时候，这一寻找隐藏着其他原因：懒惰与自我放任。

理想的父亲应当关爱孩子的成长、自主性与分化。但是，在历史上某一个以父亲的缺失为特征的时刻，对父亲的追寻也可能隐藏着对个性化的抗拒自性化的嫌疑，或者这种追寻只是一种天真的尝试，要将自身托付给一个外在的力量。

这种对个人责任的拒斥也许会不那么政治化地复制20世纪孕育暴政的过程，招来历史的怪兽。在第一次世界大战结束、帝国崩溃之后，欧洲面临两种选择：一个新的不安全的时代，或一个新的自由时代。正如我们所知，事情走向了更具毁灭性的方向，因为大部分人都发现，对不安全的限制比活跃地运用自由更加重要。当大多数人用自由交换安全时，我们也不会感到惊奇了。

20世纪独裁政体的崛起，并不一定单单是政治上的原因，它还表达了个人的需求。比以往任何时候都明显的父亲缺失，还有父性权威的继续衰退，助长了人们将对安全感的追寻投射到公共机构上。对强有力政治的需求，掩盖了对一个强有力父亲的需求。

今天，事情似乎出现了不同的局面。对父亲的需求不是一种逃避，而是试图寻找某种东西。讨论的焦点集中在个体家庭的结构，而不在社会的政治机构上。但心理的运作总是以某种无意识的方式参与进来；而我们也没有权利觉得，我们自己必然比两代或三代之前开辟了通向独裁专制道路的人更加富于意识：他们也非常确信自己比前几代人更富于意识，而且错误地坚持这一信仰。因此，正如对父亲的渴望导致他们追求独裁，我们也不能确信，我们对父亲的追寻会不会建立在对独裁专制的隐秘怀念的基础上。不管怎样，引导我们去寻找父亲的那种不安全感，与导致暴政出现的不安全感是一脉相承的。按照无意识心理学的说法，我们不能得出肯定的答案，必须不断质疑我们的动机。

一方面，在寻求父亲形象的同时，我们必须在心理上时刻警惕新的政治发展，特别是新涌现的政治人物。对西方世界来说，有一点颇具苦涩的讽刺意味：进入21世纪后，为了应对可能是西方的最大问题的问题，我们必须求助于一个“国家父亲”的形象，这位“大人物”出生于19世纪，在20世纪成长、活跃、衰退，最后明星已经死亡。

另一方面，在个体范围内，我们也必须看到，这一需求也反映在对精神导师和心理治疗师的寻求上。如果移情的概念和分析师的形象仍然有意义的话，需要面对这一问题的人在很大程度上会求助于心理分析。但是，这些人生活在一个“母性”世界里。这不是一个统计学上的问题，不是母亲占有优势地位，而是因为日常经济与技术事实上就是“母性”的；这个世界一直倾向于消费主义的即时与口头的满足，总是受制于快速获得结果的渴望。这一情形会变成一个悖论：对父亲的追寻导致人们寻找心理治疗的帮助，但他们缺乏对诸如发展计划、延迟满足等父性概念的了解，因而会寻找更简短速效的治疗方法，希望得到瞬时的效果。

在冲向发展的原生阶段的狂热中，精神分析已把与母亲有关的领域以及私人生活滋养得肥肥胖胖，而同时让与父亲有关的领域以及社会生活得了厌食症。正如弗洛伊德早期所做的，现在必须回到父亲身上，而且必须把他当作一个社会和历史的问题来对待，因为自太初的黑暗时期开始，社会和历史就是父亲的寄居之所。然而对于为什么这一转变一定会到来，还有另外的理由。

如果20世纪是独裁者——可怕的父亲——的世纪，它也是精神分析的世纪。弗洛伊德、荣格和其他伟大的导师一起，使西方世界的文化——文学、艺术乃至政治，变得完全不同。正如这里我们有机会观察到的，如果不借助精神分析这一工具，它们不再能被恰当地理解；有时，精神分析被视为影响文化的力量之一。没有办法知道精神分析是否让这个世纪变得更好，但我们知道，它创造了条件去认识以前无法认识到的东西。毫无疑问，个体分析的体验——在其严格的临床意义上——改变了许多人的生活。但是，他们仍然是数量有限的群体。这位在19世纪创立精神分析的、孤独的维也纳神经科专门医师从未料想到，20世纪的精神分析在理解历史和社会方面找到了最重要的用途。这也是我们在对父亲进行研究时所采用的方法：我们对于父亲作为一个个体的心理不太关心，而更多关注父亲形象的历史之心理以及与之有关的文化之心理。

在当今世界，父性的缺失又让一件事是确定的：继续探讨它的需要，追寻父亲的需要。当然，讨论并不能将他带回；而且一直讨论下去，就可能变得沉闷乏味。因此，我们得弄清楚，看看这种乏味是不是我们想要的。对人最有害的心理障碍并不都源于某人应对问题的方法，更多是来自他们对这一问题的无意识。而且，抛开其他问题，如果对父亲的无意识需求导致了20世纪的暴政，那么关于父亲的讨论变得如此丰富以至于让我们倒胃口，我们也应当欢迎它。如果关于父亲的论述让我们倒胃口，那么想利用父亲来达到目的的堕落政治也会让我们感到恶心，这种恶心感可以用来预防暴政。

我们可以观察到，文学不断壮大，但似乎并没有提供对父亲的综合性分析，而是让我们看到了他所引发的怀旧感的程度。类似的状况却没有发生在对母亲的研究中。在以父亲为研究主体的论述中，父亲完全将自己防护起来，以至于情感更是无意识地出现在其忧郁的语气中。

这种怀旧与伤感是一个心理上的两难处境。它也许能找到美学上的升华，但不会带来社会解决方案。父亲再也不能回到他曾经在社会中拥有的位置。我们怎样才能重新建构父亲，并再次把他给渴望其权威的男性群体和想念其关爱的孩子们？我们可以追踪一个刚刚消失在拐弯处的人，并将他带回来，但父亲在很多年前就消失了，甚至也许在基督教首次强调从儿子的视角看问题时就开始了。

因此，这就是另外一个我们必须回应的问题：我们是在进行一项真实的研究，还是仅仅寻找我们想要立刻就能找到的东西？我们不能在寻找父亲的同时，假定那个追寻他的人的心理是触手可及的，就像我们发现，在那么多的文学作品中，解决方案似乎唾手可得。在这种情景中，父亲的形象是最不可能出现的，因为呈现出来的特质是适时发展计划，以及延迟满足即时的需要。偶尔，父亲的消失归咎于女权主义施加的心理压力，归咎于年轻一代的反叛，也归咎于过去几代以来的其他发展；父亲被设想成已被当代蔑视其功能、引发人们罪恶感的现象所击垮。这样的论调与承载它们的纸张一样，都没有什么分量，因为我们在今天所体验到的父亲缺失，是几千年来所发生的一系列逆转的最终产品。那些指责孩子与伴侣的父亲，看起来是在随意地投射自己的迫害妄想。很可能，父亲最终会意识到，他的人格中女性化的、未成熟的部分有问题，这些人格从未统一过。但是，在大多数情形下，他继续将这些问题投射到外部世界，投射到那些他现在认为的重要对手身上。

还有更多需要说明的东西：这些新近出现的投射和心理分裂附加在其他相当古老的事物上。那些在心理分化水平上功能不足的男人，总是将女性削减为两个不能和谐相处的形象：母亲与恋人。但是，我们在对父亲的心理进行重建的过程中逐渐清楚一点，对女性的这一分裂的态度，是基于与男性有关的一个“先例问题”。事实上，男性内心包含两种身份，这两种身份远没有被自然进化调和好，而且同样也从未在历史和文化的发展历程中得到整合：一方面是父亲，另一方面仅是一个作为精子捐献者的雄性。如果说整个历史中，男性将两种分离的原型——可以与其发生性关系的女人和照顾孩子的女人——指派给女性，那么原因在于其自身没有能力将两种相应的男性身份统合起来。通过将其最古老的问题投射到伴侣身上，男性宣告他没有能力让自己完全地、明确地成为父亲，因而无法承担一个统合的身份。

在当今西方世界，男性青少年不负责任的精神比“谋求计划”这一父性概念更有优势。同样地，在几个世纪的时间里，一神论宣布弥赛亚已经到来，其带来的精神上的满足感战胜了其祖先——他们对未来继续翘首以盼——神经质的耐心。首先是在天上，然后是在尘世，儿子已经将父亲逼上了绝路。

在西方世界，父亲的历史是一条极漫长的衰退线路，偶尔会出现短暂的地位升高。设想其回归，这一建议要么被认为是自欺欺人的，要么被认为只会暂时缓解痛苦。父权制已经结束：父亲再也不会是秩序的代名词，再也不会占据社会的顶点。

我们可以将历史上的父权制想象成某个社会发展的“进化”阶段，正如真正的历史人物具体表现出来的那样，在其中专制似乎是民主的必经之路，最终为民主提供了保障。父亲们似乎创造了文明，至少我们知道西方文明的形式就是父权制。在一定程度上，父权制后来会阻碍文明的演进，又在一定程度上加速了其进一步的发展，引爆了文艺复兴或法国大革命这样的新起点。事实上，在真正的女权主义存在之前，就有了这样戏剧化的发展，实际上，这一发展也是女权主义需要的。

在中世纪，即使自由思想者也会把上帝视为一个具体存在的实体。上帝经历了不懈的斗争保持住了他的地位，在文艺复兴、在启蒙运动和尼采之后，今天大多数的西方文化接受了这一概念，那就是上帝不再是一个坐在天堂王座上的个体，而是一个存在于我们内心的隐喻，它可以鼓舞我们的生活。

对于一个让我们的内心充满伤感的父亲来说，也是一样的：作为原型，“Father”一词必须大写。很难想象，可以在一个真正的人类身上再次找到父亲的化身。他将继续作为一种灵感，作为一种谋求秩序、计划和延迟满足能力的心理原则而存活下来。不同之处在于我们的回应方式：不再有任何需要说出口的话语来回应外部的声音；而是在心理上回应一个内在的声音。这也是历史的组成部分之一。历史不单是由一代代的出生、死亡的男人和文化所组成，他们经常性地为我们留下记忆，这些记忆比物质的事物教给我们更多的东西。历史还由象征组成，这些象征在某个时刻发现了其肉身化的表现形式，而在另外的时刻却完全消失，但它们留下的痕迹总是充满引导性的隐喻。父亲就是这样一种象征，而他留下来的隐喻可以为所有选择去追寻并接受它的人——甚至为母亲——提供方向。

母亲也会逐渐表现出各种父性特征，并不是由于整个社会感觉到父亲的缺失，因而坚持这样的特质不能被丢弃。母亲采取父亲的心理态度比父亲采取母亲的心理态度要容易一些。毕竟，父亲完全是文化的建构。他是社会的产物，而社会——即使以非常缓慢的步伐——可以修改他，或者改变他出现的形式。显而易见，今天的母亲也是文明的产物，但这是建立在生物基础之上的。尽管这一基础隐藏在历史的沉积物中，因而不能直接被观察到，但它却是难以超越的。

母亲一方逐渐表现出父亲的品质，还存在另外一种类型的限制。在核心家庭中的孩子，在青春期以前，遇到的阻碍都是和缓的。我们知道，单亲家庭——几乎总是母亲带孩子——也不是生来就是有问题的。在最坏的情况下，单亲家庭会遇到许多困难，诸如组织灵活性更低，经济上受限制，孩子缺少教养等问题。但是当孩子进入青春期时，正是在这一时刻，在社会结构并不完备的情况下，他们开始纠结成团伙，对此，就算是带有父性特质的母亲也会发现难以胜任自己的职责。

事实上，团伙，即使男女混杂的团伙，也带有粗野的、退行的男性心理。当我们将进化的历程回溯到原始游牧部落甚至更往前，同样会发现动物的兽群也通过雄性的等级制来建立秩序。

团伙的一个主要无意识功能就是挑战父亲，这一挑战隐藏了一种对启蒙仪式的需求：渴望借此进入成年生活，而这一仪式几乎无人能够提供。在某些场合下，这一能力仍然被天主教的牧师所拥有，而这些牧师也致力于世俗与社会的活动。在意大利的一些社区中，这类牧师确实是保护年轻人不与黑手党有牵连的真正的最后的屏障。粗糙的心智对精巧的象征没有什么体验，也没有能力精心制作象征，因而完全按字面的术语来思维，这样通常导致团伙到其他男性人物中寻找真正且适宜的力量来较量。被挑战的男人发现，要抵挡这些对抗并要求得到尊重是相当困难的；警察、社会工作者和类似的公众人物发现，他们也被要求从字面上的意义扮演其角色，而事实上，他们面对的情形潜在地是心理的和象征性的。

许多青少年之前是在家庭中生活，如今将生活移植到群体中。而在这些群体里，法则更简单，生活更非个体化。群体降低了其个体成员的智力水平，并使他们很容易就成为千篇一律的头脑简单的人。与男性相比，女性要控制这样的青少年更为困难，因为调整集体无意识的价值，让其适应当前的新形势，总是延迟的，因为事实上，集体无意识本身就浸没在时代之中。在很大程度上，父亲已经不在了，但周围的文化——特别是那些简单的文化，青少年刚离开家门就被吸引住的文化——仍然不能适应这一新现实，并坚持不懈地将其概念建构在简单的二元对立体之上，比如父亲—母亲、男人—女人。一个没有男性伴侣的母亲会通过激发自身的男性特质来取代他，只要孩子大多数时候生活在家中，只要朋友与老师不会用偏见来破坏这一格局。然而，这些青少年后来与其他年轻男性发生竞争激烈的冲突时，其心理状况会很容易退行，要求实际上的而不是心理上的两极差异；他们会坚持将父性和母性重新定位，在一个男人和一个女人身上，而不是单个人身上。

如果心理学真正地回到对父亲的讨论中，就会看到他正缓慢地、阴险地朝着前父性的雄性方向退行，并将这一退行视作一种巨大的、集体的精神障碍。

就整个时代而言，这等同于对文明状态的放弃。这一放弃不仅是在公民秩序撕开了一条巨大的裂隙，而且是一种真实且完全的退行，朝着我们原以为早已抛在身后的状态退行。尽管这一退行并不是连续性的，并且让人与人之间的关系变得冷漠，但西方社会仍然发展出这样一种特质：日渐尊重人与人之间的权利和责任。其根源在于，父亲对家庭和孩子付出了承诺。然而现在，即使父亲的责任还没有完全消失，但也已经趋向于被简化成纯粹经济上的角色，而父亲的心理也倾向于萎缩成单纯的男性心理。这一撤退导致文明之流被截断，正如20世纪的独裁专制截断了文明之流一样。那些“可怕的父亲”本身特别地显化了父亲的危机，他们试图将自身转变成强有力的、暴君似的国家父亲，来缓解这一危机。那些朝向父亲—独裁者的退行结束了，并遭遇了政治上、军事上和经济上的失败。但作为一种责任性原则，父亲的衰落，我们还没有看到它的终结。即使人类一半中的女性已经开始证明，在家庭层面能够填补这一虚空，但是作为一个整体的社会还是被一种邪恶深深困扰着，而这种邪恶已经急剧地降临到人类另一半中的男性身上。

我们已经在研究的起始部分看到，每一个雌性在本质上都能发挥其功能。另一方面，大多数雄性的意义在于，它们只是自然选择进程的一部分：它们不断为争夺与雌性的交配权而战斗，以将最强壮的基因传递下去。只有在人类发明了父性和一夫一妻制家庭时，男性才获得了作为个体的意义。

我们今天似乎正在见证回到前人类生活状态的退行：父亲越来越少，而更大群体的男性总是随时准备去与其他人争斗。但一夫一妻制家庭还没有被废除，而男性群体也没有正式回到可以公开为争夺女性的芳心而混战的状态。这也是为什么女性——而且是所有女性，不仅是女权主义者——经常会发现整个男性世界充满了荒凉感、空虚感，彻底缺乏一种有意义主体性。似乎大多数男性都是多余的：他们放弃了父亲的责任而失去了个性，同时他们又没有回归到服务于基因选择的集体功能中。

我们已经看到，父性的退却发生在两个层面。在实际生活中，父亲比以往更少在场。在象征意义上，他们的仪式功能——举高、祝福和成人仪式——已经不再起作用。母亲可以填补前一种空虚，但后者很难填补。这与仪式的普遍消失的相关性高于与男女之间分工的相关性。

因此，母亲承担父亲角色的能力并不是没有限制的。基本上，这是在父亲远赴战场或在旅途之时她们经常做的事情。但在这类情形中，男人在家中留有持久的记忆：一张在树中雕成的床，一个尤利西斯似的神话。他依然是一个心理的存在。今天，消费主义与日复一日的生活赢得了胜利，计划与时间上的坚持几乎被打败。不止肉体上的父亲，父性精神也在消失，这也意味着母亲和孩子没有办法占用或表达它。

仪式与神话的消亡导致父性不可逆转地退却。这与父权制或母权制无关，主要与现代化有关。在很大程度上，父亲在实际生活中的消失也是离婚和夫妇分居导致的：这种自由反过来又是现代社会的一部分，而现代社会是不可逆转的。

我们带着一种不能提供任何建议的沉重感来结束全书。然而书中的每一页文字都让我们相信，记忆并不是无用的。我们开始于一种情感，即不仅在现在，而且在历史上父亲也已经被抛弃到一个悲惨的阴暗之处，因此让孩子感觉到，从一个不确定的时间起，他就被遗弃了。

放弃对父亲的历史的了解，就是放弃能征服时间的连续性的意义。我们已经谈及，这种连续性的意义就是“父亲”功能，而我们一个极大的希望就是有人能够继续执行它：今天是母亲，明天是孩子，而后天则是另外的某个人。我们的记忆告诉我们，历史与连续性就是属于父亲的。我们不能放弃它们，恰恰是因为我们今天只能将自己托付给消费品世界，而这一世界是永恒的现在。在这个意义上，即使是环保主义者对地球未来的担心——包含在回归大地母亲神话的思想体系中——也是以父性为特征的。

我们自己也是历史的一部分，所以，如果我们不了解我们的历史，就放弃了对自身一部分的了解。我们都有一个身份，如果我们作为父亲，却对父性的历史一无所知，那么我们的父亲身份就比时代为我们准备好的那个身份更加不安全。一个对父亲的过去不了解的父亲，就像一个不知道美国原住民或乔治·华盛顿的美国人，一个对弗兰克斯或拿破仑一无所知的法国人。毫无疑问，这样的生活是可能的，但是，那些过着这样生活的人不知道他们为什么要属于这个团体，而不属于其他团体。他们不了解他们每时每刻都身处其中的人群的天性到底是什么。这样的父亲同样是不安全的，他们是父亲这个团体中的成员，却对父亲的世界毫无了解。历史，当然是我们在这里所提及的历史，和战争与条约无关，而和态度与风俗、意象与神话有关。如果让一个父亲看着孩子，并问自己，这个父性的历史托付给他的问题："这是我的孩子，是因为生殖行为，还是因为我选择了这个孩子这一事实?"对于这些东西的了解，就不仅仅是理论上的了。

父亲的心理历史对孩子来说，也是必需的，他们在某一天会渴望从永恒的维度退出；然后在进入时间的维度时，他们会提出这一问题，他们在延续着谁的生命。尽管他们对这一要求还没有意识，但他们期待有人告诉他们这个故事。他们期待有人能将他们从对无关紧要的行为的沉迷中唤醒，期待有人拉开尤利西斯的弓箭，结束被求婚者充斥的永夜。

“世图心理”大师彩虹书系

《人性能达到的境界》	【美】亚伯拉罕·马斯洛　著	定价：69.8元
《人类的破坏性剖析》	【美】埃里希·弗洛姆　著	定价：88元
《自我与自性》	【瑞士】C.G.荣格　著	定价：58元
《移情心理学》	【瑞士】C.G.荣格　著	定价：48元
《占有还是存在》	【美】埃里希·弗洛姆　著	定价：58元
《论人的成长》	【美】卡尔·罗杰斯　著	定价：68元
《自体的重建》	【美】海因茨·科胡特　著	定价：69.8元
《自体的分析》	【美】海因茨·科胡特　著	定价：69.8元
《人心：善恶天性》	【美】埃里希·弗洛姆　著	定价：58元
《自我分析》	【美】卡伦·霍妮　著	定价：52元
《游戏与理智：经验仪式化的各个阶段》	【美】爱利克·埃里克森　著	定价：58元
《智慧与感觉：通往创造之路》	【美】琼·埃里克森　著	定价：58元
《洞见与责任》	【美】爱利克·埃里克森　著	定价：58元
《童年与社会》	【美】爱利克·埃里克森　著	定价：88元

萨提亚家庭治疗系列

《萨提亚治疗实录》
定价：49.80元

《萨提亚家庭治疗模式》
定价：59.80元

《新家庭如何塑造人》
定价：59.80元

《当我遇见一个人》
定价：59.80元

《沉思冥想》
定价：28.00元

《与人联结》
定价：28.00元

《心的面貌》
定价：28.00元

《尊重自己》
定价：28.00元

新书推荐

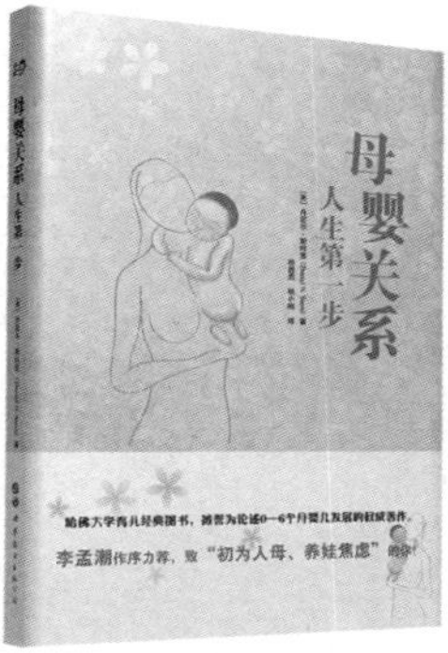

初为人母，养娃不易，难免焦虑，你该学一点“婴语”。阅读本书，你将知道：为什么对于婴儿来说，母亲的脸比乳房更重要？为什么母亲对尚未学会说话的孩子说话，在再次开口前会停顿1.64秒？为什么刚出生的婴儿只能把视力集中在离他20厘米远的物体上，近一些、远一些都不行？等等。在本书中，作者用行为观察的例子向我们说明了几类母亲调节婴儿行为失败的情况——刺激不足、刺激过度、刺激反常，为母婴互动提供了一些可行的建议。

本书主要论述人性中恶的一面。作者在考察人性时摆脱了人性或善或恶的抽象理论，指出人的本性不是非善即恶，而是根植于人类生存状况的一种矛盾。这种矛盾本书需要得到解决，解决的方式只有倒退或进步两种。对这两种生存方式的不同方面的探讨即是本书的重点内容。

孤独是人类的普遍经验。是什么引发了孤独感？孤独的人是在渴望谁或者渴望什么？哪些人更容易遭受孤独感？孤独之人的内心体验是怎样的？如何应对孤独？本书的作者向读者展现了心理治疗、精神分析以及艺术作品如何通过加强自我与他人之间的联结来缓解个体的孤独感和疏离感。阅读本书，你将可以更好地协助自己及他人找到处理孤独感的方式。